缠中说禅中枢理论系列

图解缠论2

买卖点逻辑与操作系统

陈秋明◎著

本书为您解决以下问题：

- 三个买卖点的详细分辨与操作细节；
- 走势扩展、扩张、级别等问题的辨别与处理；
- 高低级别走势的立体分析与当下判断；
- 板块轮动的技术成因与实际把控；
- 缠论的渐进路径与操作系统的建立实施

中国经济出版社
CHINA ECONOMIC PUBLISHING HOUSE
·北 京·

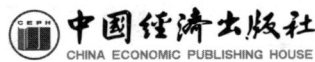

图书在版编目（CIP）数据

图解缠论.2，买卖点逻辑与操作系统／陈秋明著．
北京：中国经济出版社，2016.10（2025.10 重印）
（缠中说禅中枢理论系列）
ISBN 978-7-5136-4395-5

Ⅰ.①图… Ⅱ.①陈… Ⅲ.①股票投资—图解 Ⅳ.①F830.91-64

中国版本图书馆 CIP 数据核字（2016）第 223638 号

责任编辑　贾轶杰
责任审读　贺　静
责任印制　李　伟
封面设计　任燕飞

出版发行	中国经济出版社
印 刷 者	北京艾普海德印刷有限公司
经 销 者	各地新华书店
开　　本	710mm×1000mm　1/16
印　　张	16.5
字　　数	220 千字
版　　次	2016 年 10 月第 1 版
印　　次	2025 年 10 月第 12 次
定　　价	48.00 元

广告经营许可证　京西工商广字第 8179 号

中国经济出版社 网址 www.economyph.com 社址 北京市东城区安定门外大街 58 号 邮编 100011
本版图书如存在印装质量问题，请与本社销售中心联系调换（联系电话：010-57512564）

版权所有　盗版必究（举报电话：010-57512600）
国家版权局反盗版举报中心（举报电话：12390）　　服务热线：010-57512564

前　言

转眼，沪指从 2011 年的 3000 点跌到 2000 点，又从 2000 点上涨到 3000 点，并最终突破 3400 点的周期压力。

四年过去了。这四年，是我脱胎换骨的四年，也是在股票市场从亏损到持平，再到稳定盈利的四年。

我从大一时开始炒股，第一笔资金是学校的助学贷款。曾经在第二节课下课的半小时中跑回宿舍，看到所买的股票涨停而激动地跑错教室，那是我遇到的第一个涨停。曾经在权证中领教 15 分钟亏损 50% 多，吓得手抖想卖又抢不上单的恐慌，最终在下跌 57% 的位置卖出的时候，刚松了口气就看到分时图两根笔直的上刺，涨回到下跌开始的地方，一切不超过 20 分钟。那种茫然，没有经历过的人，是无法想象的。

大学时，图书馆里关于股票的所有书籍，大概有 200 多本，在一年内被我看完。N 个不眠之夜在 K 线、均线、成交量、指标、分时图中度过，道氏理论、波浪理论、江恩理论、短线形态、K 线组合、压力线与支撑线、金叉死叉、共振，一切在市场中无效。

毕业后的几年，工作，兼着炒股。随着经验的积累，开始能够大致盈亏持平，亏损 20% 以上的情况再也没有发生过。在这期间，仍然不断地学习各种方法，在网上寻找各种可能有用的技术，依然没有任何改善。

很偶然的，在某篇博客中看到作者提及缠论，那时的我看到任何理论都会跟踪、研究下去，于是看到了缠中说禅的博客。一切从学习缠论开始。

公理化的系统对于我而言并没有任何难度。作为高三一年把数学成绩从 0 分提高到高考时 150 分的人，这种逻辑推论的系统好像是专门为我量身定制的。于是开始学习，进而思考，而后操作。

一年的时间，辞去工作，找了南京最偏僻的地方，学习、做笔记、看图、操作。开始专门在下跌图中买入，每单都能赚些微薄的利润。只有不到两个点，稍微迟一些卖出，就被随后而来的下跌套住。但我知道，这条路是正确的，于是坚持。一年后，我已经可以自信地说，自己在股票市场不会再亏一分钱。

学缠论的第二年，我已经可以稳定盈利。买定后持有几个月时间，在股市挣 30% 以上的利润，对我已经没有任何难度，然后我又重新把眼光放在一年前的短线上。

2014 年，在深沪指数跳空走出盘整区域的时候，对于缠论，对于炒股，对于盈利，对于稳定，对于钱，我已经没有任何心理压力。我知道，只要市场存在，我就不用担心生存的问题。在连续数月经历了上涨、暴跌、盘整期间保持 50%～150% 的资金增长后，经历了空仓与满仓的自我控制、买入与卖出形成自然反应、不再关心盈亏与否之后，想起这十年来的炒股经历，那些惊心动魄的暴涨暴跌，那些全市场的涨停与跌停，都已经不能再让我的情绪泛起微波。我知道，我已经入门了，而且两脚都跨了进来。

以后的投资，我不知道会怎么样，我有信心，但我无法预测。

下面这段话写在沪指突破 3400 点以后的某天跳空上涨中。

某月实盘记录

好像有人对实盘感兴趣，就贴个去年年底时，用亲戚账户操作的实盘记录，不是很理想的一个月，全部是短线，以当日下午买进第二天早盘卖出的居多。因为期间事情比较多，经常交易时间去外地谈事情，很多买卖点不是很精确，甚至有几笔错过卖点导致亏损。从 12 月 25 日开始，到 1 月 5 日结束，共 20 多个交易日，起始资金 10 万出头，期尾资金 17 万多。

成交日期	成交时间	股 证	证券名称	委托类别	成交价格	成交数量	发生金额	剩余金额	佣金	印花税	过户费	成交费 成
20141125	09:33:19	309406	国电南瑞	买入	15.720	6400	100608.000	359.600	181.090	0.000	3.840	0.000463
20141126	11:03:20	309989	中国重工	买入	6.080	16900	102752.000	249.900	184.960	0.000	10.140	0.000829
20141126	10:28:50	309406	国电南瑞	卖出	16.114	6400	103130.000	103197.000	185.630	103.130	3.840	0.000558
20141127	10:12:18	309989	中国重工	卖出	6.230	16900	105287.000	105231.950	189.520	105.290	10.140	0.000608
20141127	11:02:09	140623	吉林敖东	买入	27.530	3800	104614.000	429.650	188.300	0.000	0.000	0.000552
20141128	13:50:51	140002	万 科 A	买入	10.550	10400	109720.000	668.840	197.500	0.000	0.000	0.000048
20141128	13:02:35	140623	吉林敖东	卖出	29.070	3800	110466.000	110586.340	198.840	110.470	0.000	0.000499
20141201	11:06:08	309068	葛洲坝	买入	5.880	19300	113484.000	11.580	204.270	0.000	11.580	0.000524
20141201	10:00:54	140002	万 科 A	卖出	10.900	10400	113360.000	113711.430	204.050	113.360	0.000	0.000938
20141202	11:28:32	309068	葛洲坝	卖出	5.890	19300	113677.000	113358.700	204.620	113.680	11.580	0.000983
20141202	13:25:17	140002	万 科 A	买入	10.799	10400	112310.000	846.540	202.160	0.000	0.000	0.000609
20141204	10:59:37	140002	万 科 A	买入	11.260	10400	117104.000	117540.680	292.760	117.100	0.000	0.000876
20141205	09:30:57	140402	金 融 街	买入	11.800	9900	116818.000	512.410	210.270	0.000	0.000	0.000369
20141209	13:49:22	140002	万 科 A	卖出	12.580	9900	124542.000	124705.690	224.180	124.540	0.000	0.000810
20141212	09:48:40	140194	武汉凡谷	买入	11.780	10500	123690.000	793.050	222.640	0.000	0.000	0.000008
20141215	14:02:56	140194	武汉凡谷	卖出	11.960	10500	125580.000	126021.440	226.040	125.570	0.000	0.000178
20141215	14:59:39	309989	中国重工	买入	8.350	15000	125250.000	536.990	225.450	0.000	9.000	0.000981
20141216	10:47:41	309989	中国重工	卖出	8.840	15000	132600.000	132756.710	238.680	132.600	9.000	0.000309
20141216	14:24:12	140194	武汉凡谷	卖出	11.820	800	9456.000	10477.580	17.020	9.460	0.000	0.000106
20141216	11:10:33	140402	金 融 街	买入	9.960	13200	131472.000	1048.060	236.650	0.000	0.000	0.000777
20141216	14:24:24	309989	中国重工	买入	8.750	1100	9625.000	834.590	17.330	0.000	0.660	0.000140
20141217	13:46:23	140002	万 科 A	买入	11.760	11900	139944.000	758.600	251.900	0.000	0.000	0.000035
20141217	09:41:51	309989	中国重工	卖出	8.460	1100	9306.000	140954.500	16.750	9.310	0.660	0.000208
20141217	09:40:56	140402	金 融 街	卖出	9.940	13200	131208.000	131675.220	236.170	131.200	0.000	0.000820
20141226	14:31:19	140402	金 融 街	卖出	11.640	6000	69840.000	178.710	125.710	0.000	0.000	0.000850
20141226	14:12:19	140002	万 科 A	卖出	11.650	3000	34950.000	70144.250	62.910	34.950	0.000	0.000768
20141226	13:46:45	140002	万 科 A	卖出	11.460	3000	34380.000	35292.280	61.880	34.380	0.000	0.000344
20141226	13:15:44	140002	万 科 A	卖出	11.480	4900	56252.000	1008.540	101.260	0.000	0.000	0.000013
20141226	11:01:24	140002	万 科 A	卖出	11.350	5000	56750.000	57361.800	102.150	56.750	0.000	0.000137
20141229	11:06:42	140793	华闻传媒	买入	11.860	12400	147064.000	904.280	264.710	0.000	0.000	0.000920
20141229	10:44:33	140002	万 科 A	买入	12.650	9800	148232.990	223.150	123.970	0.000	0.000	0.000943
20141229	10:27:57	140002	万 科 A	卖出	12.250	2000	24500.000	24610.110	44.100	24.500	0.000	0.000066
20141230	10:28:30	309048	保利地产	买入	9.840	14700	144648.000	42.600	260.360	0.000	8.820	0.000795
20141230	09:38:11	140793	华闻传媒	卖出	11.650	12400	144460.000	144959.780	260.030	144.470	0.000	0.000218
20150105	09:57:55	309048	保利地产	卖出	11.770	14700	173019.000	172568.320	311.440	173.020	8.820	0.000299

目 录

第一章 简单实用的操作系统
第一节 从走势必完美开始 /003
第二节 走势必完美与均线 /009
第三节 背驰与第一买点 /016
第四节 一二类买卖点推演 /023
第五节 第二买点与中线持有 /031
第六节 操作细节与总结 /035

第二章 中枢理论完解
第一节 走势中枢的理论推导 /041
第二节 中枢与走势类型 /045
第三节 中枢级别与走势级别 /049
第四节 缠论原文案例解析 /052
第五节 操作与走势中枢 /058
第六节 中枢与第二买点 /060
第七节 走势级别再分辨 /066
第八节 操作中的走势级别 /073
第九节 走势必完美再分辨 /077

第三章　围绕中枢的走势变化

第一节　中枢的确立　/085

第二节　中枢的延续与破坏　/087

第三节　第三买卖点分辨　/090

第四节　中枢级别扩展与扩张　/102

第五节　转折的力度与级别详解　/104

第六节　操作中的第三类买点　/109

第四章　细节问题分辨

第一节　背驰的本质　/115

第二节　复权还是不复权　/117

第三节　走势类型与分解　/119

第四节　中阴身分辨与操作　/123

第五节　走势的多义性　/125

第六节　同级别分解　/129

第五章　辅助的指标与其他

第一节　均线系统　/140

第二节　MACD 指标　/144

第三节　布林通道　/162

第四节　时间窗口　/166

第六章　板块轮动

第一节　板块轮动的现实需求　/177

第二节　技术形态的轮动把握　/179

第三节　板块节奏的把握　/181

第七章　机械化操作系统的建立

第一节　了解自己对理论的掌握程度　/188

第二节　最简单的操作系统　/190

第三节　牛市中的追涨　/196

第四节　其他操作系统　/198

第五节　一些细节问题　/200

第八章　具体盘面的分析

第九章　一些基础问题

第一节　关于炒股　/233

第二节　关于缠论　/235

第三节　缠论的100%盈利性　/237

第四节　盈利的快慢与选股　/240

第五节　关于如何学习缠论　/242

第六节　基础的理论逻辑推导　/244

第七节　笔和线段，以及中枢与走势类型　/249

后　记　/251

| 第一章 |

简单实用的操作系统

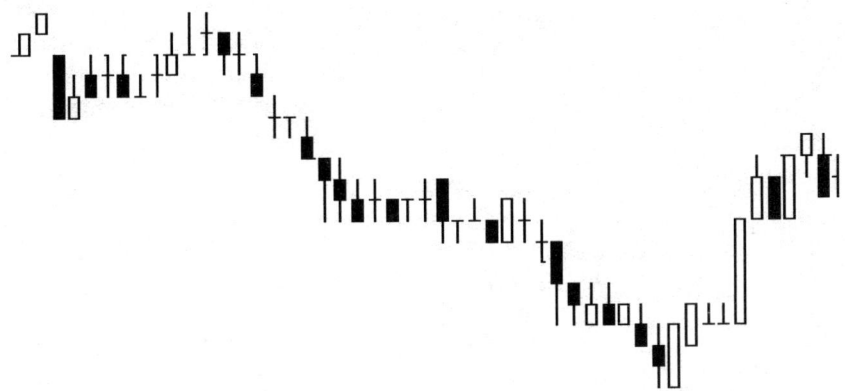

第一节　从走势必完美开始

首先提醒一下，在围绕缠论中枢展开的理论分析与买卖系统中，任何不从走势必完美开始的分析，本质上都是错误的。不理解走势必完美，就不会明白走势类型，更不会明白中枢、级别和缠论买卖点的必然性。

缠论有两大系统——能量与几何。其中，几何系统中的笔与线段的定义不存在任何模糊，从而将最低级别中枢通过线段进行定义。这是最严谨的理论系统，但在实际操作中并不适用。从 1 分钟递归到 30 分钟，当然绝对精确，但需要时间，这段时间里走势可能已然有了变化，很可能买点已经错过了。股票的操作并不需要绝对的精确，买卖点关注的是一个点，这个点的大小并不影响最终结果。扩大点就是个圆，精确到每 1 分钟的操作毫无必要。在实际操作中，中枢系统用来进行周线级别以下的操作，由于 T+1，笔和线段在小级别并没有太大的使用价值，而经常使用在月线及以上级别中以判断大的趋势。

中枢系统，在不涉及笔与线段时，是相对模糊的。但缠论的理论体系是基于完全分类以及走势类型可定义的基础上的，在这样的基础上，与中枢起到类似作用的元素同样可以将走势完全分解，那就是另外一套理论了，只不过理论的发展思路与缠论是一致的。

在缠论中，发挥最大威力的机械化操作程序，永远在操作级别中面对与该级别最近的一个中枢。而中枢的定义是三个连续次级别完成的走势类型的连接,"三个""连续""次级别""走势类型""连接"几个关键词诠释中枢。

在几个关键词中,"三个""连续""次级别""连接"都好理解,关键在于对走势类型的判断。而走势类型是在基于走势必完美的基础上才可以被定义的,这就是讲缠论首先要讲走势必完美的原因。

任何级别的任何走势都可以分解为上涨、下跌、盘整三种走势形态的连接。这句话的另外一层意思就是:任何股票的任何级别的K线图中,只有三种走势——向上、向下、向右。

向上、向下、向右,是基于时间不可逆基础的股市中走势的完全分类,不存在第四种方向。这就是缠论所有理论的推导基础。就像欧式几何中,从点、线、面开始推导。

此外,任何一种走势类型都必然结束,这是毋庸置疑的。不管上涨、下跌还是盘整,都有结束的时候,而结束则意味着一段走势告一段落,其后的演化只能是转变为其他两种走势类型中的一种。比如,某级别图中的一段上涨结束了,后面只能跟着下跌或者盘整;如果后面还是上涨,则说明这段上涨并没有结束,这就与上涨结束矛盾了。

我们把上涨、下跌、盘整简称为上、下、平。由于任何股票的任何级别走势图都是由这三种走势相互连接而成,所以将这几种走势的连接次序完全分类,就能组合任何股票的任何级别走势图。因为上+上还是上,所以不存在相邻两段走势方向一致的情况,在分类中被剔除。把上、下、平分别设为字母S、X、P,分类表格如表1-1所示:

表1-1 走势分类

序号	1	2	3	4
S	上下上	上下平	上平上	上平下
X	下上下	下上平	下平上	下平下
P	平上下	平上平	平下上	平下平

上面的表格展示了三段走势相互连接的所有可能。用图形表示则为（如图 1-1 所示）：

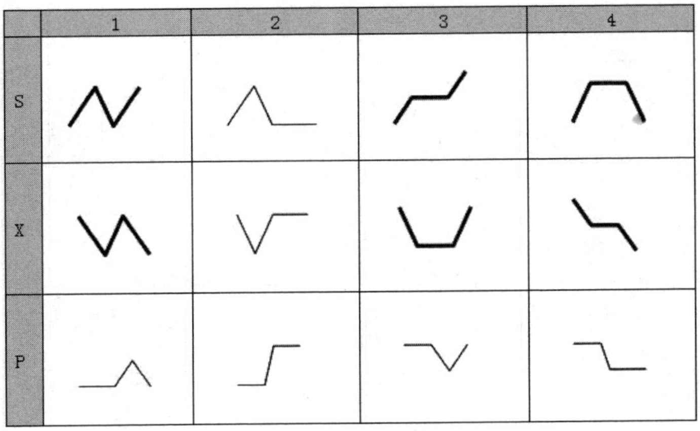

	1	2	3	4
S	∧∧	∧	⌒	⌢
X	∧∨	∨	∪	⌍
P	∧	⌐	∨	⌐

图 1-1

其中，S1、X1、S4、X3 属于盘整；S3、X4 属于标准的上涨与下跌。而其他六种走势组合，在第一段前，加上另外两种走势，都必然可以将其中的三段演变为盘整、下跌、上涨。以 S2 为例，其他的类型可以自己画（如图 1-2 所示）：

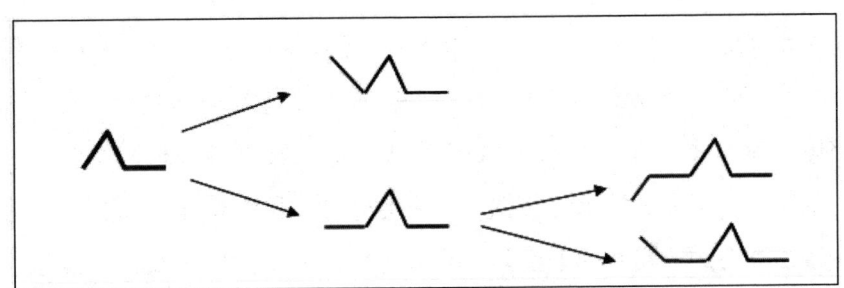

图 1-2

这样就可以把任何级别的任何 K 线图分解为 S1、X1、S4、X3、S3、X4 六种组合类型。这些组合类型有两大类，分别是盘整与趋势，其中趋势又分为上涨与下跌。

所以，无论是盘整还是趋势，在图形中最终都要完成，且完成的盘整与趋势都一定由三段走势类型组成。

如图1-3所示：

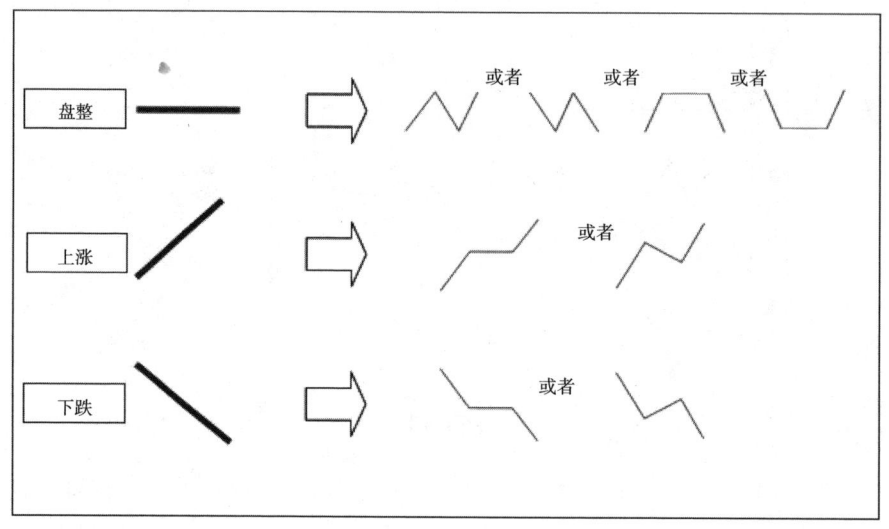

图1-3

另外，K线图是按时间周期分类的，分为1分钟、5分钟、15分钟、30分钟、60分钟、日线、周线、月线、季线、年线等。比如日线，就相当于4根60分钟K线的合并、8根30分钟K线的合并、16根15分钟K线的合并、48根5分钟K线的合并、240根1分钟K线的合并。这是一个将整体不断细分的过程。就K线图而言，日K线只有一根，但在这一天内，细化到每1分钟的走势，就是当天走势的1分钟K线图。

以上涨为例，当天的上涨是240分钟中，每1分钟收盘价的点所连成的线。反映在K线图中，就日线而言只有一根，就1分钟而言则有240根。

一般的，缠论中采用1分钟、5分钟、30分钟、日线、周线、月线、季线的级别分类，1分钟走势是5分钟的次级别，5分钟是30分钟的次级别，以此类推。

那么,回到上面的盘整与下跌,就可以梳理一下定义:

第一,在任意级别中,走势形态分为盘整与趋势,其中趋势又分为上涨与下跌。

第二,任何级别的任何走势形态,在图中最终都要完成,且完成后只能演化为其他两种走势形态中的一种。

第三,任何级别的任何走势形态,都至少由连续三段完成的次级别走势类型连接而成。

第三条定义中,涉及的关键词有"连续""三段""完成的""次级别""走势类型""连接"。其中,"连续""三段""次级别""走势类型""连接"这几个关键词在上文中已经提及,应该很好理解,不好理解的只有一个:完成。

什么样的走势类型是完成的走势类型?这是绝大部分学习缠论的人没有理解的地方。更有很多人把走势什么时候结束与走势必完美混为一谈,结果陷入背驰的桎梏中。

走势必完美是整个缠论体系的第一定理,所有基于缠论的买卖点、买卖方法、操作系统都由走势必完美推论而来。可以说,没有走势必完美的发现,就不会有缠论体系的形成。这也是本书在第一章阐述走势必完美的原因。

走势必完美是走势图形的必然结构,从最基本的上涨、下跌、横盘推论而来;而走势类型是否结束涉及走势动力的内容,两者并不是一回事。任何级别中的任何走势类型,都必然由至少三段连续的次级别走势类型连接,三段走出来之后随时可以完美。对于上涨与下跌形态而言,完美的标志可能是第三段的背驰;但对于盘整而言就不是了,盘整的结束只能通过盘整走势类型被破坏来判断。这涉及后面的中枢知识,先按下不提。

任何希望在缠论中学到实用技术的投资者,在没有理解走势必完美的情况下,对缠论的整个理论体系都是模糊的,至于中枢、三类买卖点,也就只能盲人摸象了。

如果从纯理论的角度来分析，走势必完美会陷入无限分解的陷阱。某级别走势类型需要至少三段次级别走势类型构成，次级别走势类型又需要该次级别的次级别三段走势类型构成。由于一般的行情软件中只能显示1分钟K线图或者分时图中的闪电图，这样的持续细分到每一笔成交是不可能的。这时就需要其他指标来辅助判断，同时对最低级别做出规定，比如均线。

注：本章节中所提到的趋势，指的是图形的上涨与下跌，并不等同于缠中说禅的趋势的由于目前还没有论及中枢，关于盘整与趋势无法给出定义，请读者自行判别。关于缠中说禅。趋势，后面会详细讲到。另外，走势形态就是图中看到的形态，向下就是下跌、向上就是上涨、横盘就是盘整；而走势类型，指任何完成的走势形态，下文同。

第二节　走势必完美与均线

根据走势必完美，任何级别的任何走势类型都至少由三段次级别走势类型连接而成。下面的分析分为两类。

盘整：分为 N 型与 U 型两种，U 型先放着不谈，来看最常见的 N 型。打开走势图就知道，任何这种呈 N 型的盘整走势，在高点与低点，5 日均线与 10 日均线必然是交叉的。

上涨与下跌：根据走势必完美，无论是上涨还是下跌，都必然在次级别形成至少三段走势类型的连接。那么对于最基本的上涨形态而言，只有两种情况：次级别上涨+次级别盘整+次级别上涨或者次级别上涨+次级别下跌+次级别上涨。其中，第二种情况里第一段次级别上涨的低点一定比次级别下跌的低点更低，且第二段次级别上涨的高点一定比第一段次级别上涨的高点要高；下跌情况反之。如图 1-4 所示：

由于走势必完美的必然性，某级别的上涨与下跌必然在次级别中至少呈现三段走势类型。以上涨为例，这三段走势类型中，第一段与第三段是上涨，第二段是盘整或下跌；以下跌为例，这三段走势类型中，第一段与第三段是下跌，第二段是盘整或上涨。对比发现，第二段一定是次级别盘整形态或者与走势逆向的次级别走势类型。这个次级别盘整或逆向的次级别走势类型会造成 5 日均线与 10 日均线的靠近，甚至交叉。比如，30 分钟的第二段走势会使日线图中相应位置产生均线的靠近或交叉，这就是缠

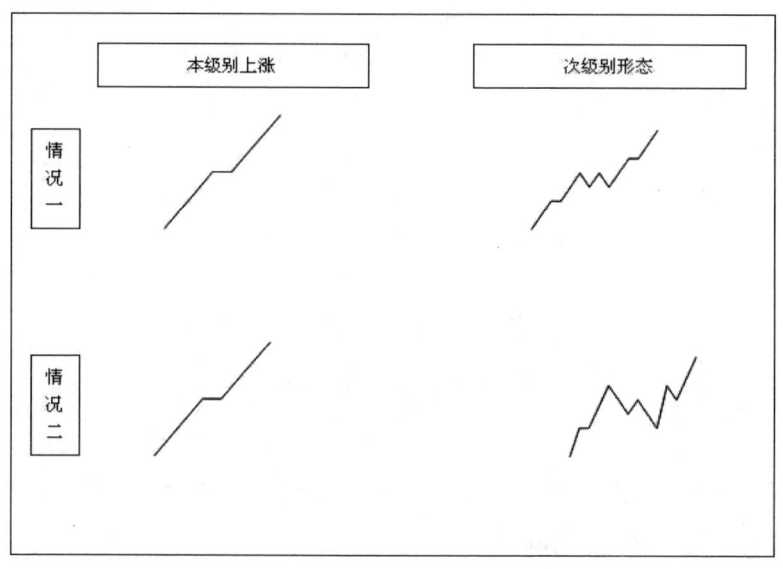

图 1-4

论原文中所谓的吻。

当然，5 日均线与 10 日均线只是其中一种可以设定的情况，因为大多数软件的默认值就是 5 和 10，也可以改成其他的值，统称为长短均线。

长短均线的靠近乃至交叉，分为四种情况：

第一种，短均线稍微靠近长均线后，继续保持原有方向。

第二种，短均线走平，贴近长均线，甚至相连，但并不交叉，然后保持原方向。

第三种，短均线与长均线交叉后，再回来保持原有方向。

第四种，短均线与长均线反复缠绕，在走势图上表现为横盘。

上面的前三种情况分别对应缠论原文中的飞吻、唇吻、湿吻，第四种是不断湿吻的缠绕类型。可以看出，所谓的吻，也就是长短均线的交叉，意味着对应的次级别走势对原走势形态方向的反抗力度。而某级别一段走势的完成，根据走势必完美与均线指标的特点，当次级别出现三段走势时，某级别的上涨、下跌中长短均线至少交叉或贴近一次。短均线略微走平的情况，有些是次级别走势类型造成的，有些是次次级别走势类型造成的，并不是必然的，但长短均线黏合或交叉，基本上都是由于次级别走势类型造成的。例如，三段走势中，中间一段如果是盘整，根据走势必完美一定在次级别图形中出现 W 形或者 M 形走势，从而使本级别图形中出现长短均线的缠绕，进而使长短均线交叉；而如果是下跌，就会使短期均线靠近长期均线乃至黏合、交叉。

四种情况如图 1-5、1-6 所示：

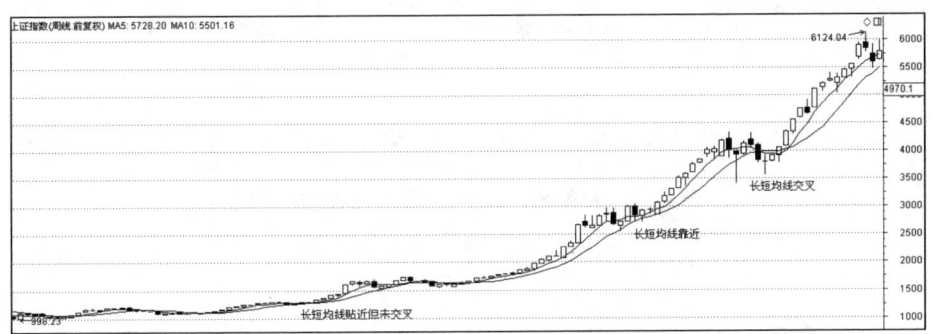

图 1-5

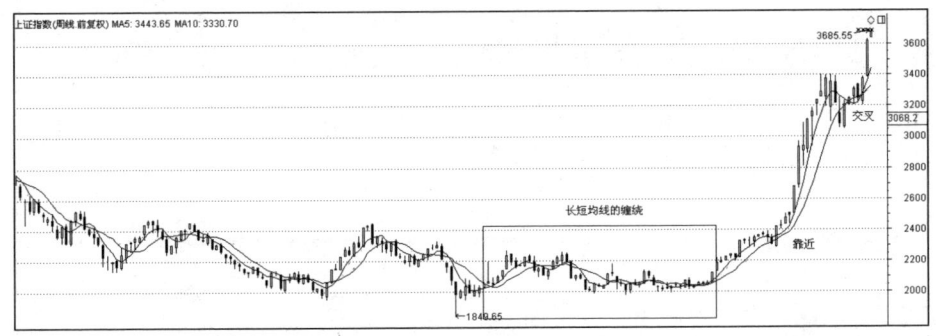

图 1-6

下面三幅图展示了高一级别的交叉与低一级别的三段走势类型连接。选用缠论原文中贵州茅台的案例（原文中缺少两个级别走势体现走势必完美的分析）（如图 1-7~1-9 所示）：

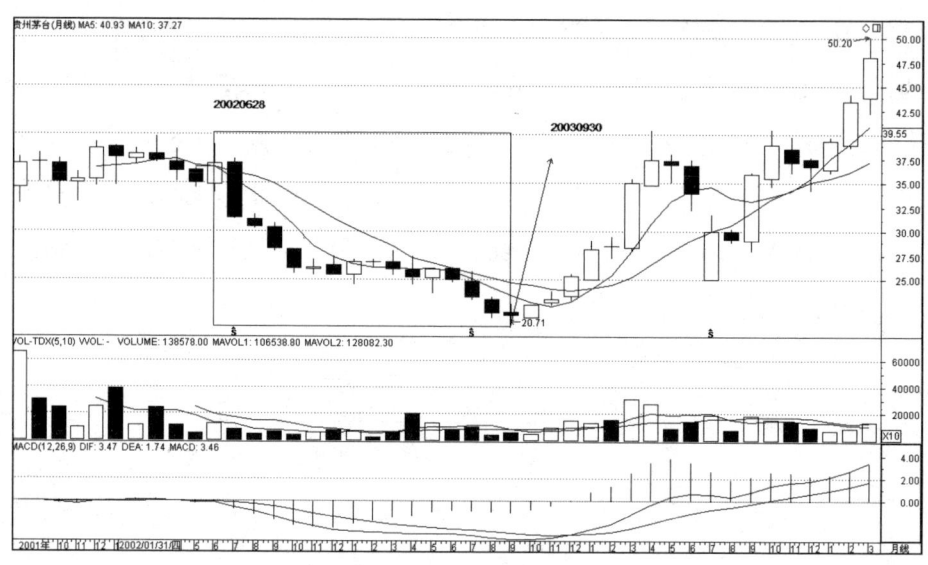

图1-7 贵州茅台20020628—20030930 月线

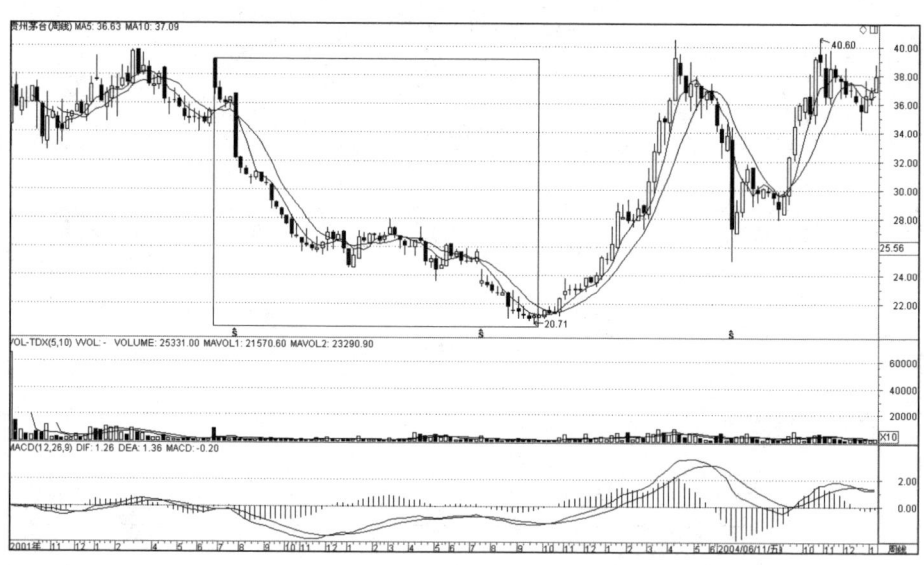

图1-8 月线图对应的周线图

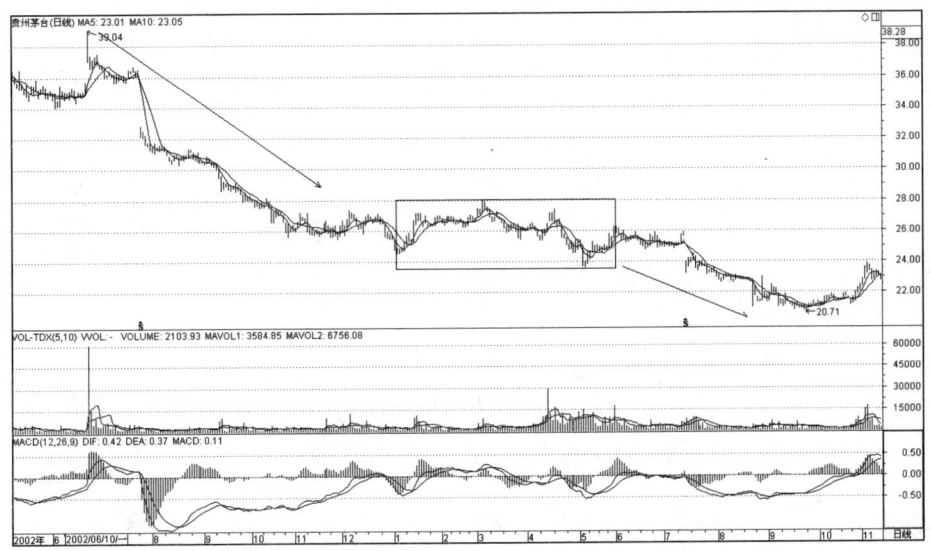

图 1-9　周线图对应的日线图

从上面贵州茅台的三幅图中，可以看出：

月线图，中间有一次长短均线的靠近，表现在周线图中是长短均线的缠绕，因为走势必完美和均线的对应关系，把周线图中的缠绕作为区分级别的依据，这个下跌定义为周线级别下跌走势形态。

周线图，前后两次下跌过程中，均线没有任何交叉，甚至连靠近都没有，那么这两段下跌，只能是次级别或者次级别以下级别图形，也即最多是日线级别。

日线图，可以从图中清晰地看到三段日线级别走势，分别是日线级别下跌、日线级别盘整、日线级别下跌，三段完成的走势连接。

这就是走势必完美在K线图中的典型——周线级别下跌至少由三段完成的日线级别走势类型连接而成。

同样的案例，如2014年12月11日—2015年1月19日的"盐田港000088"走势，日线级别的下跌形态反映在30分钟级别图中，就是30分钟下跌+30分钟盘整+30分钟下跌。如图1-10所示：

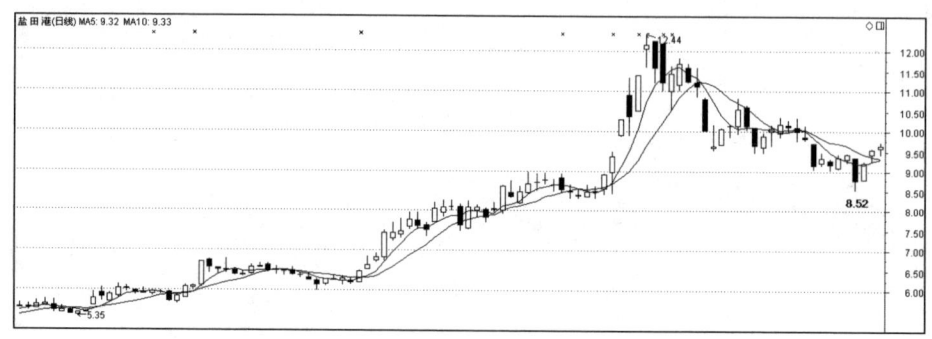

图 1－10

从图 1－10 中的最高点 12.44 元到 8.52 元，长短均线经过一次贴近后创新低，相对应的 30 分钟图形如图 1－11 所示：

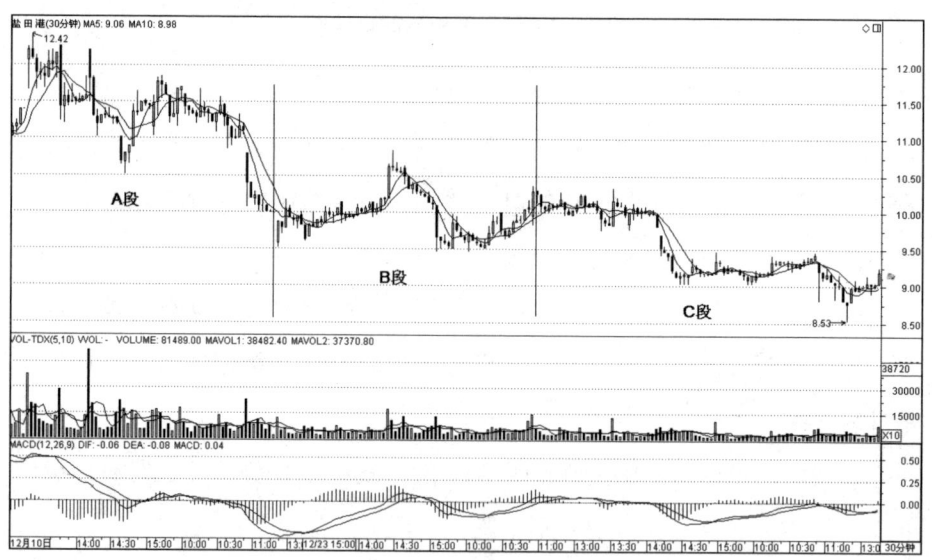

图 1－11　30 分钟对应走势

图 1－11 中，在日线级别下跌的 30 分钟图形中，可以非常清楚地把走势分为三段：30 分钟级别下跌 A 段＋30 分钟级别盘整 B 段＋30 分钟下跌 C 段。其中，A 段由次级别三段构成，B 段由次级别三段构成，C 段由次级别 4 段构成。其中 C 段的次级别（5 分钟）走势图形如图 1－12 所示：

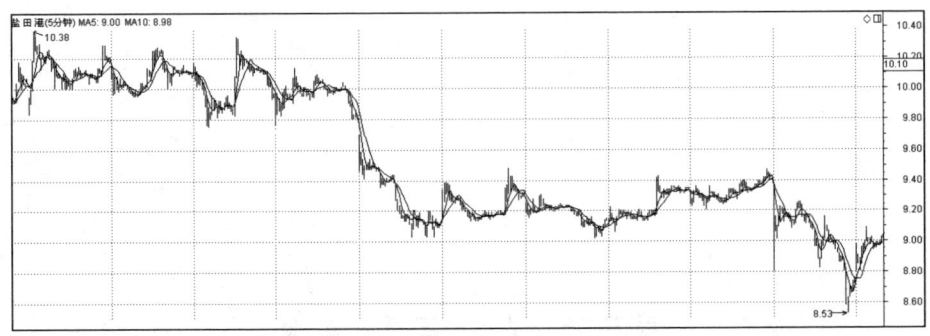

图 1-12　C 段对应的 5 分钟级别走势

5 分钟级别盘整 +5 分钟级别下跌 +5 分钟级别盘整 +5 分钟级别下跌，构成 30 分钟 C 段下跌的次级别形态。

图 1-12 中，C 段最后一次 5 分钟下跌，在 5 分钟的次级别——1 分钟图中，同样可以看到 5 段 1 分钟级别完成的走势类型的连接。

从上面的案例也可以看出，走势必完美定理，只能从理论上保证某级别的走势类型由次级别的至少三段走势类型连接而成，也可以不止三段。同时，任何级别的任何走势类型，都可以在次级别拆分出至少三段走势类型。

以上就是走势必完美所阐述的内容，而走势什么时候完美与走势必完美定义并不在同一理论范围内。通过走势必完美可以知道，任何级别的上涨走势形态结束后，只能转变为该级别的盘整形态或者该级别的下跌形态。那么对于普通投资者而言，在依靠上涨才能盈利的情况下，最好的买入点就是下跌的结束点，这个下跌的结束点之后，只能是盘整或者上涨，而无论是盘整还是上涨，一定是以低级别的一段上涨开始。如果能确定这个结束点，也就意味着股市中一定能够盈利的买点诞生。这个买点就是第一买点，通过背驰和中枢系统相关知识的应用，可以百分百地判断出来。而均线系统作为中枢系统的高概率表相应用，并不具备绝对性，但出错的概率也极小。

第三节 背驰与第一买点

背驰，背道而驰，指的是走势与力度出现反向趋势的情况。以上涨为例，当价格越来越高，但价格拉升的力度却越来越弱时，就形成背驰。而比较，一定是两样东西的比较，对于上涨背驰，就是两段上涨形态的比较。

根据走势必完美，一段日线级别的下跌，一定由至少三段完成的 30 分钟走势类型连接而成。这三段中，第一段一定是下跌，第二段一定是盘整或者上涨，第三段一定是下跌。而背驰就是第三段下跌与第一段下跌力度的比较。

体现在 K 线图中，背驰的情况有以下几种：

1. 第三段下跌的斜率小于第一段下跌的斜率；
2. 第三段下跌的时间小于第一段下跌的时间；
3. 第三段下跌过程中的反复强于第一段下跌中的反复。

其中第一种，斜率的比较，本质上是下跌速度的比较，断崖式下跌与 45°角下跌相比，一定是 45°角下跌的速度慢，这就是背驰的第一种情况。在下跌幅度相差不大的情况下，完成下跌形态时间较长的走势与完成时间较短的下跌走势，形成背驰。

如图 1-13 所示，方框内的周线下跌走势形态中，第三段下跌的斜率明显小于第一段下跌，构成标准的背驰。

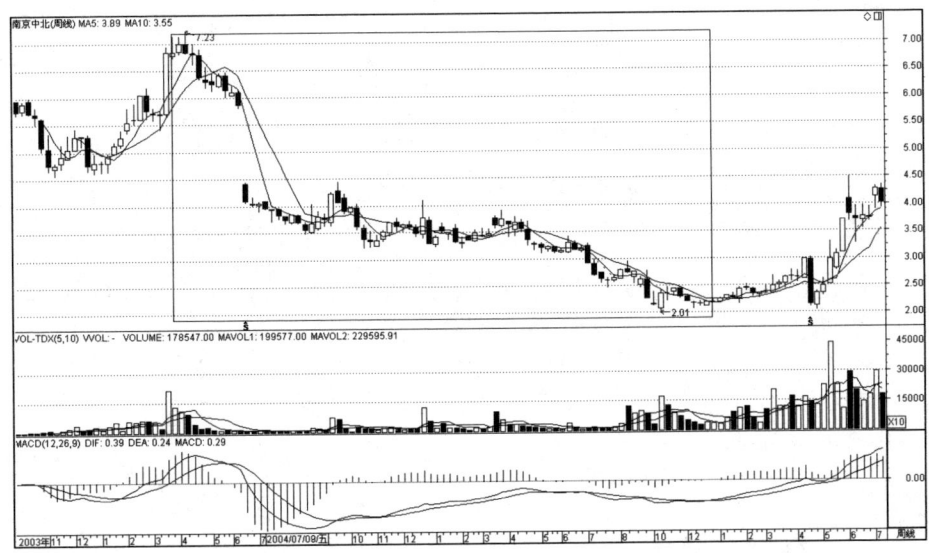

图 1-13 背驰的对比

第二种，因为无论是第一段下跌还是第三段下跌，在次级别中一定要形成三段走势才能完成下跌，那么两次下跌完成时间的长短，将构成背驰的另外一种依据（如图 1-14 所示）。

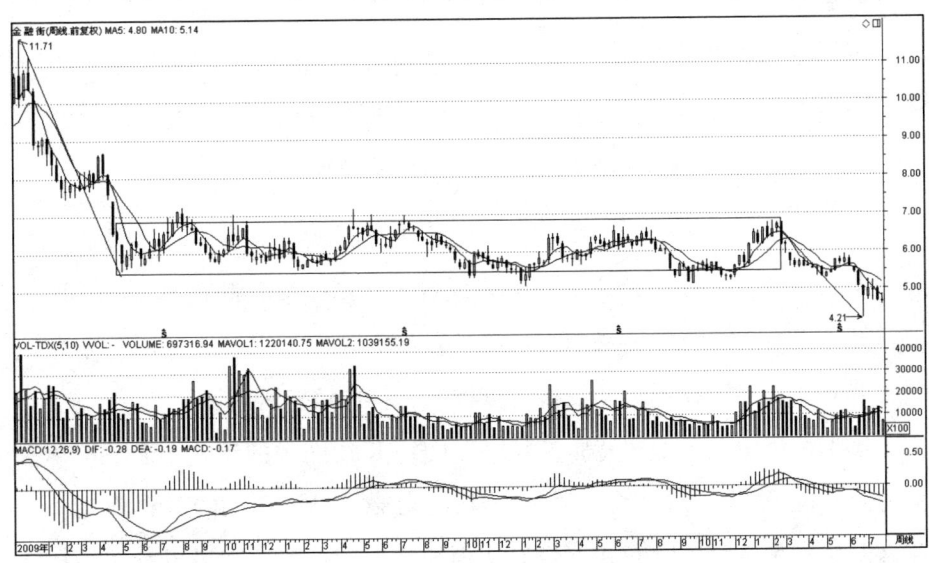

图 1-14 000402 金融街 20091227—20130628

图1-14中,第一段下跌与第三段下跌都可以明显看出次级别的三段结构,而第二次下跌的三段结构完成的时间更短,也就是走势完美的时间更短,这同样构成另外一种背驰的情况。此外,根据上文,同样利用背驰可以判断第三段下跌的结束点,也就是在该下跌的次级别中寻找第一买点。

第三种,走势反复程度的情况,这种情况一般都会造成走势斜率的背驰,但也有例外。这种反复程度意味着走势中对原趋势反抗力度的大小。如图1-15所示:

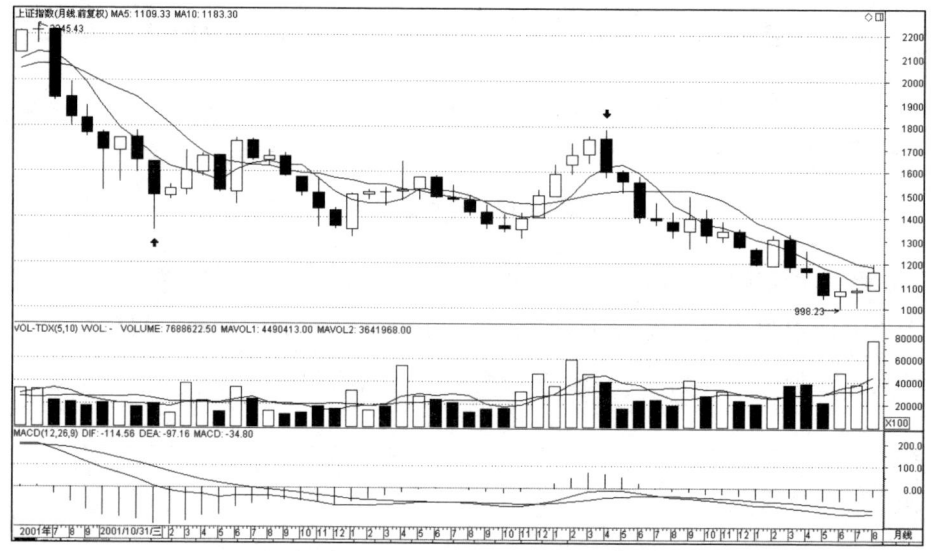

图1-15　上证指数20010629—20050630

图1-15中,第一段下跌到向上箭头处展开盘整,并于向下箭头处盘整结束,展开第二段下跌。从图中可以看出,第一段下跌只有一根上涨K线,几乎没有什么反抗力量。而在第三段的下跌中,明显的发现上涨K线增多,意味着对下跌走势的反抗力度增强,构成第三种背驰。

以上三种情况是造成背驰的几种原因在K线图中的反映,通常把第三段称为背驰段。在分析中,最接近本质的背驰就是该级别的K线背驰。但很多时候这种背驰的判断并不容易清晰地看出,这时,就可以利用指标来辅助判断,如均线指标和MACD指标。

上面的三种情况，无论哪种，都一定会影响均线走势，最直观的就是均线的形成面积。第一种，长短均线之间的通道在斜率的影响下，一定是斜率小的走势段均线通道较窄；第二种，因为完成时间的缩短，所以造成均线之间通道长度的缩短；第三种，与第一种类似，都是通道变窄。但无论三种情况中的哪一种，都一定会造成背驰段所对应的均线相交面积缩小。

所以，通过长短均线辅助判断背驰，当两段同方向的走势段比较时，如果第二段走势的均线两次交叉中的面积小于第一段，则第二段走势与第一段走势形成背驰。

但这种方法有个问题，当均线相交面积差不多时，无法准确判断背驰与否。另外，如果一段走势中有长短均线交叉的情况，就需要把两段交叉面积相加才行，判断起来比较困难，比如图 1-14 中金融街那种情况。而与均线指标起到相似作用的，就是 MACD。

上面三种造成背驰的情况中，MACD 指标公式的变量取值一定会通过 MACD 的黄白线与红绿柱反映出来，也就是 MACD 指标中的两根线和上下的柱体。在一般的软件中，黄白线是黄色和白色的两根起起伏伏的线，红绿柱是在零轴上为红色、在零轴下为绿色的柱子（下文中统称为黄白线、红绿柱）。

背驰的情况，以某级别下跌为例，该下跌一定可以在该级别中分为 a、b、c 三段，否则就不是该级别下跌，而是次级别或次级别以下级别下跌，或是该级别的下跌未完成。在 MACD 指标的反映中，有以下三种情况：

（1）c 段对应的黄白线低点相比 a 段较高，也就是 c 段创新低而黄白线不创新低的情况。

（2）c 段对应的红绿柱低点相比 a 段要高，也就是 c 段创新低而红绿柱不创新低的情况。

（3）c 段对应的红绿柱面积相比 a 段要小（面积根据图中的红色或绿

色阴影部分可以直观地看到)。

当符合上面三种情况的任意一种时,就要重点关注是否形成背驰;而当三种情况都满足时,就可以非常肯定地说背驰已经产生,也就是第一买点产生。就实际应用的经验而言,当1、2条件满足时,就可以认定为背驰。第3种情况单独出现时也可以认定为背驰。1、2条件单独出现时,不一定就是背驰,要根据实际走势来综合判断。还有一种情况是在下跌中,第三段下跌走势对应的绿柱子高度与面积均比前面的下跌要小,但黄白线创新低,一般来说这种情况都不是本级别的背驰,而是次级别或以下级别的背驰产生的。这种情况要复杂一些,并且要结合中枢分析,不在本章均线系统范围内,在后文中详细分析。

至于利用 MACD 判断背驰的案例,本节上文三幅走势图中,第一幅(图 1-13)对应三种情况的并列;第二幅(图 1-14)用来作为绿柱子面积比较的参考;第三幅(图 1-15)作为绿柱子高低与面积大小的参考。

在第三幅走势图中,由于均线和 MACD 指标的计算公式特点,在激烈的走势中,如暴涨后暴跌的情况,长短均线与 MACD 黄白线的反应速度受到限制,这时就必须依靠 K 线本身来综合判断。这种情况一般都不难判断,因为 K 线走势力度上的区别很明显。

在下跌走势类型中,第一买点意味着下跌走势告一段落,后面的演化有两种:一是盘整,二是上涨。盘整之后的演化可能有上涨和下跌两种,在第一买点买进后,如果后续走势是盘整,就一定先退出,因为盘整完成后有一半的可能会下跌。但如果是上涨,就一定能上涨到该下跌中的盘整区域内,形成 V 字形反转。

在后续走势是盘整的情况中,由于该级别的盘整走势类型一定由次级别的上涨+下跌+上涨或者次级别上涨+盘整+下跌完成该级别走势类型,所以在第一段次级别上涨不能突破前面下跌的盘整区域时,就应该退出。退出的具体点位,可以根据这个次级别上涨走势形态的第一卖点退出。也就是说,当某级别下跌出现背驰构成的第一买点时,买进后如果第一段次级别上涨走势出现背驰，也就是第一卖点的高度不能突破前面下跌中盘整的最低价位，就一定先退出。

同样的，根据走势必完美，某级别下跌中，第三段的次级别一定至少是次级别的下跌＋盘整＋下跌或者下跌＋上涨＋下跌。而当该级别背驰段出现后，就可以根据走势必完美，在次级别中寻找该背驰段的次级别第一买点，从而将第一买点的范围缩小。

这样的退出一定是盈利的，但也有可能退出后经过走势的演化，在调整后继续上涨创新高。这种情况由于不在第一买卖系统的范围内，所以原则上不予考虑。

由此，在确定操作级别的前提下，就可以构建最简单的操作系统。

（1）**寻找操作级别中，能够明显看出次级别三段走势的下跌走势形态。**

（2）**当第三段与第一段形成背驰时关注，密切注意该背驰段的次级别第一买点。**

（3）**当该背驰段的次级别走势出现第一类买点时介入。**

（4）**介入后如果第一段次级别上涨的最高点不能触及前面盘整区域的最低点，退出。**

（5）**介入后第一段次级别上涨突破前盘整区间，并形成第一卖点，退出，并继续关注。**

这个最简单的操作系统中，唯一需要注意的就是操作级别。在背驰点后的次级别上涨中，如果级别太小，就会造成整个买卖盈利很少的情况。比如1分钟上涨，1分钟的次级别上涨＋横盘（下跌）＋上涨后，走势就可以结束，而第一卖点出现时可能利润只够手续费，况且买卖点不太可能精确到一个价位。在这种情况下，操作级别最好不低于30分钟，也就是至少要在30分钟图中寻找下跌走势类型，避免出现上面的情况。

上面的操作系统中，第（5）条是在第一段次级别上涨的第一卖点退出后，继续关注。为什么要继续关注？因为根据走势必完美，本级别的走势类型要完成，必须在次级别出现至少三段走势类型连接。当第一段次级别上涨完成之后，随之而来的就是演化为次级别盘整或次级别下跌，随后一定还有一次上涨。这第二段的盘整或下跌的低点，就是第二买点。

第四节 一二类买卖点推演

首先,定义操作级别,设操作级别为日线。

根据第一买点操作系统的要求,寻找在日线图中能够清晰划分出下跌+横盘+下跌的下跌走势类型,如图1-16所示:

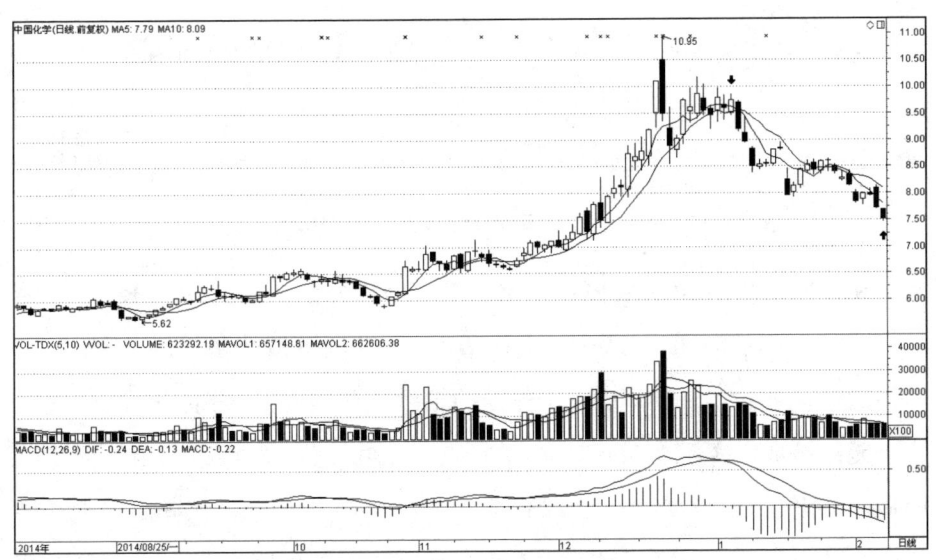

图1-16 600117 中国化学 20150107—20150206 日线

该股日线图中,自向下箭头处结束上涨中的5日、10日均线通道,并于第二天形成死叉,随后展开下跌。在图中,可以很清晰地看到三段走势,前三根阴线构成下跌,随后盘整使5日、10日均线再次交叉,然后再次下跌。根据走势必完美，第三段下跌完成后，该下跌走势可以随时结束。从图中可以看出，第二段下跌过程中，均线之间的面积明显缩小，同时 MACD 绿柱子在股价创新低的同时并没有创新低，形成疑似第一买点的形态。这时，就可以开始重点关注。

分别考察 60 分钟与 30 分钟图形，如图 1-17 所示：

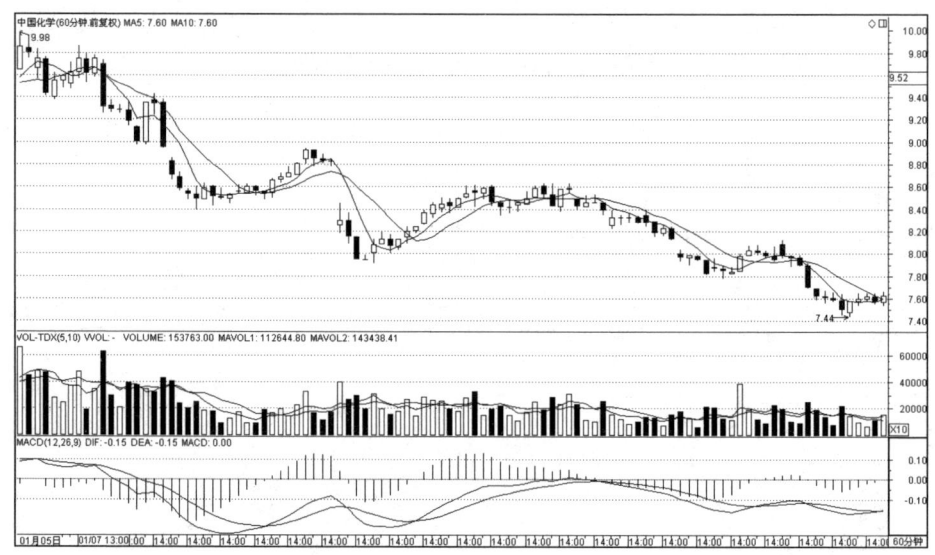

图 1-17 600117 中国化学 20150107—20150206—60 分钟

在该段走势的 30 分钟图中，可以清晰地划分出三段走势，分别是图中的 1—2、2—5、5—6，其中 1—2 构成 30 分钟的下跌走势，2—5 构成 30 分钟的盘整走势，5—6 构成 30 分钟的下跌走势。在 30 分钟与 60 分钟图中，无论是从均线还是 MACD 黄白线、红绿柱高度、红绿柱面积，都可以明显地看出 5—6 相对于 1—2 段背驰。考察 5—6 段内部，同样由三段走势构成，其中第三段与第一段下跌形成背驰。这时就可以确定，5—6 段下跌的低点将出现这段日线下跌走势类型的第一买点。

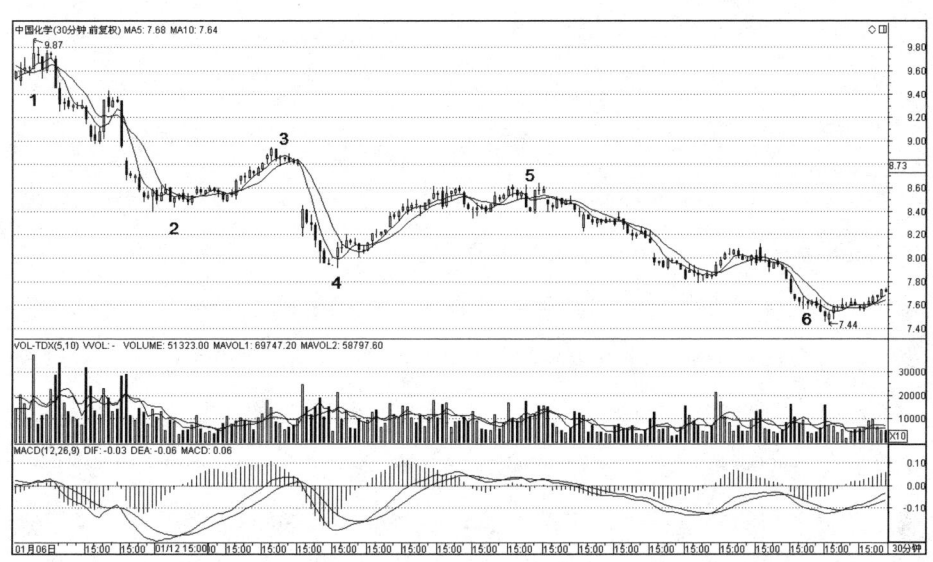

图 1-18　600117 中国化学 20150107—20150206—30 分钟

对于买点精确位置的考量，还可以通过分解 5—6 段的次级别结构而得。在图 1-18 的 30 分钟走势图中，可以明显看出 5—6 段的第三段下跌有着次级别的三段结构，考察如图 1-18、1-19 所示：

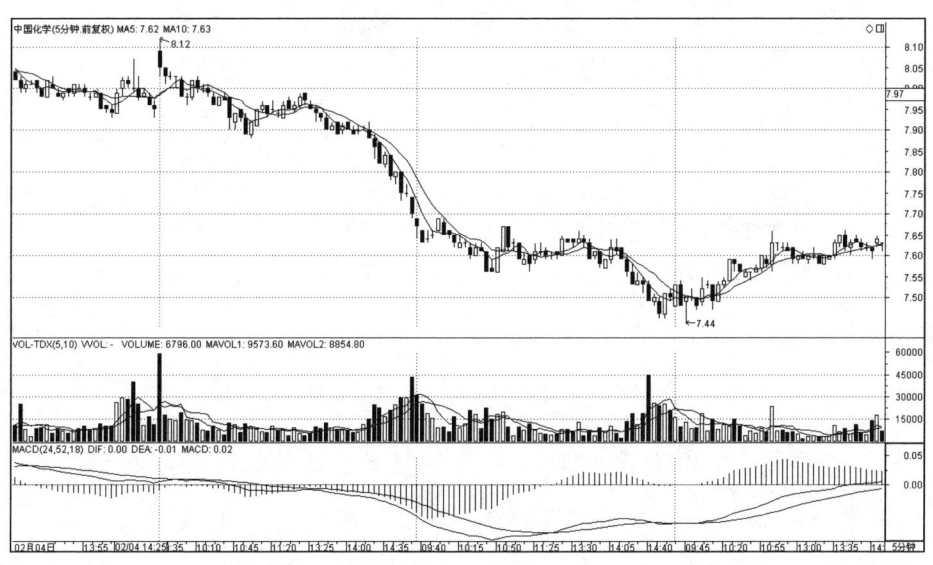

图 1-19　30 分钟 5—6 走势的 5 分钟走势结构

这样，从日线到 30 分钟，再到 5 分钟，完美地诠释了走势必完美这第一原理。在 5 分钟走势图中，30 分钟上 5—6 段下跌的第二段下跌，显然是 5 分钟下跌走势形态，并在盘整之后的下跌中出现 5 分钟下跌走势类型的第一买点。这样就可以通过走势的不断分解，得到一个尽量小的区间，从中发现买点。

在这段日线下跌走势中，第一买点最终可以精确地定位在 7.44 附近，买进后持有等待。根据走势必完美，后续走势的变化只有两种：一是日线的上涨，二是日线的盘整。无论是上涨还是盘整，都需要 30 分钟图中三段走势连接，也就是说，后续的走势至少有一次均线的靠近、黏合、交叉。现在需要考察的就是第一段上涨的高点是否能突破 30 分钟图中的"4"点价位。（如图 1–20 所示）

图 1–20　30 分钟后续走势

在日线图中，由于截至最后一根十字星 K 线，均线还没有交叉，而根据走势必完美，后续走势的均线一定会至少靠近一次后再上涨才能结束，所以从向上箭头处到十字星，一定是次级别或者次级别以下级别走势类型。在图 1–20 30 分钟后续走势中，6—9 走势，就是日线上从向上箭头处

第一章 简单实用的操作系统

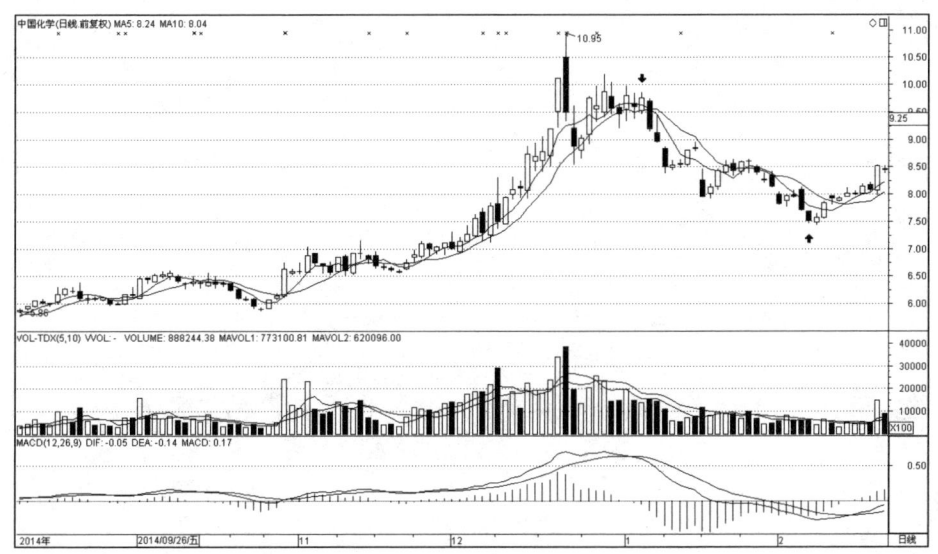

图 1-21 日线的后续走势

到最后一根 K 线的内部结构。

考察 30 分钟走势图，6—7 构成次级别上涨、7—8 构成次级别盘整，8—9 构成次级别上涨，至此第一段 30 分钟走势类型可以随时完美，而完美的依据之一，就是 8—9 是否对 6—7 构成背驰。这一点在从 8 开始的 MACD 红柱子缩短开始，通过均线之间的面积比、MACD 绿柱子伸长高度比、MACD 绿柱子形成面积比都可以清晰分辨，于是第一段 30 分钟走势结束。

走势中，这段 30 分钟上涨的最后，9 的价位在 4 之上，也就是第一买点后最弱的情况被排除。那么在 9 这个第一卖点价位卖出后，继续关注并等待 30 分钟级别的第二段走势类型。这第二段走势类型只有两种，要么是盘整，要么是下跌。

从 9 到 10，完成了第二段 30 分钟走势，从图 1-22 中看是下跌，并且均线两次交叉，构成次级别盘整，同时在 10 的位置构成 9—10 的第一买点。根据走势必完美，后面一定还有一次上涨，所以在 9—10 的第一买点再次介入。后续走势如图 1-23 所示。

图 1-22 30 分钟级别走势图后续走势

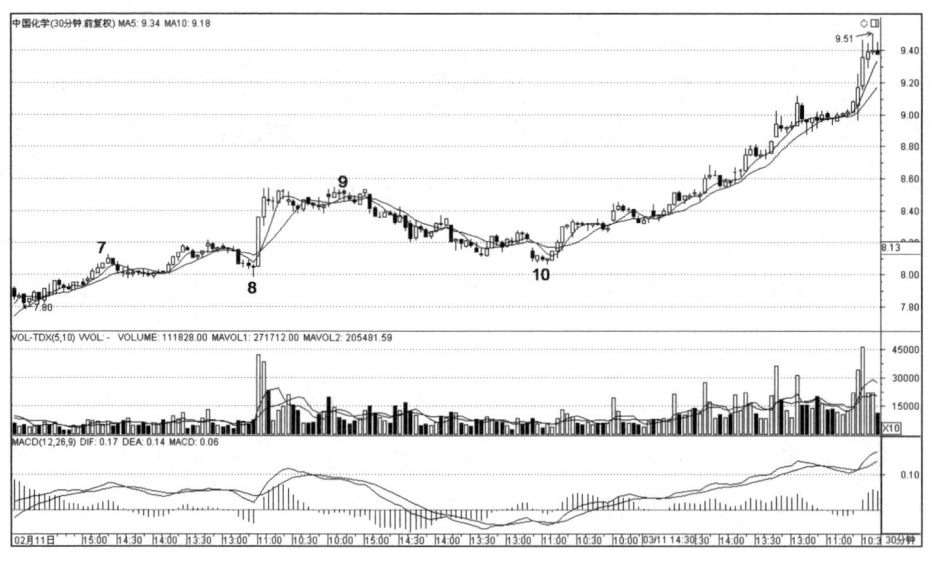

图 1-23 30 分钟走势图后续走势

从 10 开始，展开 30 分钟的第三段上涨，截至最后一根 K 线，图中形成两次横盘，构成 5 分钟级别的上涨 + 盘整 + 上涨 + 盘整 + 上涨走势类型的连接。为什么会有第二次横盘？因为在图中，第二次上涨相比第一次上涨并没有背驰，也就是该走势类型没有结束，所以在第二段上涨的次级别第一卖点之后，形成第二次盘整，随后继续上涨。在图中，MACD的黄白线创新高，但红柱子面积明显减少。上文中提到过，这种形态一般是次级别顶背驰形成的，如果掌握不了，就可以卖出了，然后持有资金，寻找、等待下一个第一买点或第二买点。

第二买点的构造中，有两种情况：一种是下跌，如上面案例中的中国化学；第二种是横盘。如图1-24所示。

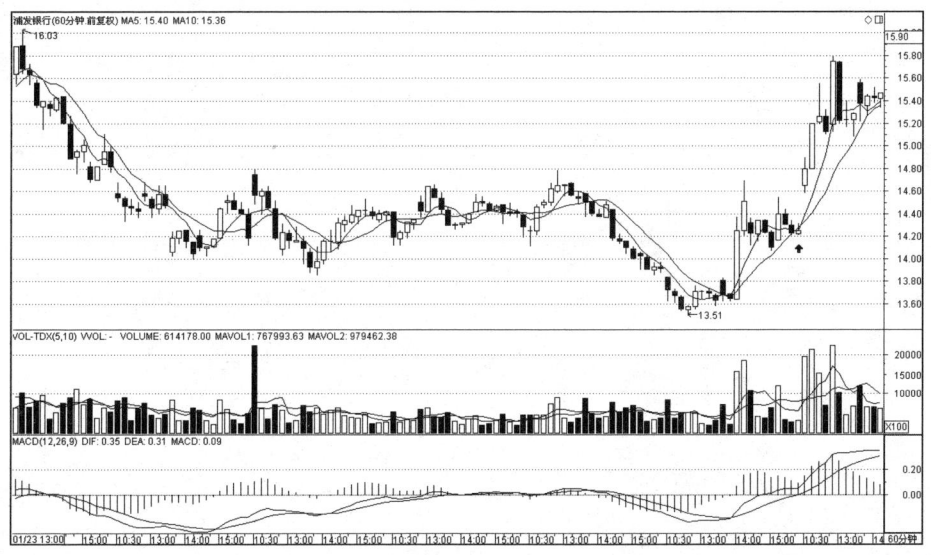

图1-24　600000 浦发银行 201501231400—201503131030—60分钟走势

从16.03到13.51构成标准的60分钟级别下跌走势，并在13.51处形成图中的第一买点。最后股价上涨到横盘区域之中，并展开盘整，使均线黏合。这样就形成了标准的以盘整为形态的第二买点。

综上所述，第二买点就是某级别下跌走势完成后的上涨或横盘走势中，长短均线第一次黏合或交叉的结束点。对于第二段为下跌而言，就是该下跌走势的次级别第一买点。对于横盘来说，有点复杂，横盘结束后一定有一次上涨，但横盘的结束点不太好把握。就目前的操作系统而言，只能买进后等待，但盈利是一定的。

关于横盘或盘整的结束点，通过后面的课程可以精确把握，但不在均线构成的操作系统范畴内，展开分析内容较多，放在后文中了。

第五节　第二买点与中线持有

有些走势比较复杂的图形中，第一买点并不是很轻易地就能掌握，在这种情况下，第二买点往往就是最好的买点。其实在所有的买卖点中，第二买点是最好掌握的，次级别上涨突破前面盘整最低位置时，就可以确认前面的下跌走势结束。那么均线的第一次交叉后就可以知道，后面无论是盘整还是下跌，一定是第二买点。唯一需要注意的是，如果第二买点是由盘整构成的，当走势的演化使这个盘整的级别上升时，后面的上涨就不是必然了。这种情况在 5 分钟或 1 分钟图中时常会出现，这时就需要根据整体市场的情况综合判断。即使是盘整级别扩大的这种情况，高点也一定会有的。在实际操作中，如果盘整持续时间较长，出于资金利用率和防止级别扩大的情况考虑，就可以在盘整的高点先退出。

就利润而言，第二买点在周线级别发挥的作用较大而且稳定，周线级别的第二买点后，往往都是股票走势的主升浪。

同样的，理论能够保证第二买点后上涨的前提是前面有个第一买点存在，而第一买点存在的前提是前面有周线级别下跌。所以，中线的买卖系统就可以通过上述理论的支持精确指定，在主板、中小板、创业板行情分化的市场中，哪怕大盘是下跌的，也可以确保中线的稳定盈利。

这种中线的操作系统如下：

（1）**某股票的周线图中，已经存在一个周线级别下跌。**

(2) 这个周线级别下跌完成后的上涨中，出现横盘走势。

(3) 在横盘区域的低点，买进、持有、等待。

(4) 在日线级别上涨的背驰点卖出。

这套系统的持有时间通常在 3 个月以上，长至一年不等。对于没有时间操作短线的投资者，尤其是上班族而言，这是最好的操作系统。具体案例如图 1-25 所示：

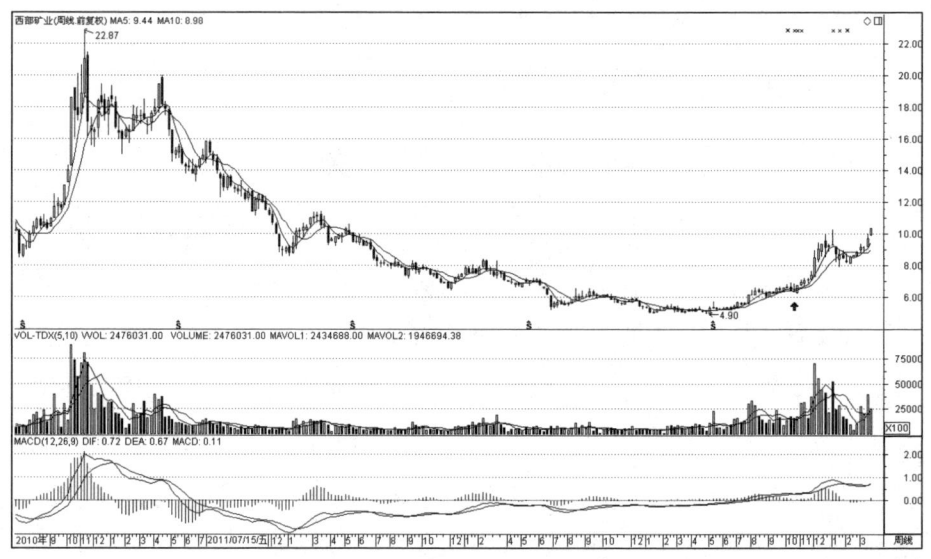

图 1-25　601168 西部矿业周线走势

图 1-25 中，前期经过长期下跌，MACD 黄白线长期处于零轴以下，在 4.9 元位置达到第一买点。随后开始上涨，黄白线穿过零轴，在向上箭头附近展开盘整。同时，黄白线回抽零轴，并呈悬浮状态，这就是最典型的第二买点。随后经过 11 周的上涨，股价由 6 元多上涨到 10 元多，完成 80% 的涨幅。这种买入法具体的原理推论就不再展开了，经过上文中四节内容的讲解，请自行完成推导过程。

类似的周线第二买点形态还有很多，如图 1-26 所示。

该股 5.91 见底之前，经过明显的三段走势，随后上涨，黄白线两次回抽零轴制造盘整，然后再上涨，最高完成 170% 涨幅。

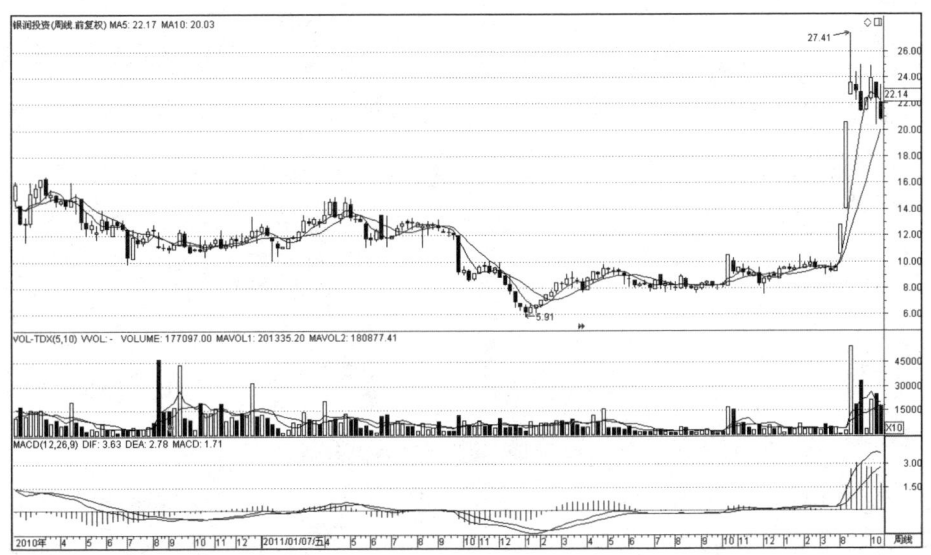

图 1-26　000526 银润投资周线走势

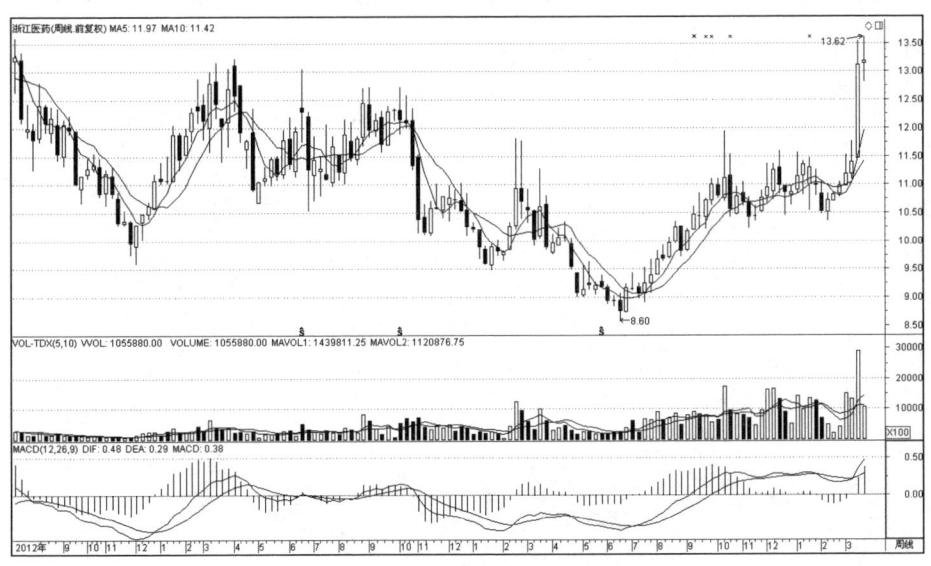

图 1-27　600216 浙江医药周线走势

浙江医药，周线 8.6 元第一买点见底后上涨，黄白线迅速拉起到零轴之上，随后三次回抽形成盘整，七周时间完成 10 元到 13.6 元的 36%

涨幅。

这种中线买卖方法,在目前已经讲解过的均线买卖系统体系里面唯一的缺点就是无法当下定位盘整的结束点,但盈利是绝对的。另外,周线的第二买点要求前面一定要有周线级别下跌的存在,这样才能在走势必完美这一第一原理的作用下拥有第三段走势。如果前面下跌的级别过低,比如日线,那么只能在日线上保证三段走势一定完成,在周线级别上就不是绝对的了。

另外,除了横盘之外,在已经存在周线级别下跌的前提下,后面的上涨中第一次长短均线交叉的低点同样构成周线的第二买点。对于理论掌握不熟练的投资者来说,可以在第一次均线交叉下跌中,通过日线级别的第一买点买入。这类下跌构成的周线第二买点,虽然盈利是必然的,但涨幅不能保证。若判断不好,很可能将周线盘整的第一次下当作第二买点,随后日线上涨完成后又下来构造周线的二次回抽,有可能在这个买点后紧接着展开主升浪。无论如何,盈利都是在走势必完美的前提下被绝对保证的。

第六节　操作细节与总结

上面的案例为了更好地阐述理论，选用的都是尽量标准的图形。在实际操作过程中，并不一定会按各个级别完美嵌套来完成。比如30分钟下跌，有些股票在5分钟下跌+5分钟盘整+1分钟下跌后就能展开上涨，这种小级别背驰引发大级别上涨的情况属于特殊走势，在后文中会详细分解。以目前已经阐述的操作系统而言，遇到这种情况，因为不存在30分钟第一买点，所以就只能在第二买点介入。为了确保有效性，第一波上涨无论是1分钟级别还是5分钟级别，都一定要回抽到前面的5分钟盘整区域内。否则，1分钟下跌后的1分钟上涨可能只是后一段5分钟下跌其中的一段。

这种情况偶尔会发生在低级别走势或者小盘股中，但看好第二买点介入没有任何问题。如果想避免这种情况发生，就尽量选取流通股本大一点的股票或者把操作级别提高，比如小盘股的周线级别，或者干脆就把流通股本5亿以上的当作自选，5亿以下的不操作。

此外，对于背驰段，上文中都是经过均线一次交叉或者缠绕后产生，后面的走势出现盘整与上涨的概率对半；如果是两次交叉或者缠绕后产生的，出现第一买点，后面出现同级别上涨的概率将大大增加，卖点同样如此。这两次交叉与盘整形成的两次交叉不同，30分钟下跌中，中间的5分钟盘整，如果震荡幅度够大，就会在30分钟上形成N形走势，造成长短均线先死叉再金叉再死叉的两次交叉，这种情况属于缠绕。只有当一次交叉下跌一段以后，在上面的交叉或盘整区域的下面再形成交叉或缠绕，才算是两次交叉和缠绕。

本章的内容，确切来讲并不属于缠论，只是缠论理论的简单应用。围绕中枢展开的缠论，在均线系统中会因为中枢而产生长短均线的交叉。从上文缠论的最简单应用中可以看出，缠论的理论体系与其他股票分析方法的显著不同。缠论的理论体系与买卖点推论，是从走势分为上涨、下跌、横盘这一绝对无异议的原理开始的，推论到走势类型的组合，从而得出走势必完美的结论，走势的背驰才有了比较的原则，同时使大级别背驰段细化到最小级别精确买点成为可能。至于背驰，后文中也有专门章节来阐述背驰的原理。如果理解了本章的操作系统，就可以马上开始实现稳定的盈利。

对于理论的学习与实践的磨炼而言，没有哪个是更重要的，对理论的理解将在实际操作中生出信心，知道自己正走在正确的道路上。关于走势必完美、级别、中枢等几个缠论中至关重要的问题，通过上面的第一、第二买点的操作，尤其是30分钟级别的操作，会逐渐理解。当然，最好的是看了理论当下理解并能实际应用，但一般人还达不到这种层次。据笔者自己的经验而言，最好能够将操作级别定在30分钟，并且只寻找30分钟的第二买点，找不到就空仓。操作的次数多了，第二买点达到纯熟，对第一买点应该也就清楚了，因为第二买点都是在第一买点之后产生的。在具体的走势中，买点的形成有多种走势形式，这些都只能是看得多了，操作得多了才能掌握的。

在操作系统内，不符合要求的股票一概排除，全市场都找不到符合要求的30分钟买点就降低一个级别到15分钟找。一般来说，一根日线的下跌阴线＋一根日线的小阳线＋一根日线的下跌阴线，都构成30分钟走势类型，这样的机会还是很多的。实在找不到就要空仓等待，将股票当作事业来做的投资者，不允许有一次错误的操作。

此外，控制不住手的情况，在炒股的过程中太常见了。明知道不是买点却还要冲动地买入，这种情况一般买进后三秒内就会后悔，对此，解决方法只有一个，第二天开盘后在高点退出，不计盈亏。本章由均线构成的操作系统，在理论上都是近乎绝对的。分析中，买入点是处于 30 分钟走势或者 5 分钟走势的哪个阶段，后续的走势就一定会如何，这都是确定的，也就是在操作系统的控制范围内。一旦买错，后续走势自己无法掌握，那么最好的方法就是退出。另外，买最好在第二买点，卖最好在第一卖点，寻找买点要谨慎，卖出要积极。在震荡或下行的市场中，盘中变动速度快，次级别第三段上涨可以刚创新高就下跌，卖出不及时很容易让利润打折甚至被套，耽误时间且浪费资金。

买入的原则：介入点后，必然有一次上涨。这通过上面的理论，在走势图中判断没有任何含糊的地方。

卖出的原则：走势脱离自己的理论掌握范围，不知道后面如何演化的情况下，退出。

保持复利是最好的盈利模式。

|第二章|
中枢理论完解

第二章 中枢理论完解

第一节 走势中枢的理论推导

从本章开始，会应用和上一章相同的名词，比如盘整、趋势等，但都与上一章毫无关系。因为文字表达的局限性，对不同的概念只能用相同的名词表述，但这并不意味着二者是一回事。均线构成的操作系统是单独的章节，与本章的中枢系统有本质上的不同，请各位注意。

再次重申，关于盘整、趋势、走势类型，在均线构成的操作系统与由中枢构成的操作系统中，含义是不同的，千万不要混淆。在均线系统中，盘整、上涨、下跌都是图形特征，在图中是盘整的就叫盘整，看起来是上涨的就是上涨，图中呈现下跌的就是下跌，上涨和下跌都是走势形态的分类。在本章开始的中枢系统中，盘整与下跌是有严格定义的，有些在图中看起来是上涨的走势，根据本章的内容有可能会被定义为盘整。这是两种不同的概念表述，仔细区分应该不难辨别。

在缠论原文中，用数学公式的形式来定义走势中枢的区间当然是最精确的，但很多数学不太好的要理解这种抽象的公式比较困难，所以笔者尽量说得通俗一点。

第一，走势中枢是有级别的，按惯用的级别系统，分别有1分钟以下、1分钟、5分钟、30分钟、日线、周线、月线级别中枢。

第二，某级别的走势中枢，至少由次级别连续三段完成的走势类型重叠而成，中枢区间就是三段完成的走势类型的价格重叠区间。

第三，根据走势必完美，任何级别的任何走势类型，都必然由次级别三段完成的走势类型连接而成。

第四，在任意走势类型中，走势类型的级别由走势中枢的级别确定。

从第二和第三可以得出：走势必完美基本等同于任意级别的任意走势类型一定能形成该级别中枢。

第一点中的级别问题应该不难理解，难的是如何划分级别。要解决这个问题，就需要理解第二点中的"三段""连续的""完成的""次级别走势类型""价格重叠区间""中枢区间"五个关键词。

三段：上一章中阐述过，就是次级别三段走势的连接，这里排除上涨加上涨的连接方式，因为同向走势的连接还是一个走势类型。

连续的：这更好理解，第一段结束跟着第二段，第二段结束跟着第三段，其间不能断开，隔一个计算。

完成的次级别走势类型：任意级别的走势类型都必须在次级别上形成三段完成走势类型的连接才能完成，这是走势必完美。这里从纯理论的角度来看，存在循环定义的问题。简单的处理办法，就是前面一章中说的用均线是否黏合、交叉、缠绕来判断完成的走势类型。显然，一段下跌走势，长短均线一直保持向下没有什么波动的，一定是次级别或者次级别以下级别走势类型，只有出现波动并形成该级别中枢，才能称为本级别走势类型。

精细地分析某级别中枢，需要次级别三段完成的走势类型，这次级别的三段走势类型的任意一段要完成，又要下一级次级别三段走势类型。这样递归下来，一定会遇到最低级别走势类型如何定义的问题，这个难题可以通过对操作级别的定义来解决。

当确定操作级别以后，比如在操作系统中按30分钟级别操作，那么在30分钟操作级别的视角下，就可以规定次级别也就是5分钟级别走势为最低级别。一般的软件都可以看到1分钟K线图，但在30分钟级别的操作系统中是不看的，如果按5分钟来定义操作级别，就需要把1分钟作为最低级别处理。在 30 分钟操作级别的前提下，也就相当于默认软件最低只能显示 5 分钟 K 线图。在 5 分钟 K 线走势图中，将连续三根 K 线横盘的区域作为次级别走势中枢处理，其实也就是把每一根 5 分钟 K 线作为 5 分钟的次级别的次级别处理。

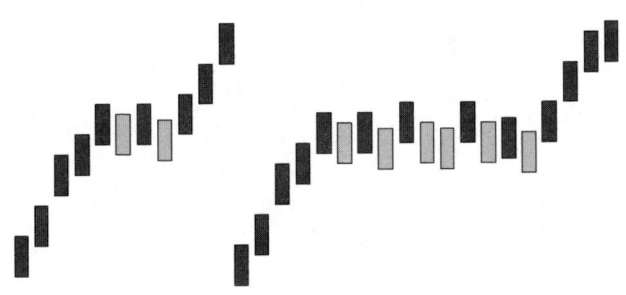

图 2-1　最小级别中枢与重叠形成高级别中枢示意图

图 2-1 为了简单示意，忽略了上下影线，但原理都是相同的，对结果并没有影响。左边从第六根 K 线开始盘整，连续三根 K 线构成次级别中枢后，突破中枢上涨。右边是九根 K 线重叠的情况，这种情况因为每三根 K 线构成次级别中枢，三个次级别中枢就构成高一级别的中枢，所以是本级别的中枢，走势为本级别的走势类型。

对于左边的图，如果你已经对上一章中，由均线构成的操作系统熟悉的话，就应该知道，这是次级别以下级别上涨 + 盘整 + 上涨的走势类型连接。应用中，对于盘整区域左边的上涨、盘整区域、盘整区域右边的上涨，一律定义为次次级别走势类型。这样，由三段次次级别走势类型连接而成的次级别走势类型就形成了，根据中枢的定义，中间重叠部分为次级别中枢。

次级别走势类型定义后，就可以在图中找到任意级别走势类型的中枢区域。而因为走势必完美，任何级别的任何走势类型一定能形成至少一个该级别中枢。至此，就可以对盘整与趋势进行精确定义，其中趋势分为上涨与下跌。

盘整：只有一个中枢的走势类型，称为该中枢级别的盘整走势类型。

趋势：依次顺向形成两个互不重叠的同级别中枢的走势类型，称为该中枢级别的趋势走势类型，两个中枢依次向下就是下跌趋势，反之就是上涨趋势。

第二节 中枢与走势类型

先分析盘整走势类型,以 30 分钟级别盘整走势类型为例。

既然是 30 分钟级别盘整,那么无论这个盘整如何变化,首先出现的一定是 5 分钟走势类型。下面以第一个 5 分钟走势类型在图形中表现为上涨为例进行分析(这里的上涨不一定是趋势,而是图形上表现为上涨,下文中的分析如无备注,均为图形中的上涨)。

第一种,5 分钟级别上 + 5 分钟级别下 + 5 分钟级别上,就构成了以下几种盘整走势类型(如图 2-2 所示)。

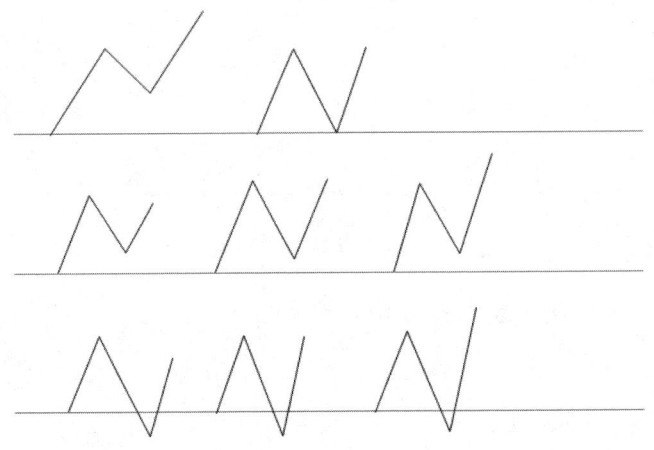

图 2-2 上下上构成盘整走势类型的各种形态

注意，图 2-2 中，每一根单独的线段都是 5 分钟走势类型，也就是相同级别。图 2-2 中，三段走势的重叠部分就是该走势类型的 30 分钟中枢区间，这不难理解。如图 2-3 所示：

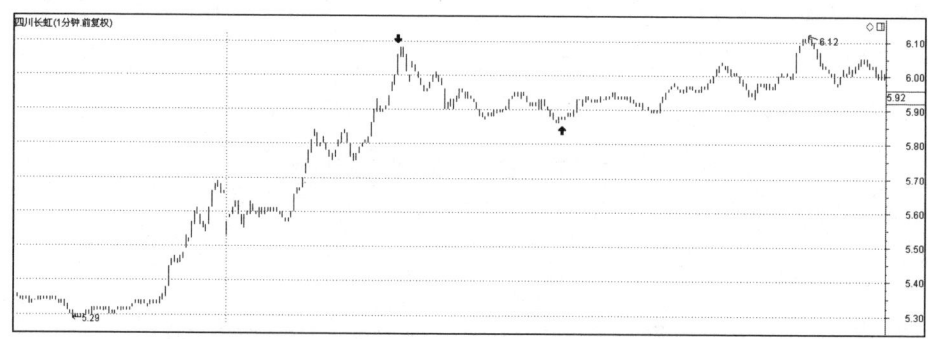

图 2-3　600839 四川长虹 1 分钟走势节选

图 2-3 中，向下箭头与向上箭头将走势分为三段，每段都是 1 分钟走势类型，图中是明显的上下上，构成 5 分钟盘整走势类型，中枢区间就是上下箭头之间。

第二种，5 分钟上涨 +5 分钟盘整 +5 分钟上涨，有以下几种分类（如图 2-4 所示）。

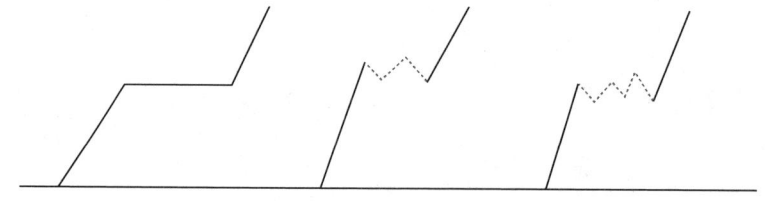

图 2-4　上盘上的走势特征分类

图 2-4 中，黑色的实线线段均为 5 分钟走势类型，灰色的虚线线段均为 1 分钟走势类型，波动形成 5 分钟盘整形态，同时也构成 5 分钟走势中枢，第三个图形是盘整延续的形式。这样，三段 5 分钟走势类型重叠，重叠的区间是第一段 5 分钟上涨的最高最低点、盘整区域的最高最低点、第三段上涨的最高最低点。三个价格区间的重叠区间，构成 30 分

钟中枢区间。

第一种和第二种情况唯一的区别就是中间第二段走势：第一种是下跌，第二种是盘整，而这种盘整形态本身高低点之间构成5分钟中枢，它很容易被判断为30分钟中枢，从而在走势级别问题上产生混淆。对于中枢的级别与走势的级别，这里的难点是绝大多数学习缠论的人绕不过去的地方。图2-4是简易的画法，对前后两个5分钟的上涨段进行了简化处理，而因为走势必完美，这两个上涨段一定在5分钟级别图中呈现明显的至少三段走势，如图2-5所示：

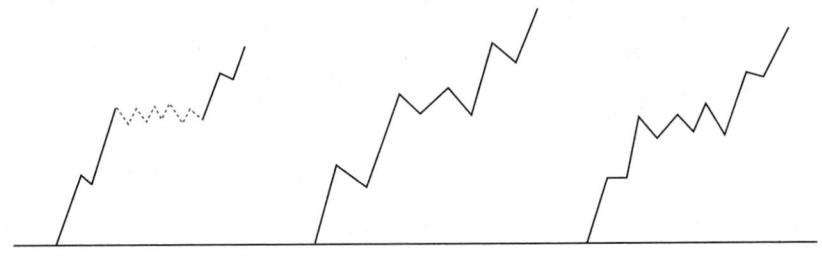

图2-5　走势图形分解示意

图2-5中，黑色实线线段均为1分钟走势类型；灰色虚线线段均为1分钟以下级别走势类型，经过9段重叠，构成5分钟中枢。可以发现，同级别的上涨+盘整+上涨构成的盘整走势类型与同级别的上涨+下跌+上涨构成的盘整走势类型，在结构上其实是同构的，区别就在于中间段的次级别三段走势一个呈现横盘形态，另一个呈现下跌形态。

第三种，5分钟上涨+30分钟中枢+5分钟上涨。

当一个5分钟上涨顶背驰后，接着5分钟下跌走势构成第二买点，再上来的第二段上涨，完成时如相对于第一段背驰，就一定再下来跌回前面两段的重叠区间内。这样就形成了一个30分钟中枢，这是在实际走势中最容易见到的情况之一。

图2-6的两种形式是最基本的形态，每一段都是5分钟走势类型，在中间盘整的同时形成30分钟中枢。第一个图形是基本形态，第二个图形是

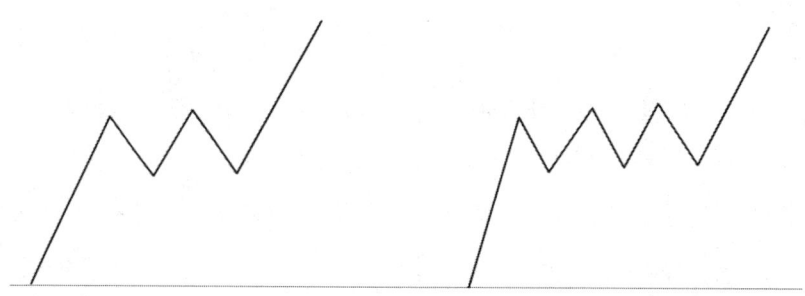

图 2-6　走势形态特征图示

中枢的延伸但没有扩大级别。当走势段延伸到 9 段，该中枢与走势的级别就扩大了，中枢的各种形态后文会单独分析，属于中枢形态部分。这里介绍基本理论，只用最标准的图为例。

第三节　中枢级别与走势级别

前文属于中枢的定义、取值与级别的阐述。对于实际走势而言，中枢级别与走势级别息息相关；而对走势级别的判断，将影响整个操作系统。下文以实际走势为例，区分盘整走势类型的级别问题。趋势的级别和盘整的级别判断是一致的。

一个盘整走势的案例，如图 2-7 所示：

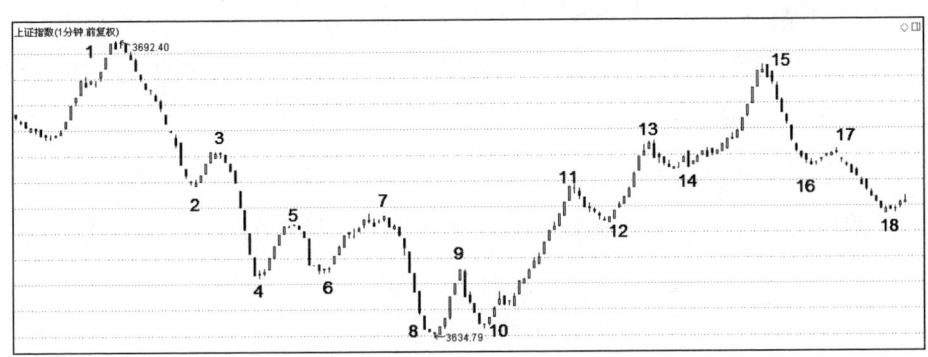

图 2-7　上证指数 1 分钟走势节选

图 2-7 中，每两个相邻数字之间的线段都是次次级别，也就是操作级别的最小级别走势。11 与 14 在图中很接近，但没有重叠。图 2-7 中，1—4 就构成次级别盘整走势，4—7 同样是次级别盘整走势，7—10 也是次级别盘整走势，三段次级别走势的价格重叠区间。也就是说，4—7 区间就

是 1—10 这一盘整走势类型的中枢区间。从 10 开始，延续中枢震荡，并突破中枢区间。为什么 7—8 不是一段走势？因为是笔直一段下来的，而走势必完美要求该次级别走势一定要形成次次级别的三段走势连接，所以 7—10 是一段次级别走势类型。上面的图与内容是盘整走势的一种构成形式，而下面的走势虽然也是盘整走势类型，但区别就大了。

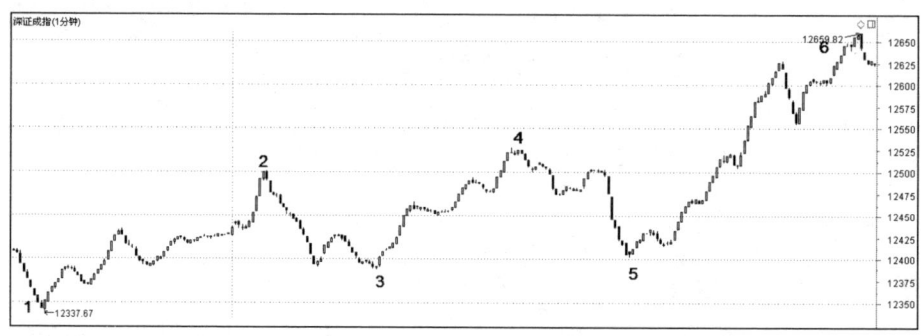

图 2-8　上证指数 1 分钟走势节选

图 2-8 中，相邻两个数字之间都是 1 分钟的次级别走势，2—3、3—4、4—5 构成次级别三段连续完成的走势类型连接，形成 1 分钟级别中枢，中枢区间为 2—5 之间。通过上面两幅图的比较，不难发现，两种盘整走势构成形态之间的区别。

至于同级别上涨+下跌+上涨的构成形态，如图 2-9 所示。

图 2-9 中，走势明显分为三段，且均是同级别走势类型。走势从 10715 升到 12000 附近，再下跌到 11200，再上涨到 12841，完成三段走势的连接，并在 12841 构成次级别顶背驰。由于第三段与第一段并没有背驰，所以当第三段次级别背驰时，构造出第二个 60 分钟下跌或者 60 分钟盘整走势类型。

缠论原文中对走势类型的级别阐述，前后文是有出入的，相差一个级别。比如图 2-8 走势案例，在原文前半部分，两个数字之间是 1 分钟级别走势类型，而在后文中是 1 分钟以下级别的走势类型。这样一来，2—5 的中枢级别就不同了，按前者划分是 5 分钟中枢，按后者划分是 1 分钟中枢。

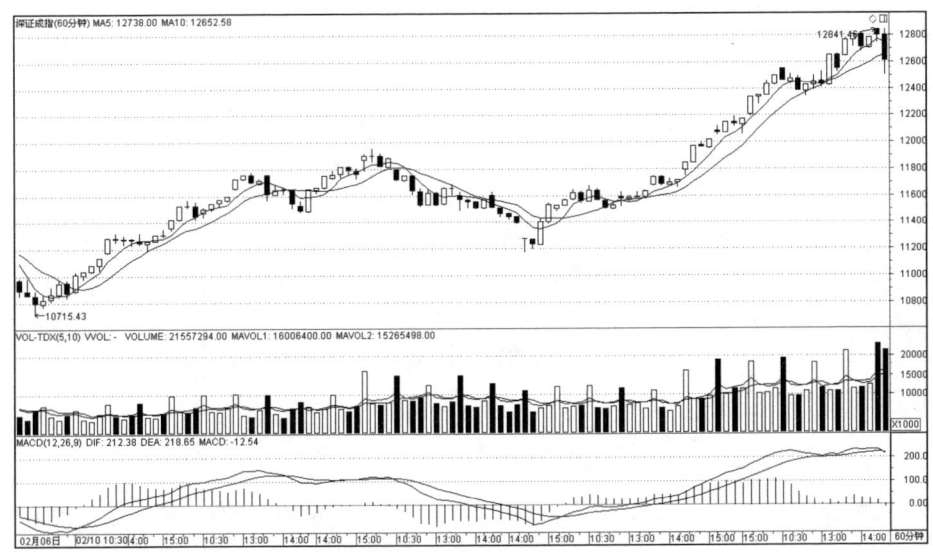

图 2-9　深圳指数 60 分钟 K 线节选

本文采用第二种级别划分方法说明理论。实际操作中，以前一种级别划分方法最为实用，也就是在均线系统中采用的级别判断方式。

　　以上是关于中枢的精细化阐述，一切都从走势必完美开始推论。我相信这是第一次出现公开的对缠中说禅中枢的正确解读，迷惑于中枢各种谜团中的缠论学习者需要思考才能真正理解上面的意思。原文中，缠师为了简便，也为了便于操作，很多内容并没有从根本上阐述，所以原文后面很多操作、回复、文章内容让人难以理解，甚至看起来自相矛盾。将本节内容对照原文中不理解的部分，如果是已经学习一段时间缠论但始终在一些问题上迷惑不解的缠徒，大部分的问题都可以迎刃而解，后文内容会针对各个精细点单独分析。

第四节　缠论原文案例解析

至此，经过均线系统与中枢定义的阐述，尤其是走势必完美在上文中的推论与分析，就可以进一步分析缠论原文中一些让人迷惑的案例了。

在"教你炒股票16：中小资金的高效买卖法"（2006-12-14 12：06：47）中，原文的结尾列举了驰宏锌锗（600497）的案例，用来说明下跌+盘整+下跌的买入方法，并且在原文的开头，就特地说明这篇文章中的分析是在同级别的层面展开的。这其实就是走势必完美的完美应用。

驰宏锌锗：日线上，2004年6月2日到9月10日，构成下跌走势；2004年9月10日到2005年3月14日，构成盘整走势；2005年3月14日到7月27日，构成下跌走势。也就是说，从2004年6月2日到2005年7月27日，构成标准的"下跌+盘整+下跌"的走势，而在相应的2005年3月14日到7月27日的第二次下跌走势中，7月27日出现明显的第一类买点，这就完美地构成了"下跌+上涨"买卖方法的标准买入信号。其后走势，很快就回到2004年9月10日到2005年3月14日的盘整区间，然后回调在2005年12月8日出现标准的第二类买点，其后走势就不用多说了。

——教你炒股票16：中小资金的高效买卖法

图2-10的走势是比较标准的下跌+盘整+下跌走势类型，三个走势类型的级别都是日线级别。很多学缠论的人会很迷惑，4—9之间的中枢级别明显比

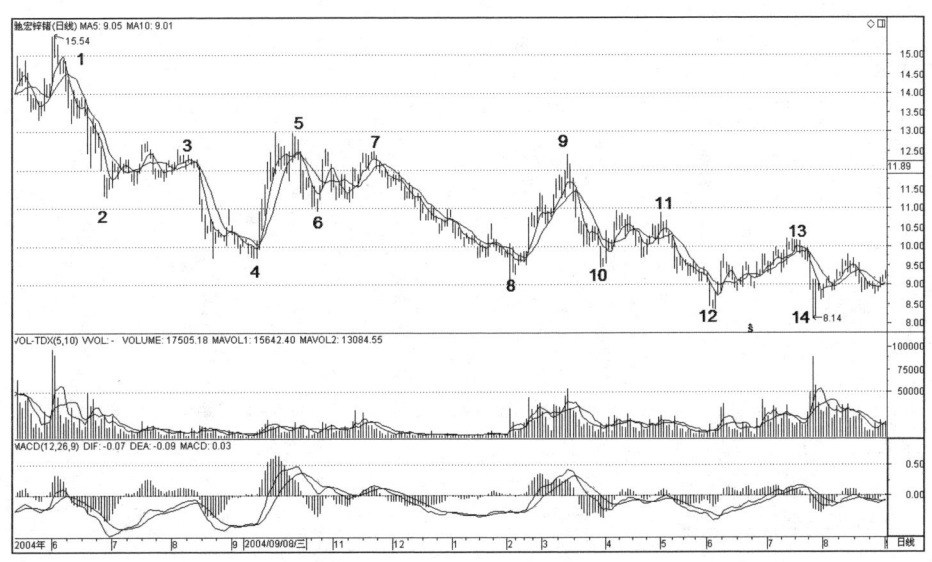

图 2-10 600497 驰宏锌锗 20040602—20050726 日线走势

2—3 和 8—9 之间的要高,为什么 1—4、4—9、9—12 三段走势是同级别的?

其实这里的同级别指的是走势类型级别相同。根据走势必完美,任何走势类型的完成都需要次级别三段完成的走势类型连接,这里的走势类型包括上涨、下跌和盘整。那么也就是说,上涨要至少三段,下跌要至少三段,盘整也要至少三段。

在图 2-10 中,1—4 显然是 30 分钟级别的下跌 + 盘整 + 下跌走势类型,同时构成日线级别下跌,并且由于三段 30 分钟级别走势类型连接,重叠区域就是日线级别中枢,也就是 30 分钟盘整区域。而在 4—9 之间,由四段次级别走势类型构成盘整,这四段分别是 4—5、5—7、7—8、8—9,它们构成次级别上涨 + 盘整 + 下跌 + 上涨的盘整形态。随后,9—12 完成次级别三段走势类型,之后反弹到 13,引发 10—11 日线中枢的扩展,再次下跌到 14 形成背驰,完成日线级别的下跌 + 盘整 + 下跌走势类型。根据走势必完美,这三段构成周线级别的盘整走势类型,在图形上是下跌形态。

图 2－11　驰宏锌锗日线级别案例对应的周线级别图形

图 2－11 中，由 1—2、2—3、3—4 三段走势构成的周线级别盘整，在图形中构成下跌（原文中的盘整，有些地方指的是盘整形态，有些地方指的是只有一个中枢的盘整走势类型，很容易混淆。下跌与上涨也是，后文中容易混淆的地方都会备注）。周线级别中枢区域为 2—3。第三段下跌走势明显背驰，这就结束了一段周线的盘整走势类型的下跌形态。

从纯理论的角度来看，2—3 这一盘整走势绝不能说就是周线级别中枢，而是三段日线级别走势类型的重叠才构成了周线中枢，这是截然不同的两个概念。但在实际操作的分析中，由于第二段是盘整的三段走势类型连接，重叠区域总在盘整区间，所以从分析的简便性出发，也可以简单称为周线中枢，这里的区别比较微妙。

第二个案例是贵州茅台。

图 2－12 是标准的周线级别盘整走势类型，呈下跌形态。这里把之前的一个盘整忽略了，如果加上，就是周线级别下跌趋势。这个下跌形态的盘整走势类型，在日线图中就是标准的日线级别下跌＋日线级别盘整＋日线级别下跌的三段走势类型连接。

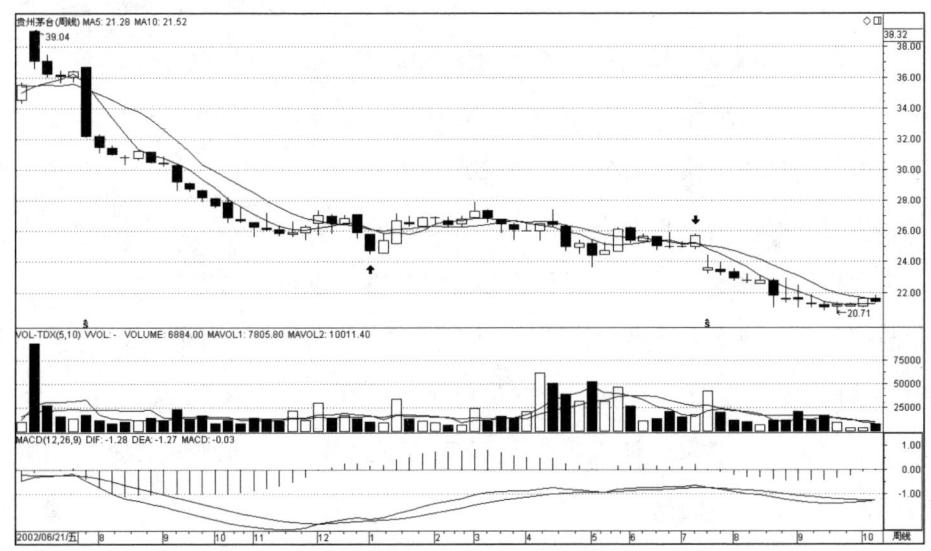

图2-12 600519 贵州茅台 20020628—20030926

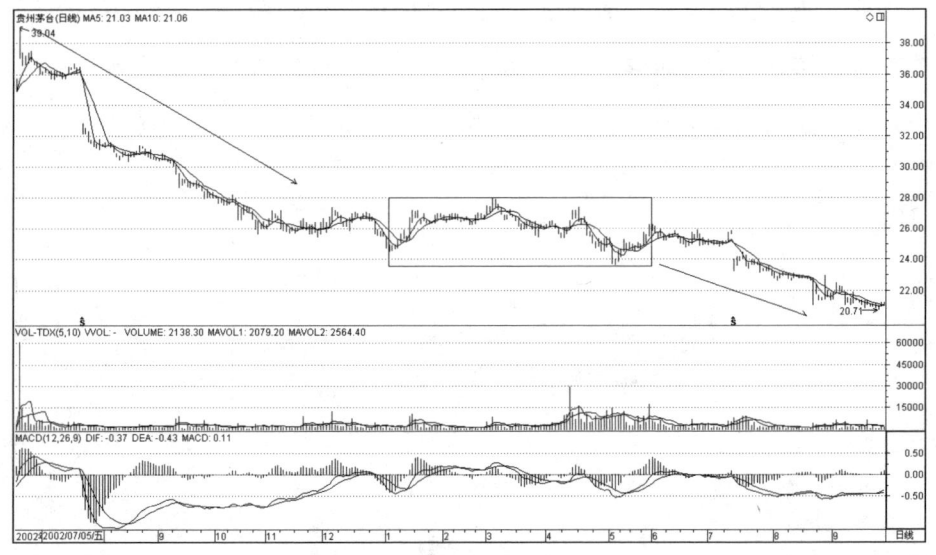

图2-13 贵州茅台周线级别走势案例对应的日线走势

在日线级别中，下跌、盘整、下跌都是相同的日线级别，重叠而成周线级别中枢。原文中容易让学习者迷惑的是第三段的背驰式下跌。

在周线图（图 2-12）中，盘整结束的向下箭头之前，有一根带有下影线的阴线 K 线创新低，但原文中明确地说"下跌并没构成背驰，不符合第一类买入点的原则"。这与走势必完美以及前面课程所讲下跌 + 盘整 + 下跌走势类型连接构成的第一买点相关。

首先，根据走势必完美，周线图中第一段下跌后的第一次上涨，显然不是次级别上涨走势类型，级别较低。如果第二段是逆向走势类型，也一定与第一段下跌是同等级别，所以当这个小级别的上涨后的下跌创新低时，就可以断定这是个盘整。既然是盘整，那么一定还有第二次上涨以完成这个盘整走势类型，所以那个创新低的下跌并不是周线级别的第一买点，而只是盘整中的第一段下跌。

其次，日线级别的下跌 + 日线级别盘整 + 日线级别下跌，在第二次日线级别下跌走势的第一买点介入的操作系统中，本质上就是周线级别背驰段中的次级别背驰。这样的日线级别走势最后的背驰段，一定在周线级别的背驰段接近结束的时候出现背驰式下跌，即股价创新低，而 MACD 绿柱子缩短，如图 2-14 所示。

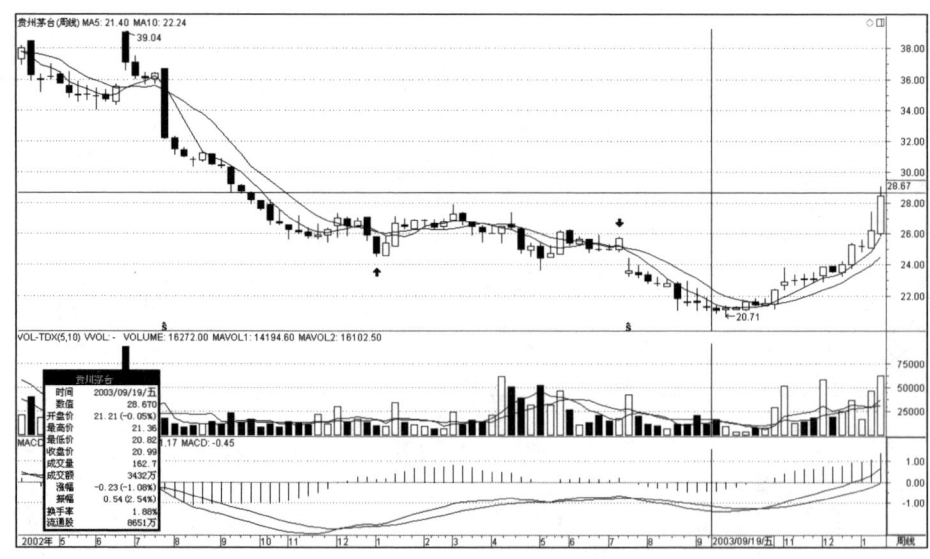

图 2-14 背驰式下跌示意图

在图 2-14 特别标示的参考线前后，有一根 K 线明显创新低，而相应的 MACD 绿柱子却比前一根要短，包括 20.71 那根 MACD 绿柱子也是同样缩短，这样就构成了周线级别下跌背驰段的背驰式下跌。而图 2-14 中向下箭头之前的那个创新低的下跌过程中，红柱子是相对应股价的下跌而缩短，并不构成背驰式下跌。这种背驰式下跌都是下跌段，也就是日线级别下跌走势出现背驰段的情况，这就是标准的区间套的应用。

至此，对于原文中另一个 580991 五粮液权证的案例，为什么只构成日线级别的下跌，应该就很清楚了。

第五节 操作与走势中枢

走势中枢的构成形态，对于盘整走势类型来说有三种：以第一段走势为上涨为例，第一种由同级别上涨＋同级别下跌＋同级别上涨构成，第二种由同级别上涨＋同级别盘整＋同级别上涨构成，第三种由次级别上涨＋（次级别下跌＋次级别上涨＋次级别下跌三段重叠）＋次级别上涨构成。其中，第三种属于中枢的震荡，前面两种是在走势必完美的基础上，被理论严格保证一定会出现的。

走势不可能千篇一律，因此中枢也构成各种不同的形态，这些不同的形态在走势分析中将有助于对走势强弱的判断。

从上文中可以发现，中枢的形成有两种方式：一种是三个次级别连接形成盘整走势类型，另一种是次级别上涨或者下跌后跟着该级别中枢后继续原趋势形成。可以发现，第二种情况的前三个走势类型与第一种情况是一致的。根据走势必完美，一段次级别上＋一段次级别下＋一段次级别上之后，中枢形成，走势可以随时结束。这时，在操作中的分析就要判断走势是否能单独形成一个中枢，也就是第一种情况如何向第二种情况演化，这在实际操作中是最重要的问题。

设三段30分钟走势类型上涨、下跌、上涨，分别为A、B、C、…、N，5分钟走势类型为a、b、c、…、m。分析如下：

首先，第一段30分钟上涨A，顶背驰后，这段30分钟上涨结束。根据走势必完美，后面一段走势有两种情况：一种是 30 分钟盘整形态，另一种是 30 分钟下跌形态。无论是盘整还是下跌，一定从第一段 5 分钟级别下跌形态开始，然后是第二段、第三段的 5 分钟走势类型。这里就分两种情况：一是这三段 5 分钟走势类型呈盘整形态，二是下跌形态。盘整形态中，三段 5 分钟走势类型的连接完成后，盘整可以结束，也可以不结束，一直保持震荡，震荡出九段 5 分钟走势，这时日线级别走势中枢就形成了。盘整什么时候结束，需要用到后面的第三买卖点知识，这里重点讨论第二段下跌形态。第二段下跌，一定也是以 5 分钟下跌开始，然后盘整或者上涨，再然后可能又是下跌，完成 30 分钟下跌形态，后面一定还有一段 30 分钟的上涨 C。当 C 已经走出 Ca + Cb + Cc + Cm 的形态，并且 Cm 与 Cm－1 发生背驰或 Cm 不能再创新高时，则意味着 C 段可能完成，这时有两种情况，分别对应是否背驰的问题。

第一种，C 段最高点比 A 段最高点高；

第二种，C 段最高点比 A 段最高点低。

它们分别对应 C 段与 A 段是否背驰，完全分类如下：

（1）C 比 A 高，且不背驰；

（2）C 比 A 高，且背驰；

（3）C 比 A 低，且不背驰；

（4）C 比 A 低，且背驰。

上述 4 种情况，分别对应如下 4 种判断：

（1）这目前是个日线级别盘整走势类型，且没有结束；

（2）盘整背驰情况，D 段有可能跌回 A、B、C 的重叠区间，也有可能不跌回；

（3）不可能发生，C 段完成时都创不了新高，力度一定比 A 段弱，也就是一定背驰；

（4）D 段一定跌回 A、B、C 重叠区间。

在上述第 2 种情况中，如果跌回，就形成第一个独立的日线中枢；不跌回，就继续该强势上涨。第 4 种情况，一定能形成独立的日线中枢。

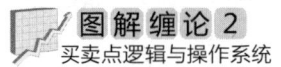

第六节　中枢与第二买点

上一节中，当A段开始之前的走势类型是日线级别下跌情况时，根据走势必完美，后面一段只能是日线级别盘整或者上涨。无论是哪一种情况，第一段一定是30分钟上涨。然后是第二段，分为30分钟盘整和30分钟下跌两种情况，无论哪种情况，走势的结束点都是日线级别走势的第二买点，也就是第二段30分钟走势类型的低点。

第一种，盘整的情况。30分钟盘整至少由三段5分钟走势类型连接而成，也可能不止三段。股票走势中，三次回抽甚至五次回抽都是很正常的情况，实际上这就形成了30分钟的中枢震荡，具体操作方式属于中枢震荡的操作系统。在图形和指标中，这种情况就会形成：在前面的日线级别下跌走势中，MACD黄白线被下跌走势拉到零轴以下，第一买点后的第一段30分钟上涨形态会把黄白线拉回到零轴上，随后30分钟盘整、5分钟级别的至少两次回抽造成黄白线在零轴附近回抽两次并悬浮在零轴附近的情况，一般都不会跌破。最标准的情况中，第二次回抽造成的绿柱子长度与面积都比第一次回抽小。而多次回抽的情况就是盘整的延续，也可以说是中枢的延续。

第二种，下跌的情况。一般会把刚上零轴的黄白线，在出现第一个红色柱子阴影面积后，拉回零轴附近，形成30分钟的第二段走势。这段走势如盘整一样，一定由5分钟级别至少三段走势类型构成下跌。

上述两种情况，分别对应次级别盘整与次级别下跌构成第二买点的情况，从级别上分辨，应该不难判断其中的区别。

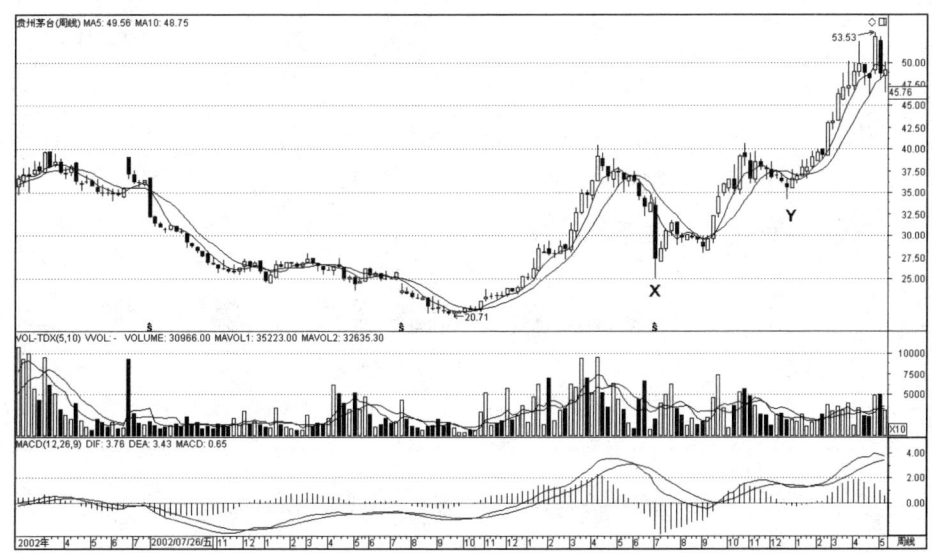

图 2-15　600519 贵州茅台周线节选

图 2-15 中，20.71 价位之前是周线级别下跌走势形态，盘整走势类型。那么根据走势必完美，周线级别的一段下跌走势形态结束后，只能转化为盘整或者上涨。而无论盘整还是上涨，一定是由日线级别至少三段走势类型构成。图 2-15 20.71 后一段次级别上涨到 40，随后一段次级别走势类型下跌到 X，就构成了标准的周线级别第二买点。这个第二买点的低点，就是日线级别的第一买点，而不是 Y 点。

图 2-16 中，从 -10.82（前复权，比不复权的图看得更明显）开始，结束一段日线级别上涨，随后下跌到 -12.7 附近，完成 30 分钟级别的下跌+盘整+下跌，并在第二次下跌时构成背驰，同时还是背驰式下跌段，形成标准的日线级别第一买点，亦即周线第二买点的低点。

同样的，600521 华海医药在 2014 年 5 月 9 日的周线图中，出现周线级别第一买点，随后上涨到 16.5 元，然后日线级别下跌构成周线第二买点。

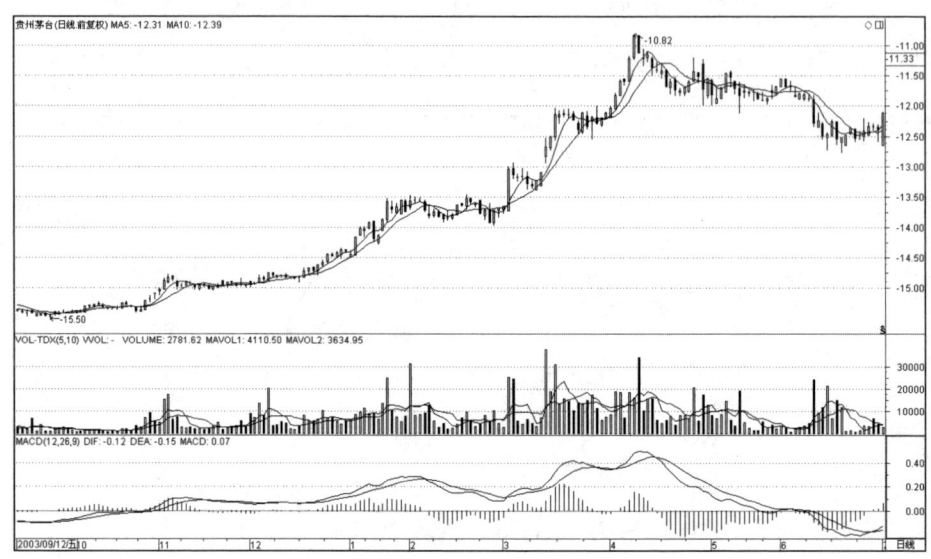

图 2-16 贵州茅台周线第一买点后的日线级别上涨与下跌

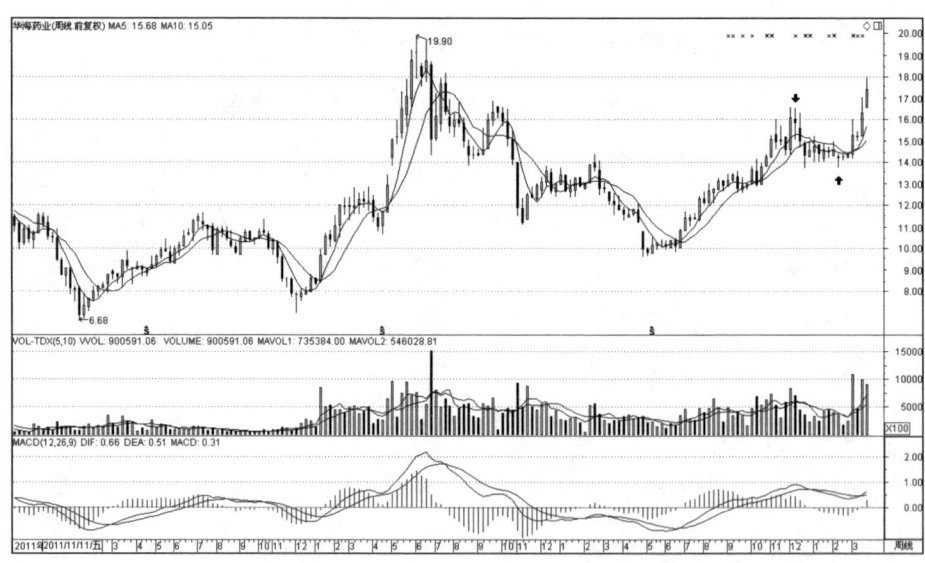

图 2-17 600521 华海医药—20140509 前后走势周线

下列三幅图中的向上箭头处，都是标准的各个级别的第二买点（如图 2-18～2-20 所示）。

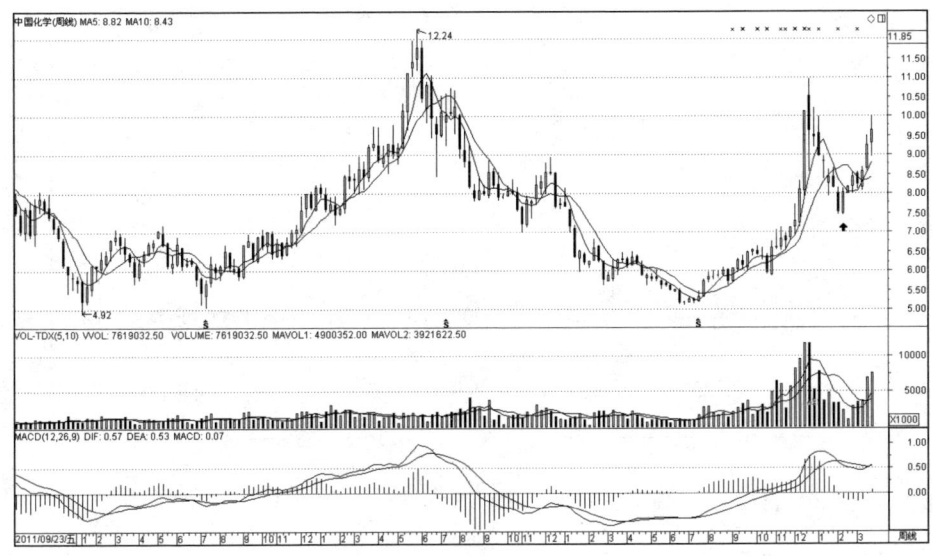

图 2-18

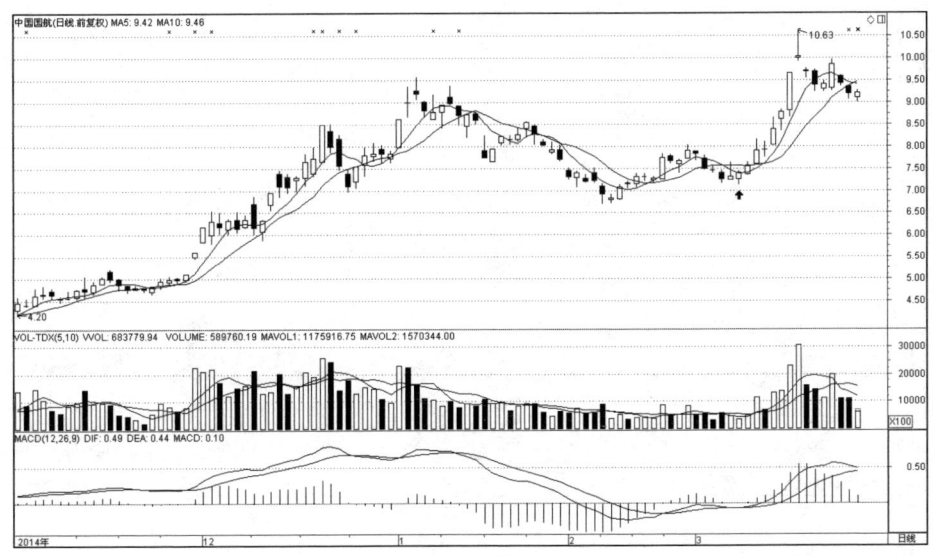

图 2-19

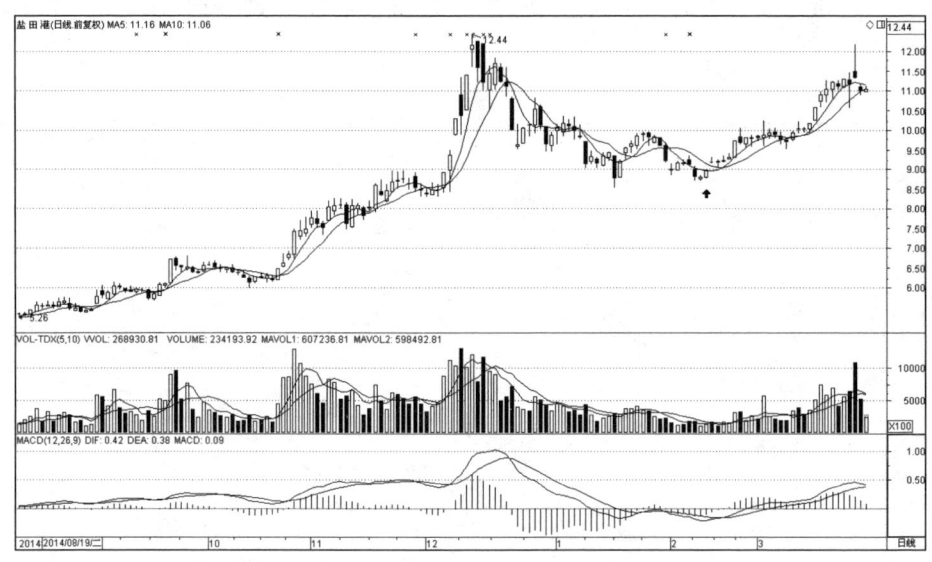

图 2-20

以上是第二段为下跌的情况，盘整情况如图 2-21 所示：

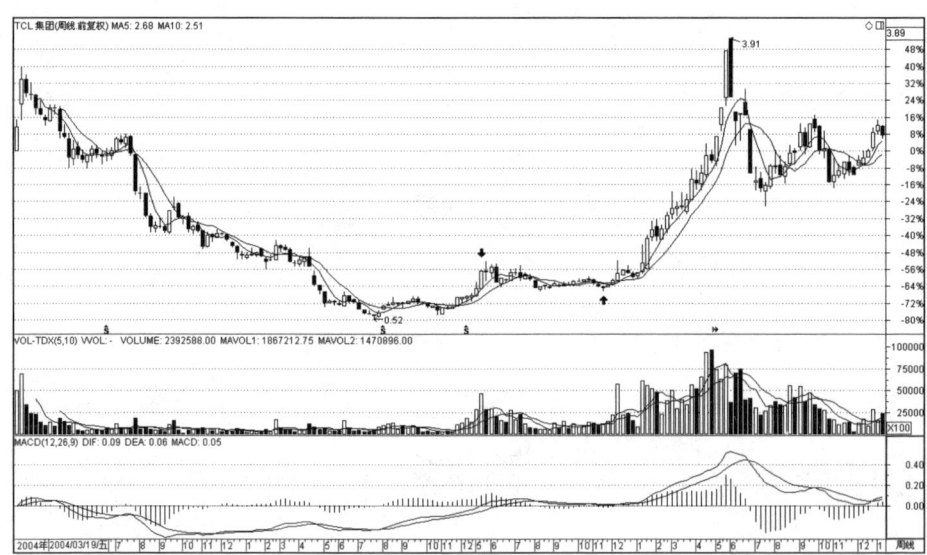

图 2-21

图 2-21 中，0.52 之前是周线级别下跌，第一买点后首先是日线级别上涨到向下箭头处，随后展开日线级别盘整，上下箭头之间明显可以看出 5 段次级别走势，构成周线第二买点，随后展开主升浪。

第七节　走势级别再分辨

走势只有两种走势类型，即盘整与趋势。理论上，日线级别的一段上涨形态，在 30 分钟上涨 + 30 分钟下跌 + 30 分钟上涨后，就可以随时结束，也可以不结束，进而在第二段 30 分钟上涨之后，走出日线级别中枢，随后再上去。这时，日线中枢的区间就不是之前三段的重叠区间了，而是这个单独的日线中枢的区间。

当出现顺向两个同级别中枢的时候，一个日线级别上涨趋势就确立了。注意，在上面的例子中，当第一段 30 分钟上涨完成后，没有任何理论保证后面走出来的是盘整还是趋势。第二段 30 分钟上涨顶背驰时，如果这段 30 分钟走势与第一段不背驰，就一定能在上面再形成一个中枢或者下跌。这里不涉及预测，只看走势完成和背驰与否，可以当下判断。

在盘整中，比如 a、b、c 模式，上涨形态，a 和 c 一定是上涨，而 b 可以是下跌，也可以是盘整，条件都是一样的，那就是 b 段一定是由次级别三段走势完成。

在趋势中，比如日线级别上涨趋势，那么这个趋势就一定包含至少两个日线级别中枢，也就是至少有 6 段 30 分钟走势类型，而在中枢前后，一定是次级别或以下级别走势类型。

某日线级别上涨趋势，a + A + b + B + c。首先，A、B 一定是日线级别中枢，而 a、b、c 一定是次级别或次级别以下级别走势类型。如果 a 也是日线级别走势类型，那 a 中的中枢就与 A、B 形成三个日线中枢的上涨趋势了。但 a、b、c 的级别是不定的，可能 5 分钟，可能 1 分钟，甚至就是个缺口。当操作级别是日线级别时，也就是 30 分钟为最低级别。这时，a、b、c 不管是什么级别的走势，在日线中，全部看成是 30 分钟走势类型，也就是次级别走势类型，这样并不影响最终分析结果，不用到次次级别去判断走势类型。

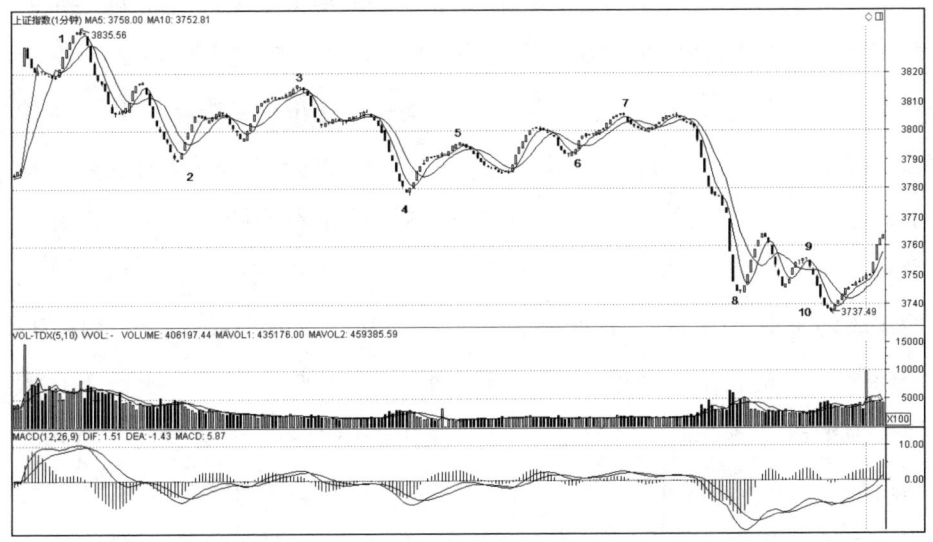

图 2-22　上证指数 2015 年 3 月 31 日，1 分钟 K 线

图 2-22 中，把每两个数字之间的段落定义为次级别走势，也就是最低级别走势类型，整幅图就被分解为 9 段 1 分钟以下级别走势类型。3—4 与 4—5 中间的横盘力度不同，但由于 5—6 的存在，就把 4—5 作为一段单独的次级别走势类型处理。如果 7—8 是跳空缺口，一样当作次级别走势类型处理，也就是 1 分钟以下所有级别的走势类型，在 1 分钟图分解的视角下，级别相同。如果是按照 30 分钟来分解，那么 30 分钟级别以下所有走势类型则全部按照 5 分钟走势类型分解，逻辑是一致的，并且不影响分析结果。

另外，这里的4—7是作为a+A+b结构处理的，根据最低级别走势类型的定义不同，把4—7作为单独的一段处理也可以。

实际操作中，如果是30分钟操作级别，一般还是要看5分钟图的。当然，不看也可以构成同级别分解的操作系统，不过5分钟的短差就没办法操作了，仅此而已。

图2-22中，不管前面的走势如何，从跳空缺口到1位置就是最小级别的盘整背驰，随后1—2、2—3、3—4构成第一个1分钟中枢，区间为2—3，3—4与1—2明显背驰，这通过下面的MACD绿柱子面积就可以判断。然后4—5回到中枢区间，5—6中枢震荡，4—7之中，6—7与4—5对比的盘整背驰太明显，之后就是一波跳水。这里的急剧下跌还有个原因，就是走势到5的时候，由2—3、3—4、4—5构成的1分钟中枢就形成了，这个中枢与1—2、2—3、3—4构成的中枢是不同的，但对分析并不影响。这种划分下，1—2就当作这个1分钟的中枢震荡了，且构成典型的次级别下跌+本级别中枢的典型形态。对于2—5这个1分钟中枢，5—6构成中枢震荡，随后6—7形成对该中枢的向上离开，这个离开同样作为中枢震荡处理，而力度与1—2相比就小太多了。这种向下与向上的走势，在中枢两边同样是可以比较力度的，形成对中枢离开的背驰走势。此处涉及背驰的推广运用，后面将详细讲述。7—10由三段次级别走势类型重叠而成，构成1分钟走势类型。这样，由1—4、4—7、7—10三段组成的1分钟走势类型就完成了，构成一个5分钟中枢，区间划分如图2-23所示。

显然，重叠区间为4—7，这种分解下，7—10就成了该5分钟中枢的次级别震荡，并且在10的位置出现背驰，随后回拉到该5分钟中枢区间。

另外一个例子，是原文中的2007年5月30日与31日两天的1分钟图，无数学习缠论的人迷惑在该案例中，原因就是对走势必完美的理解不够透彻。

图2-24中，5—6段为什么算是一个次级别走势？原文中有解释，这

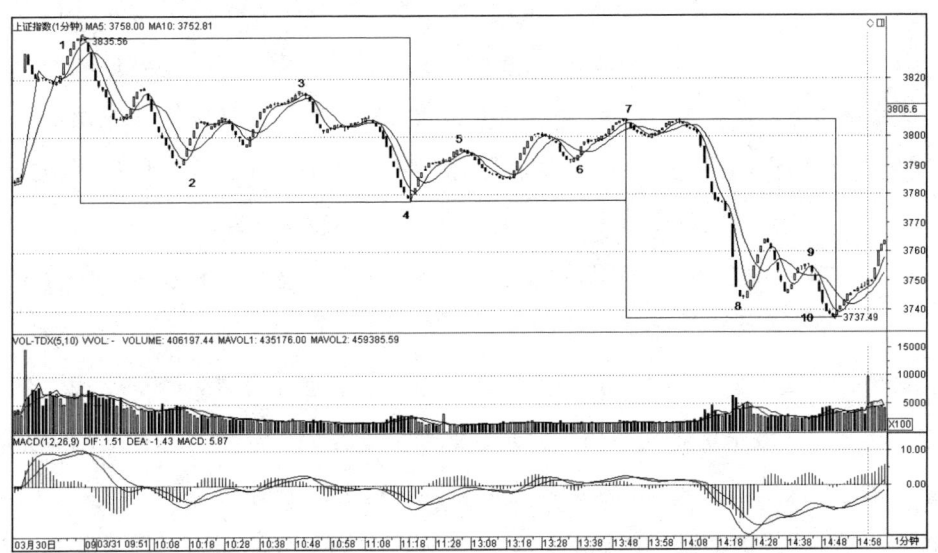

图 2-23

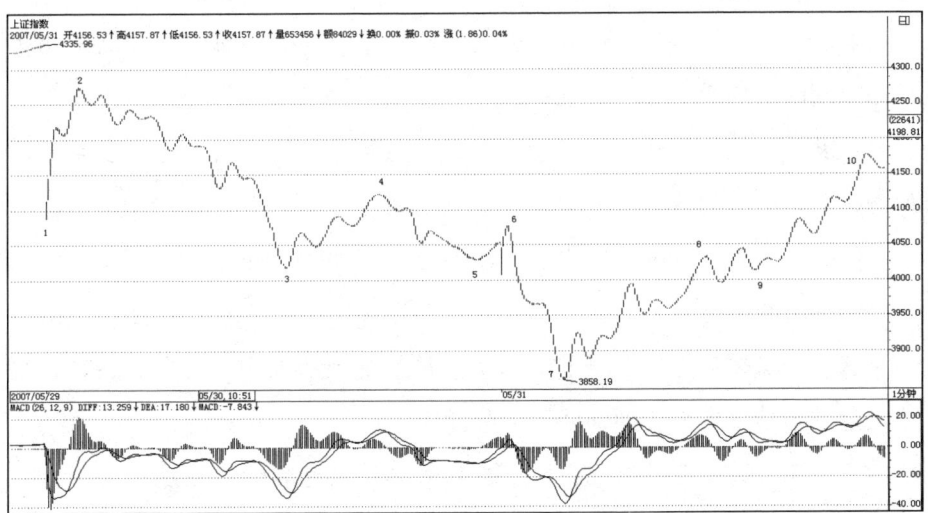

图 2-24　上证指数 2007 年 5 月 30—31 日 1 分钟 K 线

里再重复一下。在用 1 分钟图进行分析的时候，1 分钟的次级别就是可观察的最低级别图形。在该视角下，1 分钟级别以下级别的所有走势类型一律按次级别走势类型处理。缺口无疑是最低级别的，比图 2-24 中如 3—4

或者 4—5 的级别更低，但定义了操作级别后的分解不管这些，全部按次级别走势类型分解，因为走势不可能无限分解递归下去，一般的软件最多也就能显示 1 分钟 K 线图。注意，并不是所有缺口都单独作为次级别走势类型处理，图中的两个跳空都是逆着原趋势的，如果是在上涨中段出现跳空缺口，这个缺口就只是该上涨中的一部分，就不能单独处理了。

从 29 日收盘到 30 日开盘，有一个跳空下跌，这个下跌在 1 分钟分解中，就作为次级别走势类型处理了。于是到 3 的位置，第一个 1 分钟级别中枢就形成了。再到 4，中枢就应该向右移了，新的中枢由 1—2、2—3、3—4 三段次级别走势类型构成，开盘的缺口就作为下跌的第一段处理，这样就把中枢独立出来了，后面的走势就围绕这个最近的中枢分析。

原文中，该案例最模糊的地方是 5 分钟中枢划分的问题，以及 9 这个点构成第二买点的问题，其他问题在原文中有详细分析。本节也不涉及其他问题，就上面两个问题单独分析。

A 段：1—2、2—3、3—4，三段次级别走势类型构成 1 分钟级别盘整形态，同时也构成 1 分钟中枢；

B 段：4—5、5—6、6—7，三段次级别走势类型构成 1 分钟级别下跌形态；

C 段：7—8、8—9、9—10，同样是三段次级别走势类型连接，构成 1 分钟级别上涨形态。

这里的盘整形态与上涨下跌形态，只是指图形上的走势形态特征，而不是盘整与趋势走势类型，注意区分。

先看 5 分钟中枢的情况，5 分钟中枢由三段连续的次级别走势类型重叠而成，中枢区间就是重叠区间，那么图 2-24 中的 5 分钟中枢，就由 A、B、C 三段走势重叠，如图 2-25 所示。

显然，中枢区间就是 3—4 的价格区间，为 4015～4123。该中枢特殊的地方就在于，它是由 1 分钟盘整 +1 分钟下跌 +1 分钟上涨连接构成，与通常认为的上下上或者下上下构成的中枢不同。但根据定义，次级别走势

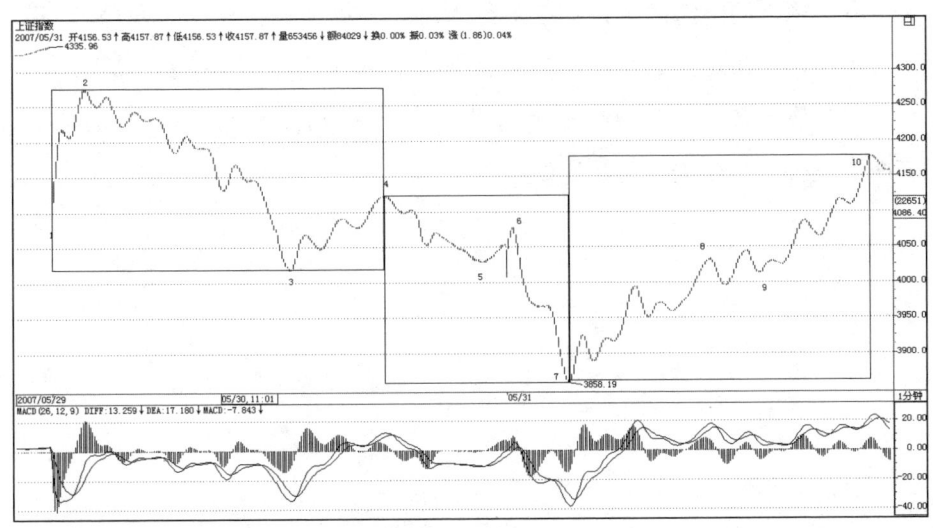

图 2-25 5 分钟中枢的划分

类型显然包含盘整、下跌、上涨三种。很多人在学缠论时有思维定式，这是需要去除的，一切走势根据理论定义来分解即可。

4—7 完成 1 分钟走势类型后，根据走势必完美，后续走势只能是 1 分钟盘整或者 1 分钟上涨，一定由至少三段 1 分钟的次级别走势类型连接而成。7—8 完成第一段，8—9 是第二段，第二段由次次级别的下跌+上涨+下跌构成，第二次下跌明显盘整背驰，由此构成 7—10 这个 1 分钟走势类型的第二买点。因为根据走势必完美，一个 1 分钟走势类型是一定要完成的，前面是两段，8—9 走势是第二段，且回到前面 3—6 的 1 分钟中枢区间，那么 9 之后还有一段向上走势就是几乎一定的事情了。该图例中的细节问题，如为什么 8—9 能单独作为一段，而 7—8 之间的波动不作为单独一段，在原文中都有解释。

当然，9 之后还有一个可能就是一次向上之后再向下跌破 8—9 区间，构成上涨+盘整+下跌的盘整走势类型。在理论中并不能排除这种走势连接，但实际中除非出现突发的重大利空，一般都不会出现。如果 8—9 不是盘整，而是下跌，那么 9 之后的一段上涨就是百分之百的事情了。

对于该图的案例分析，涉及第一买点、第二买点，还没有介绍到的第三买卖点，以及走势必完美、走势级别、中枢划分与中枢级别、后文中要介绍的走势多义性、背驰等多个知识点，基本包含缠论中所有理论基础，不理解该图，对缠论的理解就是完全没入门。

第八节　操作中的走势级别

把一段最低级别的走势定义为次级别走势或者本级别走势，对走势图的分析不会有任何影响。比如在 1 分钟图中，定义一段走势为次级别或者 1 分钟级别走势类型，二者的差别就在于，后一种定义方式使整体的走势类型级别上升一个级别。在第一种定义为次级别的情况中的 1 分钟走势类型，在第二种情况中就是 5 分钟走势类型，以此类推，并不会出现 5 分钟走势类型变成日线级别走势类型的情况。由于缠论原文中对走势类型的级别前后定义不同，造成很多学习缠论人的困扰，这都是名相在作怪。走势类型就是走势类型，一段走势类型并不会因为命名的不同而有任何差别。实际操作中，由于 K 线在软件中排列的问题，不同股票的走势特点不同。在 A 股票中，30 分钟操作级别的次级别走势类型也就是最低级别，定义为 5 分钟；而在 B 股票中，将最低级别也就是 5 分钟图中的一段走势类型，定义为 1 分钟级别，这是很正常的。定义的原则就是对走势的分解更加方便，比如前一节的走势图 2-24。

图 2-24 中，将每两个相邻数字间的走势段，定义为 1 分钟走势类型，那么图中就是由 9 段 1 分钟走势类型连接而成，2—7 就成了 5 分钟走势类型，其中 5 分钟中枢区间是 3—6。实际上，在操作中把图中这些走势段定义为 1 分钟级别，看起来更加方便简洁。

图 2-26 中，一次 5 分钟下跌，一次 5 分钟级别上涨，就构成了 5 月

图 2-26　上证指数 20070530—20070531，5 分钟走势

30 日与 31 日两天走势的全部，在正常的看盘软件中，可设置 K 线习惯的大小，这样看起来更加简洁，且对走势分析没有任何影响。

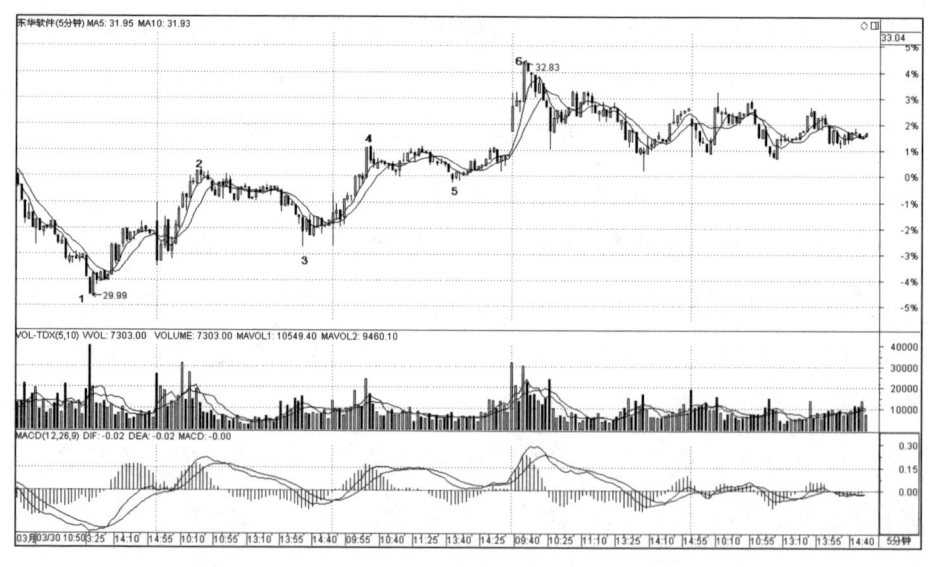

图 2-27

比如图 2-27，将明显有次级别三段结构的走势段都作为本级别走势

段处理。这样的级别划分就比上面的 1 分钟图的分析抬高了一个级别。这样，图中的 1—6 段，每段都作为 5 分钟级别走势处理。

1—2、2—3、3—4 段走完后，就构成了 5 分钟段的上涨＋下跌＋上涨走势段的连接。根据走势必完美，从 1—4 这段 30 分钟走势段随时都可以结束，也可以不结束，是否结束根据 3—4 段与 1—2 段是否背驰来判断。图中 3—4 段与 1—2 段明显背驰（1—2 段有两波红柱子，需要加在一起作为对比），4 点背驰后，根据上文中的分析原理，一定下来回到 1—2、2—3、3—4 的价格重叠区间，从而与 2—3、3—4 一起构成一个单独的 30 分钟中枢。这里需要注意的是，这个 30 分钟中枢一定能形成，但形成之后是否向上，在本级别图中单独分析的情况下，是无从判断的，必须结合高级别走势综合分析。这里的分析在下一章再讲，这里只是对许多学缠论的人的固定思维模式做个提醒。

后续走势的 4—5 段就与 2—3、3—4 段一起，构成了一个 30 分钟中枢。4—5 段的低点稍微跌破 2—3 段的高点，说明走势很强，这种中枢被称为"奔走型中枢"。4—5 段的次级别三段走势类型完成后，因为次级别的背驰，发生上涨到 6。这时，图形的分析就要基于 2—3、3—4、4—5 段来分析了，这是最典型的 a＋A＋b 的走势形态。其中 A 为某级别中枢，a、b 为次级别走势段，在该图中，就形成了 5 分钟上涨＋30 分钟中枢＋5 分钟上涨的形态。从图中的 MACD 红柱子面积可以判断出 5—6 段与 1—2 段背驰。图形走到这里，前后两段 5 分钟走势类型都可以看作 2—3、3—4、4—5 这个 30 分钟中枢的中枢震荡，5—6 与 1—2 是针对这个中枢的盘整背驰，随后中枢扩展。

必须提醒的是，在上图中的任何一个时间点，都无法预判后续走势类型，但可以根据走势段的分解和背驰与否，对后续走势做出严格的分类，这才是缠论在实际操作中最大也是最有效的用处。

比如，在 1—2 走出来之后，根据次级别或者次次级别的背驰分析，判断 2 就是这段走势的结束点，至于后面的 2—3 是盘整还是下跌，在 2 这个点位时是无从分析的。但 2 之后的调整无论是盘整还是下跌，都要结束。如果是盘整，就在一个次级别盘整背驰点结束；如果是下跌，就在一个次级别或次次级别的下跌背驰点结束。这些根据理论中的定义没有任何模糊的地方。

同样的，在 4 点出现之后是无从判断后面的走势是下跌还是盘整的，只知道 1—2、2—3、3—4 已经完成了三段走势连接，且 3—4 与 1—2 形成盘整背驰，1—4 这段走势类型就此结束，随后展开下跌都是可以的。但无论 4 之后的走势是什么样的走势类型，都一定要完成至少三段次级别走势，并且一定有一个次级别底背驰点在后面等着。

这样的走势级别的设定与前一种方法是不同的。前一种方法把图 2 - 27 中的相邻数字间的走势段定义为次级别，后一种方法定义为本级别，但对走势的分析结果没有任何影响。而在本级别图中，将走势段级别定义为本级别，有些时候会更清晰。

此外，上面的分析说明什么？说明对走势的预测毫无意义。一段走势类型结束后，从理论分析的角度是无从判断后面的一段是什么样的走势类型的，但后续的走势类型一定不会违背走势必完美，并且无论是什么走势类型，对其结束的判断都是有理论支撑的。也就是说，可以根据缠论的理论，对后续的一段 5 分钟级别走势做出完全分类，并且每一个分类都有严格的判断标准，同时有理论支撑着下一段走势类型的结束。

第九节 走势必完美再分辨

笔者在沟通中发现，很多问题还是因为对走势必完美的理解不够。走势必完美是缠论的第一原理，也是所有买卖点衍生的最基本逻辑，不理解走势必完美是搞不懂缠论的。

第一，任何级别的走势类型都可以分类为向上、向下、向右的走势形态。

第二，任何级别的任何走势类型都要完成。

第三，任何级别的任何走势类型，完成后都只能转变为其他两种走势形态中的一种。

第四，任何级别的任意连续三段完成的走势类型，都能构成向上、向下、向右三种走势形态中的一种。

从第一到第四是定义推导的过程，而第四中，任意连续三段走势类型，就是次级别走势类型；构成的向上、向下、向右的走势形态，在高一个级别的图中就是上涨、下跌、盘整走势形态；上涨与下跌走势形态中，只含有一个中枢，就是盘整走势类型，含有至少两个互不重叠的中枢，就是趋势走势类型。

比如，5分钟上涨形态+5分钟盘整形态+5分钟上涨形态，这就构成了30分钟的上涨形态。根据定义，三段连续的完成的次级别走势类型构成高一级别的走势类型。这里三段5分钟走势类型就是次级别走势类型，三段连续构成 30 分钟走势形态，走势类型因为只包含一个中枢，所以是盘整。这三段完成后，构成的 30 分钟上涨形态的盘整走势类型就可以随时结束。也就是说，这个 30 分钟走势类型在完成次级别三段走势类型后，可以随时完美。换言之，没有完成三段次级别走势类型连接，意味着走势未完成，也就是第三段一定会有。

比如，周线级别下跌背驰，一定是至少三段日线级别走势类型都完成了，并且第一段与第三段是下跌，否则只能算是盘整形态。而这个周线级别走势类型完成后，就可以转化为其他两种走势类型中的任意一种，比如盘整走势类型、趋势走势类型。换言之，下跌结束后要么上涨，要么盘整。而这上涨与盘整都是周线级别的，也就是说，无论是上涨还是盘整，一定至少由次级别日线级别三段连接而成。换言之，周线级别下跌形态完成后，后续的走势类型必须完成，并且一定是由日线级别三段走势类型连接而完成，所以当第二段日线级别走势类型完成后，一定还有一个日线级别走势类型在后面等着。走势的连接并不一定遵循上下上或者上盘上的规律，比如上下平是完全可以的，或者周线级别下跌形态结束后，日线级别平上下都可以，但这种走势组合并不常见。如果这个周线级别的下跌形态是月线级别的背驰段，那么大级别背驰后上涨的动能，将支撑周线级别与日线级别图形的向上完成。

所以，一般情况下，当次级别的上 + 次级别横盘完成后，第三段为上涨的概率极大，而通过第二段出现的位置，就可以判断前面的下跌段与当前的上涨段的力度，这些辅助的方法可以极大地提高判断的准确性。如果第一段是上涨，第二段是下跌，那么第三段则出现上涨形态，从而完成中枢的构造，也是占绝大多数情况，尤其是在大级别的上涨动能没有耗尽时。

还是用之前的例子来做分析：

在图 2-28 中，从 4 开始到 7，完成一个 1 分钟级别的下跌形态、盘整走势类型。这么说是因为缠论原文中对盘整走势类型与盘整形态的阐述

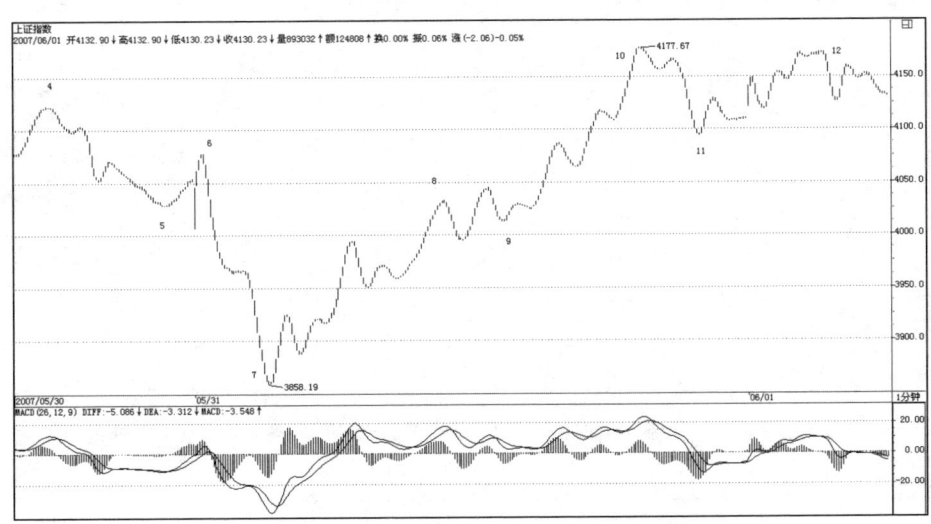

图 2-28　上证指数 1 分钟走势图图例

是混着来的，很容易混淆。4—5 作为次级别走势类型应该没有问题，5—6 段中间有个跳空缺口，这个跳空缺口是逆着从 5 开始的上涨的，随后到 6 又是逆着跳空缺口的方向，这样就把 5—6 作为次级别走势类型对待，由三段次次级别走势类型构成。至于中间的跳空缺口是什么级别，在 1 分钟的视角下并不重要，一律按次次级别，也就是操作级别的最小级别走势类型统一对待。

6 之后，下跌到 7。到 7 的时候，首先 6—7 是 2—3 段的背驰段见图 2-29，同时 6—7 的内部结构是明显的三段结构，并且第三段与第一段形成背驰段，这样就构成标准的区间套背驰。由于 3—5 是 1 分钟中枢，中枢后的 6—7 段与中枢前的 2—3 段背驰，那么 2—3 与 6—7 就可以都看作该 1 分钟中枢的中枢震荡。也就是说，6—7 完成后，一定回到中枢区间，一定至少触及 3 这个点位。

4—7 段的中枢区间是 4—5、5—6、6—7 段这三段次级别走势类型重叠而成，注意，是 4—5 所经过的所有价格区间、5—6 所经过的所有价格区间、6—7 所经过的所有价格区间的重叠。这是次级别 4—5 段下跌＋次

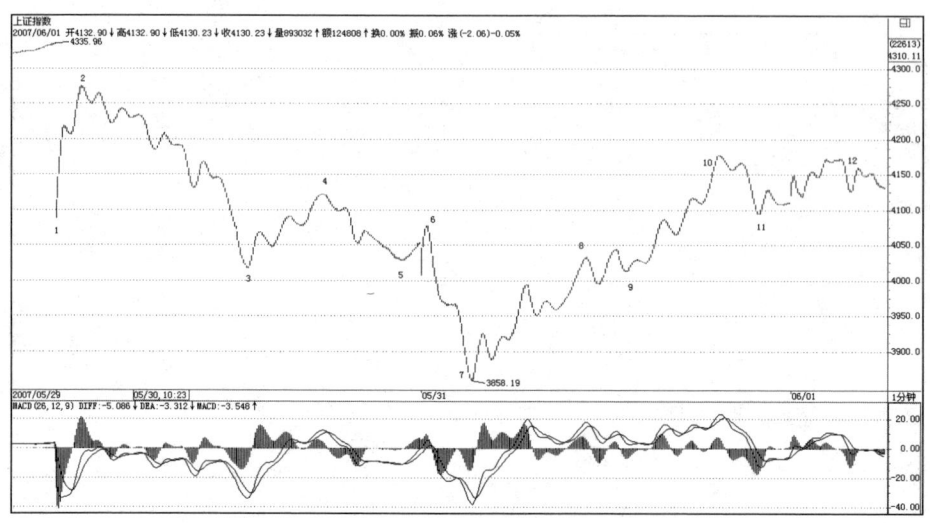

图 2-29 完整视角图例

级别 5—6 段盘整 + 6—7 段次级别下跌形态构成的本级别走势类型。中枢的画法如下：

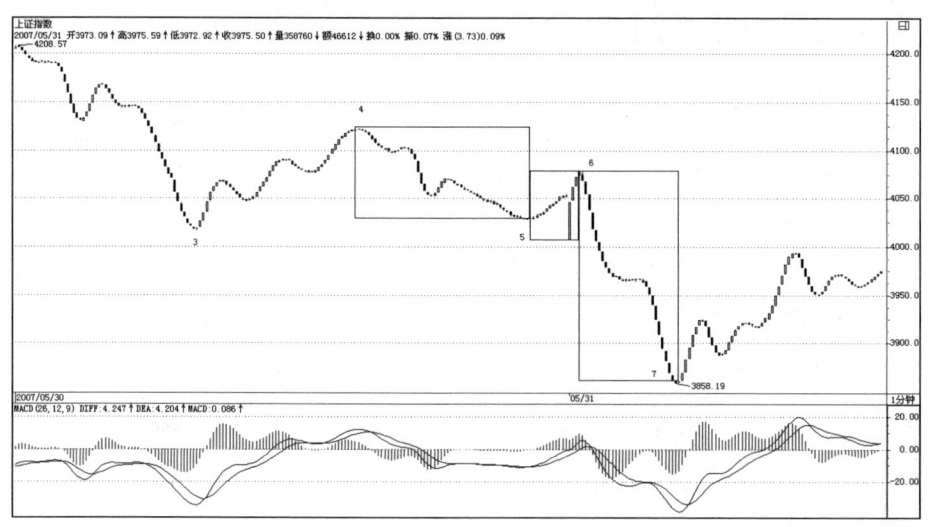

图 2-30 4—7 段 1 分钟中枢区间

根据走势必完美，下跌走势结束后，只能转变为上涨或者盘整形态，在图 2-31 的 7—10 中，当 7—8 这一次级别上涨趋势完成后，第三段的上

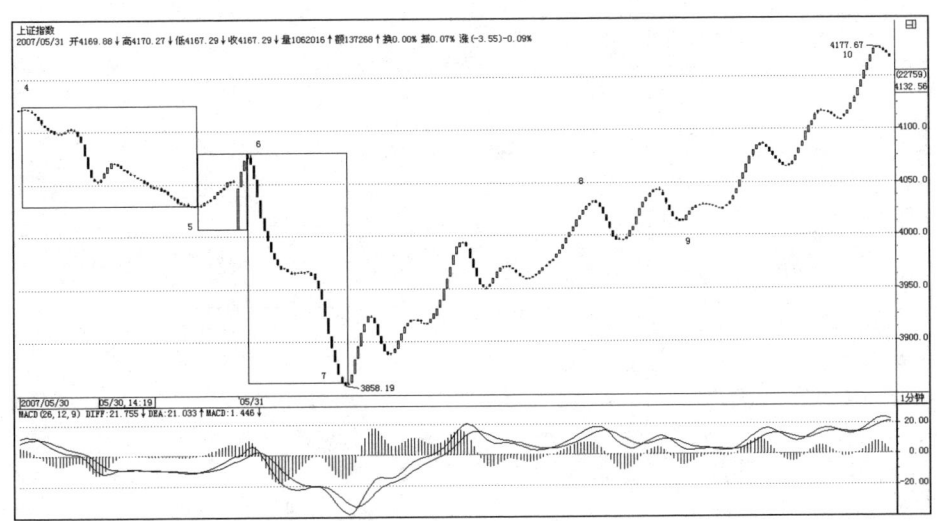

图 2-31 下跌 + 上涨

涨与第二段的上涨明显背驰。也就是说，7—8 这一次级别上涨趋势完成，随后只能演化为次级别盘整或者次级别下跌，当 9 出现后，就知道这第二段市场选择为盘整。这里 8—9 段本身构成次级别盘整走势形态，同时构成次级别中枢。由中枢震荡的分析可以发现，8—9 段的第二次下跌力度比第一段要小，也就是中枢震荡中的盘整背驰，后面一定至少是次次级别的上涨走势类型。同时，9 位置就构成了这个 1 分钟上涨走势段的第二买点。根据走势必完美，1 分钟走势类型要完成，次级别必须出现三段走势，7—8 是第一段，8—9 是第二段，第三段根据 8—9 之间的中枢震荡盘整背驰判断极大可能是向上。随后从 9 开始的次次级别上涨突破 8—9 这个中枢，一直到 10。在从 9 开始的上涨后，就要观察 8—9 前后的走势段背驰情况，经过 MACD 所对应的 7—8 段与 9—10 段红柱子面积相加，后面一段明显背驰。

此外，对实际操作中极有用处的是，从图 2-32 中不难发现，前走势的各个级别中枢的高低点、盘整的最高最低点、次次级别离开中枢的低点等，这些点位都对后续的走势造成影响，制造压力与支撑。而在图 2-31

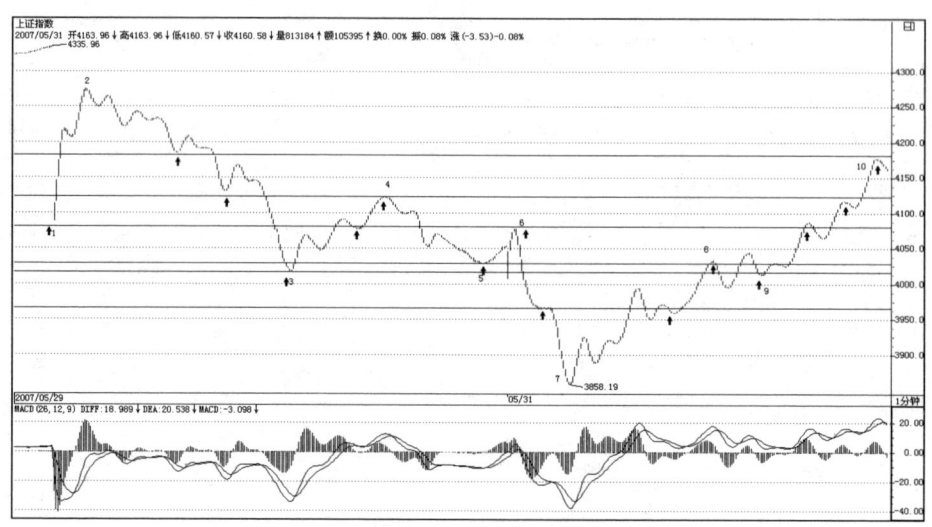

图 2-32 高低点之间的对应关系

走势中，从 7 开始的上涨，最值得关注的就是 5 这个点位，达不到这个点位就是第三类卖点，那就至少要在 3—6 的中枢下再形成一个至少 1 分钟中枢才能结束这个下跌；而如果站稳这个点位，就可以将走势定义为围绕 3—6 中枢的中枢震荡，走势的核心位置可以上移。

至于 7—10 这段走势的走势中枢，参照 4—7 的画法，8—9 的价格区间就构成了 7—8、8—9、9—10 三段次级别走势类型的重叠区间，形成 1 分钟中枢区间。但绝不是 8—9 就是 1 分钟中枢，这是完全不同的概念，这里微妙的地方请分辨清楚。

|第三章|

围绕中枢的走势变化

第一节　中枢的确立

从一段 30 分钟级别下跌形态走势段的结束开始，根据走势必完美，可以肯定的是，一定有一个新的 30 分钟走势段在后面等着，呈盘整或者上涨走势形态，并且由至少三段 5 分钟走势类型连接，这三段 5 分钟走势段的第一段一定是上涨形态，设定为 a。

随着走势的发展，a 段在一个 1 分钟级别或者 5 分钟级别的顶背驰点结束，随后展开 b 段，在一个 5 分钟级别的盘整或者下跌后，展开 c 段，这时三段 5 分钟走势类型完成。在特殊情况下，当 b 段为盘整的情况时，c 段有一定概率是向下发展的；但如果 b 段是下跌形态，c 段一定是向上发展。这里所讨论的一般情况，也就是 c 段向上的情况。

c 段完成后，一个由 5 分钟级别的上涨 + 盘整或下跌 + 上涨形态就构成了，理论所保证的三段次级别连接完成，这段由 a、b、c 构成的 30 分钟上涨或盘整可以随时结束。这时，分两种情况：第一种，c 段与 a 段发生背驰；第二种，c 段与 a 段不背驰。

当出现第二种情况时，也就意味着 d 段不会回到 a、b、c 的重叠区间，这时就把 c 段当作原来的 a 段，重复第一种情况的判断，一直到遇到第一种情况为止。

第一种情况中，c 段一定跌回 a、b、c 的重叠区间，从而使走势发展为 a + A 的走势结构，其中 a 为 5 分钟上涨形态，A 为 30 分钟中枢，由 b、 c、d三段5分钟走势类型重叠而成。随后比较d段与b段，分四种情况：

　　A. d的高点比b的高点高，且d的低点比b的低点低；
　　B. d的高点比b的高点低，且d的低点比b的低点高；
　　C. d的高点比b的高点高，且d的低点比b的低点高；
　　D. d的高点比b的高点低，且d的低点比b的低点低。

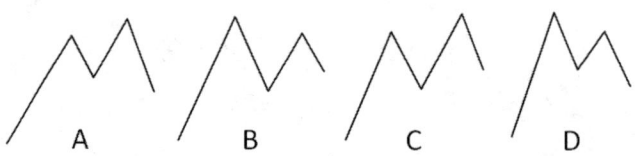

图3-1　四种情况对应的图形示意

这时，一个单独的30分钟中枢就形成了，走势变化为a+A的情况，其中a为5分钟上涨形态，A为30分钟中枢，随后的走势都将围绕这个30分钟中枢进行变化。可以肯定的是，后续的e段一定是盘整或者上涨。如果e段是盘整，f段一定是上涨或者下跌；如果e段是上涨，f段一定是盘整或者下跌。各种组合中，e段与f段的高低点，相对应这个30分钟中枢，变化有两种：中枢的延续、中枢的破坏。

简单点说，就是走势中枢确立后，因为走势按时间顺序排列，有不可逆的特点，所以某走势状态形成后，面临的变化只有两种：维持、破坏。

第二节　中枢的延续与破坏

据中枢的定义，围绕中枢的任何次级别走势段，一定有部分区间与中枢区间重叠。例如，5 分钟走势段 a、b、c、d、e、f，其中 a 为 5 分钟上涨形态，b、c、d 构成 30 分钟中枢 A，中枢区间为 b 与 d 的价格重叠区间，d 是 5 分钟向下的走势形态。如果中枢状态维持，那么向上的 e 段与向下或盘整的 f 段一定与中枢区间有重叠。相对应的，当 e 段向上离开中枢，f 段以下跌或盘整形态回抽，回抽的低点在原中枢区间之上，一定还有 g 段向上或盘整，从而使 e、f、g 段形成另外一个 30 分钟中枢。也就是说，走势脱离原 30 分钟走势中枢，亦即走势中枢被破坏。

综上所述，根据走势中枢的定义，在中枢不被破坏的前提下，任何围绕中枢的次级别走势都一定与中枢区间产生重叠，亦即中枢状态的延续。换言之，当某次级别走势类型向上或向下突破中枢区间，下一个走势类型回不到中枢区间内时，则意味着走势中枢被破坏，因为这样一定会在中枢之外形成另一个走势中枢。

必须注意的是，在某单独级别图形的分解分析中，当 b、c、d 构成的 30 分钟中枢形成后，没有任何一个上帝保证这个中枢的破坏是向上发展的，完全可以在 e 段上涨后，f 段向下突破中枢。

缠论原文中，关于中枢的破坏，涉及一个较为复杂的公式，在此不再重复，仅就上面的四种类型的走势形态，对中枢的破坏进行分析。

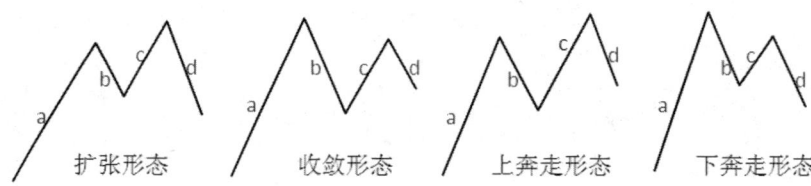

图 3-2

图 3-2 中是 5 分钟走势段的分解连接，a、b、c、d 都是 5 分钟走势段，图中是 a+A 的典型走势形态，并且对 A 的形态进行绝对分类。

在扩张形态中，d 的低点已经在中枢区间之外，那么 d 完成后的下一段同级别走势类型 e 无论是上涨还是盘整，对于 b、c、d 重叠而成的走势中枢来说，只有两种情况：一是 e 的高点比 b 的低点高或者二者相等；二是 e 的高点比 b 的低点低。第一种情况意味着中枢的延续，第二种情况意味着中枢的破坏。

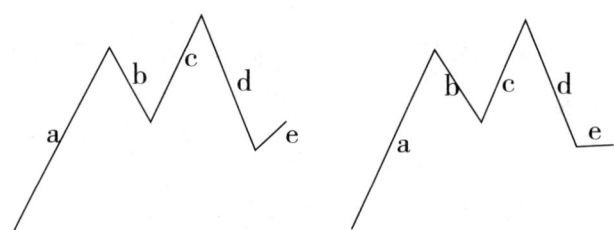

图 3-3　中枢被向下破坏的情况分类

还有另外一种情况，走势通过 e 直接回升到 b 的高点之上，完成后，次级别走势类型 f 回抽的低点在 b 的高点之上，同样形成对原 b、c、d 中枢的破坏，亦即向上破坏的形式。这两种方向不同的破坏中枢的情况，对上面的四种中枢形态有效性一致。

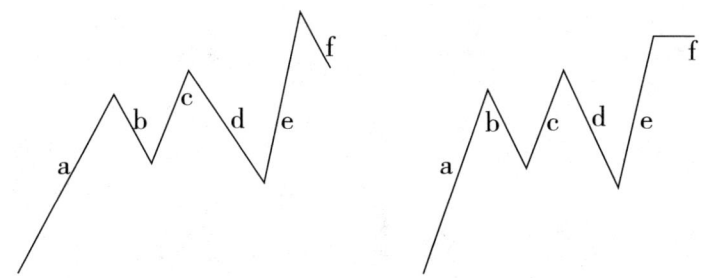

图 3-4　向上破坏中枢的情况

上述两种破坏形式中，当 f 完成时，f 的低点或高点在中枢区间之上或者之下的情况，称为第三买卖点。

第三节　第三买卖点分辨

某级别走势中枢完成后，向上破坏的形式成为第三类买点；反之，向下破坏的形式称为第三类卖点。从一个典型的向上 a + A 形态开始分析第三买点的情况，向下的第三类卖点反之，其中 a 是 5 分钟上升形态的走势类型，A 是由三段 5 分钟走势类型重叠而成的 30 分钟中枢。整个走势用数学表达式表达为 a +（b + c + d）。

首先要明白，d 不可能是上升形态，d 完成后的 e 段向上突破走势中枢 A，e 段完成后，f 段可能是盘整，也可能是下跌。那么根据走势类型的分类，e 段就有以下几种类型：

第一种，e 段是 5 分钟级别盘整，呈上升形态；

第二种，e 段是 5 分钟级别盘整，呈横盘形态；

第三种，e 段是 5 分钟趋势，呈上升形态。

在第一种情况中，上升形态的盘整走势类型可能是由三段 1 分钟走势类型连接而成，即 $a_1 + a_2 + a_3$ 形式；或者是三段以上但只包含一个 5 分钟中枢的形式，即 $a_1 +（a_2 + a_3 + a_4 + \cdots + a_n）+（a_{n+1}）$，其中 n 一定小于等于 10。如果 n 大于 10，那么 $a_2 \sim a_{10}$ 就形成了 9 段次级别走势类型的重叠，相当于三段 5 分钟中枢重叠，这段走势就不是 5 分钟走势，而是 30 分钟走势类型了。其实严格地说 n 应该不超过 8，也就是说，n 一定小于等于 8，这涉及中枢的扩展，下一节内容将详细介绍。这里暂作 a + A 形式，也就是把 A 作为独立中枢处理。

第二种情况，e 一定是奔走型的 5 分钟中枢，呈横盘形态，即第一段 1 分钟走势类型向上突破中枢，第二段回来的低点只比第一段的高点低一点，随后第三段再上去，即如下形态（如图 3-5 所示）：

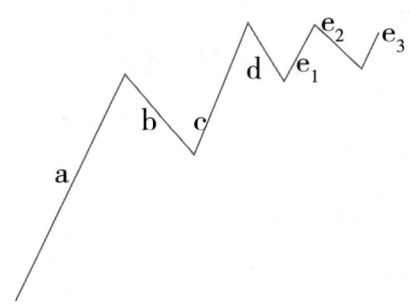

图 3-5　盘整形态突破中枢的情况

图 3-5 中，e_1 段的低点比 b 段的高点要低，随后 e_2 低点比 b 段高点高，走出中枢区间，其中 e_1、e_2、e_3 均为 1 分钟走势类型，a、b、c、d 均为 5 分钟走势类型。

第三种情况，e 段是 5 分钟趋势，那么一定包含至少两个 5 分钟级别中枢。

e 段完成后，对应的 f 段回抽，同样可以进行分类。f 段的形态，同样只有三种：横盘式盘整、下跌式盘整、下跌趋势。

那么对于 e 段与 f 段的组合，就可以为第三类买卖点的构造形式进行如下完全分类：

1. e 段是上升式盘整走势类型，f 段是横盘式盘整；
2. e 段是上升式盘整走势类型，f 段是下跌式盘整；
3. e 段是上升式盘整走势类型，f 段是下跌趋势；
4. e 段是横盘式盘整走势类型，f 段是横盘式盘整；
5. e 段是横盘式盘整走势类型，f 段是下跌式盘整；
6. e 段是横盘式盘整走势类型，f 段是下跌趋势；

7. e 段是上涨趋势，f 段是横盘式盘整；

8. e 段是上涨趋势，f 段是下跌式盘整；

9. e 段是上涨趋势，f 段是下跌趋势。

以上 e 段与 f 段均为 5 分钟走势类型。考察这 9 种走势形态的组合，如果是第 4 种，构成横盘形态 + 横盘形态的情况下，就会使 d 段与（e_1、e_2、e_3）以及（f_1、f_2、f_3）段形成三个 5 分钟走势类型的重叠。而 d 段因为与 a、b 段有重叠，就会使 a、b、c 段 30 分钟中枢与 d +（e_1、e_2、e_3）+（f_1、f_2、f_3）这一新的 30 分钟重叠，从而使整个走势的结构产生变化。即 a、b、c、d、e、f 段形成由两个 30 分钟中枢重叠而成的 30 分钟标准中枢的扩展形态，虽然中枢级别并没有扩展，但依然属于中枢震荡，无法形成针对 b、c、d 这一 30 分钟中枢的第三买点，也就是说，e 段与 f 段仍然在中枢震荡区间内。

其他的 8 种情况均构成第三类买点。其中，最常见的就是上升形态 + 下跌形态或者上升形态 + 盘整形态。

实际走势中，股价见底后，回升，然后盘整，再突破后回抽，确认有效后，拉开主升浪的例子太多了。这个突破、回抽、确认的过程，就是第三买点构造的过程。

其实并不是所有的突破回抽都是第三买点，实际走势中，假突破的情况太多了，只有符合定义的次级别上涨突破 + 次级别回抽确认，才能构成符合标准的第三买点。

没有任何理论能够保证第三买点后一定是主升浪，也可以经过 e、f、g 段后的走势，对 d、f、g 这一 30 分钟中枢进行扩展。但无论如何，这都是个安全的买点，因为根据走势必完美，30 分钟中枢或者说盘整形态结束后，只能转化为同级别上涨或下跌形态，而第三买点的存在就可以确定后面的 g 一定是上涨形式的盘整或趋势走势类型。

至于 g 的形态构成，有盘整和下跌走势形态两种，最容易混淆的就是盘整走势形态。下面用个实际的走势图来对第三买点进行总结分析，并帮助理解上述的抽象理论。

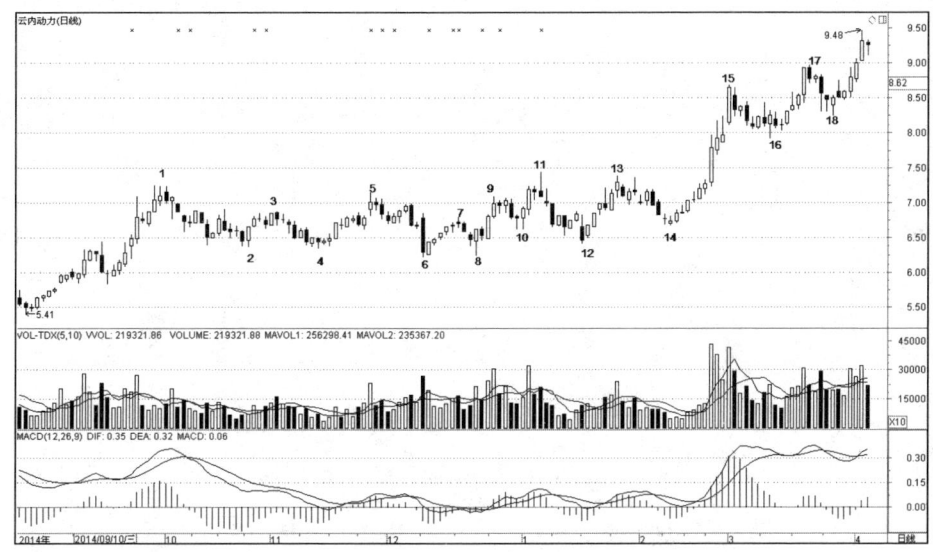

图 3-6　000903 云内动力 20140827—20150403 日线走势

图 3-6 中，自 1 点开始，相邻数字之间的线段均为日线的次级别 30 分钟走势类型。其中 6—7、7—8 段，从日线图中看并不明显，甚至并不是 30 分钟级别走势，但构成中枢的次级别线段。也就是说，中枢震荡过程中，不一定每一段均为次级别走势段。前文中介绍过，当以某级别走势为分析视角时，就将次级别走势段以及次级别以下级别走势段均作为次级别走势处理，哪怕是跳空缺口这样的最低级别走势，也一样在本级别视角中作为次级别走势段处理。

那么图 3-6 中，1—12 就是由 11 段 30 分钟走势类型构成的周线中枢。很多人可能对划分次次级别 9 段以上走势类型重叠构成的本级别中枢不熟悉，就图 3-6 而言，有种简单的方法，就是在周线级别图中观察。

前文中曾经提到过将某级别走势图中，三根 K 线重叠的部分作为次级别走势类型处理的方法，那么在该周线级别走势中，1—12，由 21 根 K 线构成的盘整就是 7 段日线级别走势类型。每三段构成一个周线级别中枢，当延伸至九段时形成月线级别中枢。图 3-7 中显然不足九段日线级别中枢

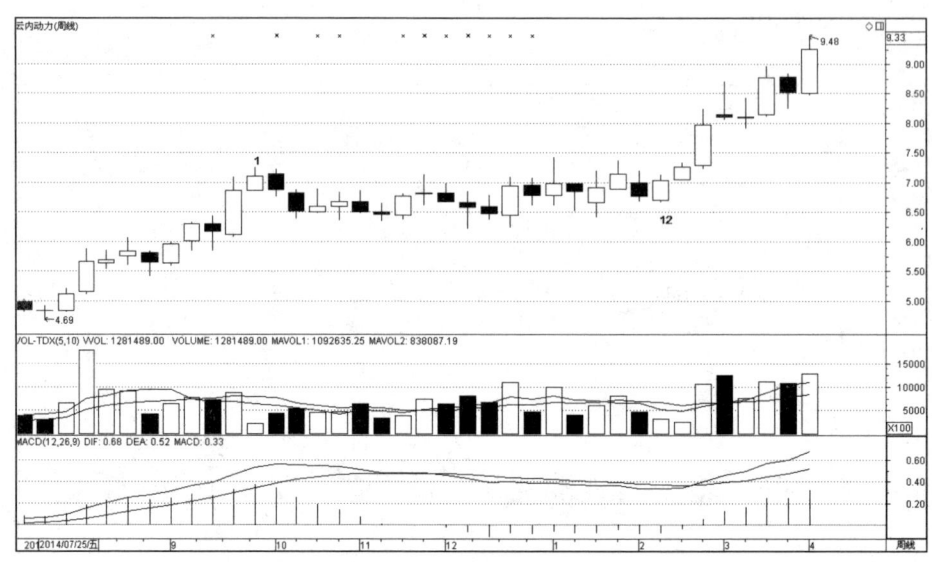

图 3-7　000903 云内动力 20140827—20150403 周线走势

的重叠，就构成了一个周线级别中枢。

在日线图中，周线中枢的区间划分如图 3-8 所示：

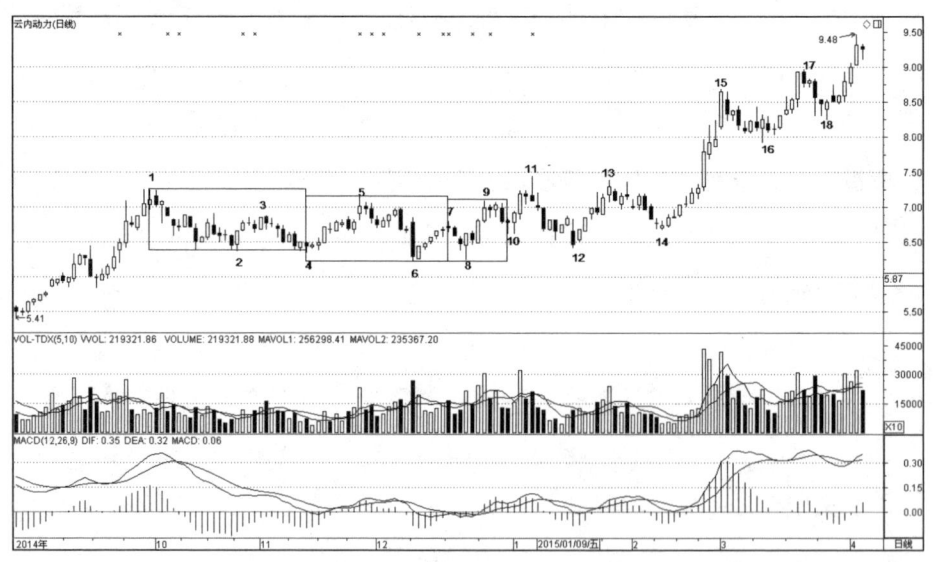

图 3-8　周线级别中枢区间示意

1—4、4—7、7—10各自完成次级别三段走势类型连接后，形成日线级别走势类型，重叠区间为2—9，亦即周线级别中枢区间为2—9。后面的1—14属于中枢形成后的延续，也就是中枢震荡。

根据第三买卖点的定义，周线级别中枢的第三买点必须是日线级别走势类型离开+日线级别走势类型返回，同时必须满足返回的最低点在中枢区间之上的规定。那么在图3-8中，18这个点就是针对前周线级别中枢的第三买点，也就是盘整形态的盘整走势类型构成的第二段回抽。相对应的，离开的一段就要从12开始，划分如图3-9所示：

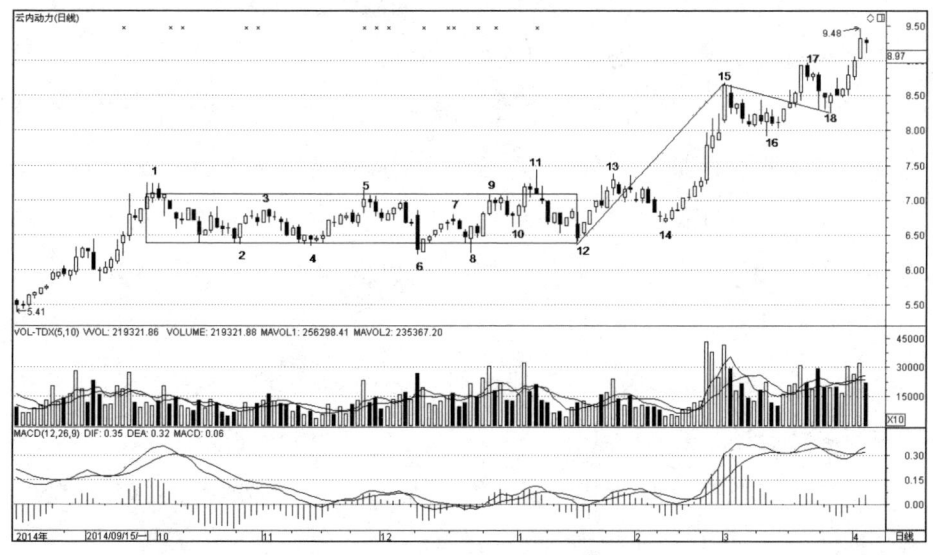

图3-9 周线级别第三买点结构示意图

可以确定的是，对这样的划分方法，学习过缠论的人八成会有疑问，比如离开段的起始点看似应该从14开始，或者第三买点的回抽确认点似乎应该是16这个点。如果对本书前文中一直贯穿始终的走势必完美这一第一原理充分理解的话，就不应该再有这样的疑问，下面将走势必完美的应用再重复一下。

周线级别中枢，根据定义一定由三段日线级别走势类型连接，这个例子中的三段日线级别走势类型就都是盘整。实际走势中，30分钟盘整+30分钟下跌+30分钟上涨构成日线级别中枢的例子也比比皆是，并不违反理论。但30分钟盘整+下跌+上涨类型，在缠论中同时属于中枢的扩张，也就是由30分钟中枢扩张为日线中枢的情况，后文中会有详细解释。

同样的，周线级别中枢的第三类买卖点，根据定义，一定是日线级别走势类型离开+日线级别走势类型返回。上面的案例中，由14开始到15的走势段是30分钟走势类型，显然并不符合要求，因为不满足日线级别走势类型必须完成30分钟级别三段连续走势类型连接的要求，也就是走势必完美的要求。所以基于走势必完美，这个周线级别中枢的离开段只能是从12开始（还有另外一种划分，下文将分析）。

而15—16这一段，同样不是日线级别走势类型。如果根据14—15段离开、15—16段回抽的划分，那么这只可能构成日线级别中枢的第三买点。而周线级别中枢的第三买点，只能通过至少三段30分钟走势类型连接离开+三段30分钟走势类型连接返回。所以，图3-9中12—15为日线级别走势类型离开，15—18返回，构成周线中枢的第三类买点。而15—18同时也构成周线级别盘整后的周线级别上涨中的第二段，也就是从12开始的周线级别走势的第二买点。

当然，图3-9中的走势还有其他的划分方法，严格地说这属于走势的多义性的内容，这里不妨先拿来分析。

第一种，周线级别中枢+日线级别上涨趋势的第三类买点构造形态。

由11—14构成的日线中枢、14—15构成的30分钟上涨走势形态、15—18构成的日线中枢，就对1—11构成的周线级别中枢形成11—15日线级别走势类型离开+15—18日线级别走势类型返回，返回低点比9这一中枢区间高的第三类买点形态。

第三章 围绕中枢的走势变化

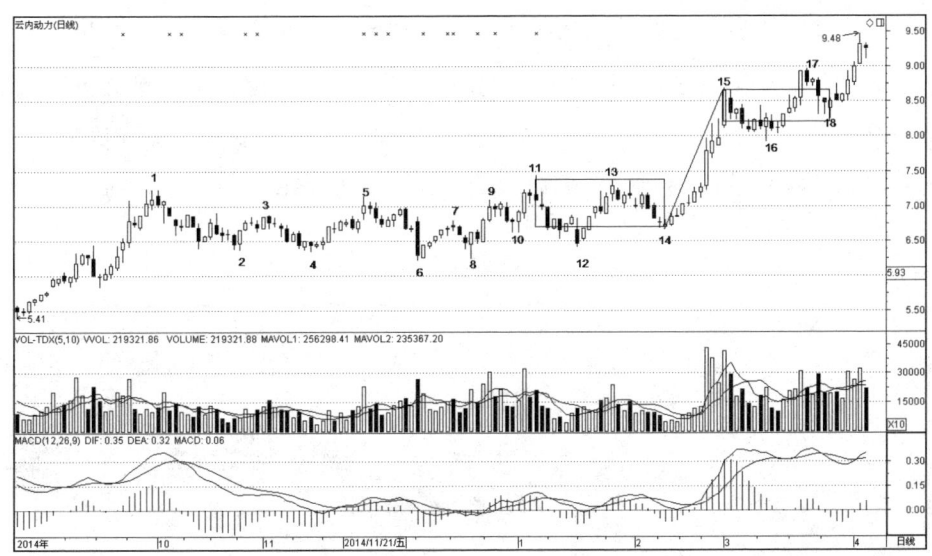

图 3–10 周线级别中枢 + 日线级别趋势

第二种，针对日线级别中枢的第三类买点划分。

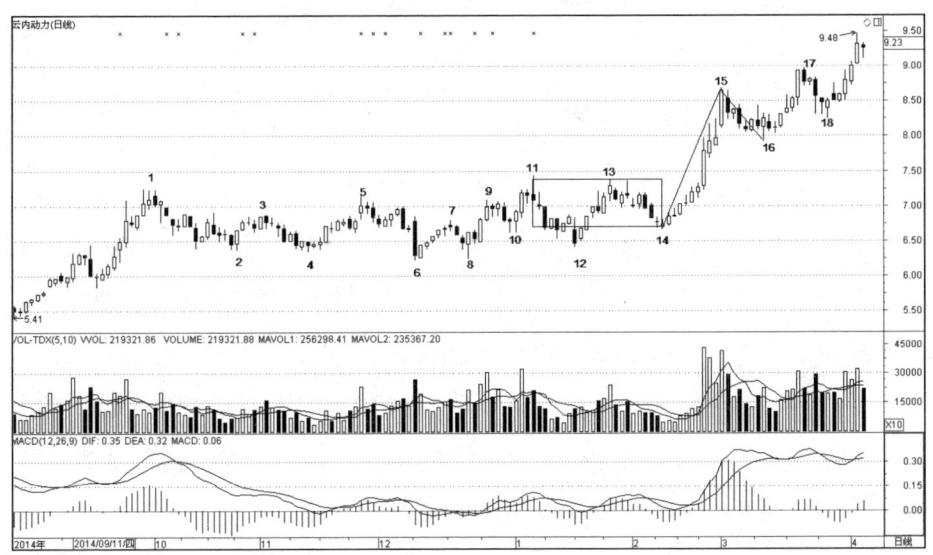

图 3–11 日线级别中枢第三买点结构

在操作级别为日线级别且走势级别扩大的情况下，按同级别分解原则进行操作，11—14 就构成了标准的日线中枢，其后 14—15、15—16 构成

097

30分钟级别的离开与返回，从而构造出针对最近的一个日线中枢的第三买点。实际操作中，完全可以借小级别的第三买点先介入，随后视走势的发展而定操作方式。无论是日线还是周线，其分析依据与理论都是相同的。

同样的分析一样可以使用在更大级别的走势图中，如上证指数的年线级别图形。

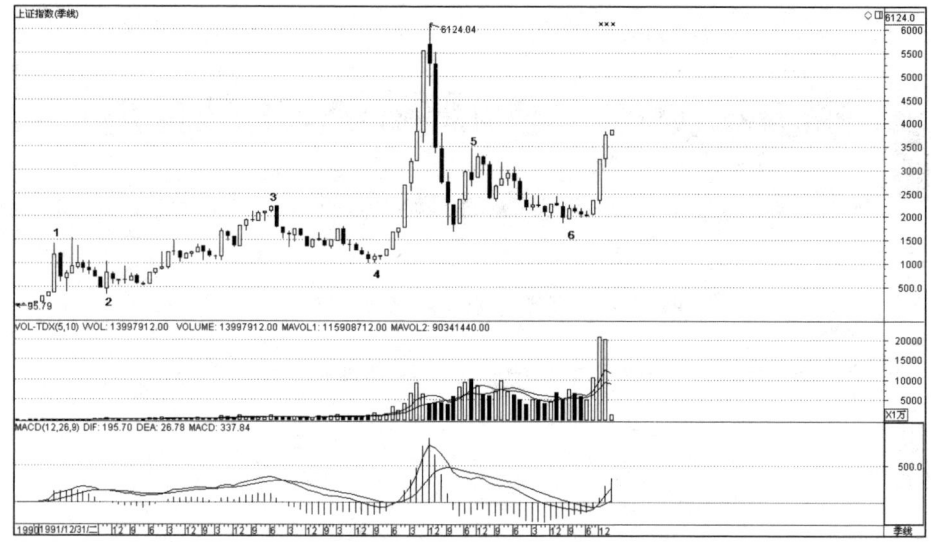

图 3 – 12　上证指数季线级别 K 线

上证指数自95.79点（1990年第四季度）至1位置，完成次级别上涨形态，随后1—2、2—3、3—4完成三段次级别走势类型，构成区间为1—4的年线级别中枢。4—5季线级别盘整形态走势离开中枢区间，5—6季线级别下跌形态构成回抽，制造针对2—4年线中枢的次级别离开与返回，并且低点高于中枢区间上沿，构造出标准的年线级别第三类买点。注意，这是在季线级别的视角中进行分析，4—5段是什么级别走势并不重要，只知道一定是季线以下级别走势类型，但在季线级别的分析视角中，统一按次级别走势类型处理。

以上是第三类买卖点的构造结构分析，文中以上涨中的第三类买点为例，下跌出中枢区间的第三类卖点，其实就是上涨图形的上下颠倒，结构与原理并没有不一样的地方。

至于对第三类买点的精确把握，就要在次级别或者次次级别的走势段中去分析第一类卖点。

图 3-13　002065 东华软件 20150330 日线级别第三买点

图 3-13 中的向上箭头位置为突破回抽的低点，这在走势走到向上箭头所指 K 线的当天就可以实时把握。通过次级别 30 分钟的走势图，可以清楚地看到一段 30 分钟下跌趋势的完成所构造的 30 分钟级别第一买点在向上箭头处的最低点。

至于第一买点的判断，前文中已经介绍了很多，应该不是困难点。

通过对第三买点的分析可以看出，第三买点其实就是一段某级别上升形态走势中，根据走势必完美必然要出现的次级别第三段的第二买点。比如周线级别上涨形态，一定至少是日线级别上涨形态＋日线级别盘整或下跌＋日线级别上涨。而第三段日线级别上涨，根据走势必完美，一定由至少次级别 30 分钟级别的上涨＋盘整或下跌＋上涨构造而成。在这种走势必完美的嵌套结构中，30 分钟级别的第二段，即构成日线级别的第三类买点。

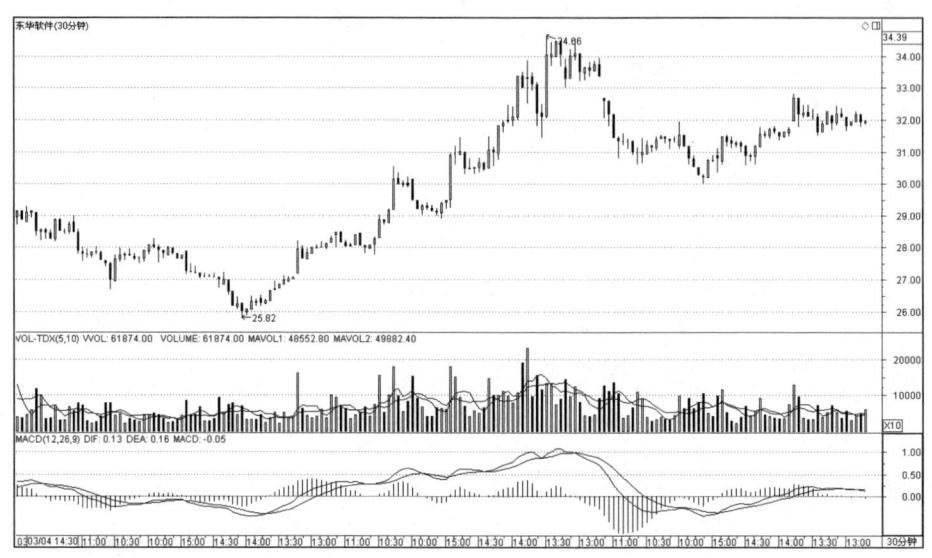

图 3-14　002065 东华软件 20150330 日线级别第三买点 30 分钟突破与回抽

第三类买点出现之后，可能的情况有两种：一是以不背驰的 30 分钟上涨形态突破回抽段的最高点，并在 5 分钟顶背驰的时候，在上面再形成第二个 30 分钟中枢；二是以第三买点后的背驰式上升段，突破或不能突破回抽段的高点后，再跌回到回抽段高点以下。用数学表达式表示如下：

走势形成 a + A 的形态，其中 a 为 5 分钟级别上涨形态，A 是三段 5 分钟走势类型重叠而成的 30 分钟中枢，由 b、c、d 构造而成。当 5 分钟走势 e 突破 30 分钟中枢区间的高点后，第二段 5 分钟走势 f 完成，f 的低点高于 b、c、d 中最低的高点，形成标准的 30 分钟级别第三买点。其后的 5 分钟走势类型 g 段以与 e 段背驰的走势完成后，后续的 h 段 5 分钟走势类型完成，h 段的低点低于 e 段的高点，并高于 b、c、d 三段的最高点，即等同于在原 30 分钟走势中枢 A 之上，又形成一个新的 30 分钟中枢 B，从而使整个走势的连接构造出 a + A + b + B 的形式，分解为 a +（b + c + d）+ e +（f + g + h），形成 30 分钟级别的上涨趋势。

而相对应的，另外一种情况就是 h 段的低点低于 e 段的高点，并低于

b、c、d 三段的最高点。这时就不能说是上涨趋势形成,而是产生了更大级别的中枢,即由 a 到 h 的八段 5 分钟走势类型 + h 段第一买点后的 i 段,也就是九段 5 分钟级别走势类型拆解为 (a+b+c) + (d+e+f) + (g+h+i),三个 30 分钟级别走势类型的重叠就构成了(结合律,目前还没有正式提到)。根据定义,日线级别中枢形成,这是第三类买卖点后的第二种情况,也就是中枢级别扩展的情况。

换言之,在某级别走势类型中,更大级别走势中枢的产生,由两个连续的该级别走势中枢的震荡区间重叠构成。

第四节 中枢级别扩展与扩张

扩展与扩张,其实针对已经形成的某级别中枢而言,并没有什么区别,但形态上有不同之处。扩展由两个同级别中枢的震荡区间重叠构成;扩张是先形成一个某级别中枢,突破后以该级别走势返回。

比如一个30分钟中枢,由 a + b + c 构成,随后的次级别走势类型 d 突破中枢区间后,构造出 e +(f + g + h)+ i 的形式,并触及原30分钟区间。如图 3 – 15 所示:

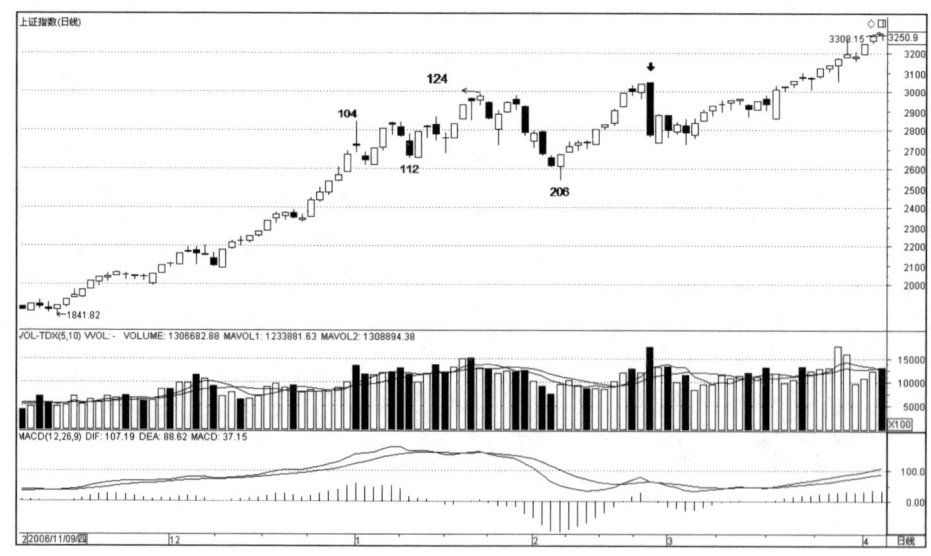

图 3 – 15　上证指数 2007 年 1 月、2 月构造的日线级别中枢

从 104 到 112，第一个 30 分钟中枢形成，随后 112—124 由三段 5 分钟级别走势类型对 104—112 中枢进行震荡，同时 112—124 构成 30 分钟走势类型，124—206 又以 30 分钟级别走势类型返回，从而使原 104—112 的 30 分钟中枢级别发生了扩张，形成 30 分钟盘整＋30 分钟上涨＋30 分钟下跌的连接形式。

其实，也就是 124 前的一段 5 分钟走势类型离开后，形成的新的 30 分钟走势类型与之前的中枢区间有重叠，本质上还是中枢扩展，只不过第二个 30 分钟中枢的构造不是以盘整的形式，而是以下跌的形式而已。

中枢的扩展是实际操作中，尤其是新手感觉较为复杂的地方，主要是扩展后的中枢区间划分问题，以及涉及某级别中枢的第三类买卖点问题。在两个中枢的重叠构成扩展从而使中枢级别上升的情况中，比如两个日线级别中枢的重叠，对于第三买点就有两种：一是针对最近的一个日线中枢；二是针对两个日线中枢重叠的周线中枢。相对应的第三买卖点的走势形态构造的要求就不同，这在上文中都已经详细分析过。

此外，扩展的情况较为复杂的，就是在一段下跌趋势结束后的走势演化中，缠论原文是"教你炒股票 29：转折的力度与级别"。这一节原文内容绝对是缠论原文中难度最大的课程之一。如果把走势必完美的重要性忽略，那么这"之一"也可以忽略。关于趋势背驰后的转折力度与级别问题，必须单独列一章节内容详细分析。

第五节　转折的力度与级别详解

按最标准的走势形态设一个5分钟级别的下跌趋势，由九段1分钟走势类型构成，分别为a、b、c、d、e、f、g、h、i，其中b、c、d构成第一个5分钟中枢，f、g、h构成第二个5分钟中枢。a、e、i分别是1分钟下跌形态走势类型。这样整个走势就是a＋A＋e＋B＋i结构，A与B是5分钟中枢，分别由b、c、d与f、g、h重叠而成。

i段与e段，两段1分钟级别走势，i相对于e段背驰后，i段就是背驰段。经过1分钟级别与1分钟次级别的区间套定位，确定最终的第一买点，则这个5分钟下跌趋势构造完成，后续的走势根据走势必完美，一定至少是5分钟级别盘整或者5分钟级别上涨。这里的5分钟级别盘整与5分钟级别上涨，都是站在同级别走势必完美分解的角度而言的，也就是将前面的5分钟下跌与后续的走势完全割裂开，以5分钟下跌趋势的第一买点为界限，互不干扰。如果将两段走势做综合分析，情况就不同了，后续的5分钟盘整或者上涨将与前5分钟下跌趋势之间发生关系。

一个5分钟下跌趋势，一定包含至少两个震荡区间没有任何重叠的5分钟中枢。设5分钟中枢的数量为N（N≥2），当第N个5分钟中枢的前后两段次级别走势类型发生背驰后，则意味着该5分钟走势类型的结束，同时意味着该第N个5分钟中枢为该下跌趋势的最后一个5分钟级别中枢，该5分钟级别中枢至少由三段1分钟走势类型连接而成。

根据走势必完美，随后的走势一定是5分钟盘整走势类型或者5分钟上涨趋势。最弱的情况就是三段1分钟走势类型完成后，该后续5分钟走势类型就结束，该5分钟走势类型为盘整。

因为前5分钟趋势的第N个中枢是该5分钟下跌趋势的最后一个5分钟中枢，所以后续的5分钟级别走势类型的最高点一定触及第N个5分钟中枢的震荡最低点，否则就会在该第N个5分钟中枢下方再形成一个由三段1分钟走势类型重叠而成的5分钟中枢N+1，这与第N个5分钟中枢是该趋势的最后一个5分钟中枢相矛盾，也就是背驰判断错误。（对操作而言，这里就为对走势的买点判断是否正确提供参考，就是当某级别下跌趋势的第一买点买入后，次级别三段走势盘整背驰时，最高点在前中枢的震荡最低点之下，说明买点判断错误。这第一买点的级别不是该级别，而是次级别或次级别以下级别，这种买点级别判断错误的情况并不影响盈利，但在理论上是错误的。）

原文中，估计绝大多数人对以下的文字理解不了：

一、该趋势最后一个中枢的级别扩展

这种只触及最后一个中枢的DD＝min（dn）的反弹，就是背驰后最弱的反弹。这种反弹将把最后一个中枢变成一个级别上的扩展。例如，把5分钟的中枢扩展成30分钟甚至更大的中枢……注意，这种情况和盘整背驰中转化成第三类卖点的情况不同。那种情况下，反弹的级别一定比最后一个中枢低；而这种情况，反弹的级别一定等于或大于最后一个中枢。因此，这两种情况不难区分。

——教你炒股票29：转折的力度与级别

其实本节内容的前面部分已经解释了原因，就是5分钟下跌趋势后，一定转化为5分钟盘整或者5分钟上涨趋势走势类型中的一种，而某级别走势类型最弱的情况，就是次级别三段走势类型完成后就结束该级别走势类型。对于5分钟下跌趋势结束后而言，最弱的情况就是三段1分钟走势类型完成后，后续5分钟走势类型就结束。而最弱的5分钟中枢，同样由三段 1 分钟走势类型连接，所以"这种情况，反弹的级别一定等于或大于最后一个中枢"。

在该 5 分钟趋势的第一买点结束后的 5 分钟走势类型中，后续的 5 分钟走势类型的最高点一定触及前下跌趋势中最后一个 5 分钟中枢的震荡最低点，这是百分之百确定的，不确定的是后续的走势发展。

还是以两个中枢的 5 分钟下跌为例，i 段的次级别第一买点出现后，1 分钟走势 a_1、b_1、c_1，完成最弱的 5 分钟走势类型，其中 c_1 的高点，根据上述推论，一定高于或等于 i 的最低点，如图 3-16 所示。

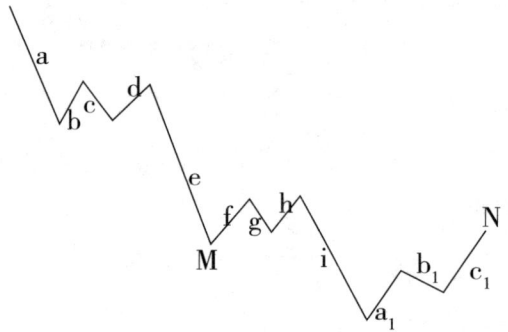

图 3-16　趋势背驰与后续第一段走势类型

图 3-16 中，N 一定大于等于 M，否则 c_1 段与 a_1 段盘整背驰后，再下来，a_1、b_1、c_1 就构成该下跌趋势的第三个 5 分钟中枢了。

走势到 c_1，就有两种情况的分类：第一种是 c_1 与 a_1 盘整背驰；第二种是 c_1 与 a_1 不背驰。背驰的情况下，后续的 5 分钟走势类型 $d_1+e_1+f_1$ 一定至少以盘整的形态展开，并且 d_1 的低点一定在 b_1 的高点之下。这样，由 (f+g+h+i) + ($a_1+b_1+c_1$) + ($d_1+e_1+f_1$) 三段 5 分钟走势类型的重叠就构成了，也就是将 f、g、h 开始的一个 5 分钟走势中枢，扩展为 30 分钟中枢。这时的走势结构就形成 [a + (b+c+d) + e] + [M-N]，前面是一个 5 分钟下跌形态的盘整走势类型，后面是 30 分钟中枢。

$d_1+e_1+f_1$ 这 5 分钟走势类型之后的走势情况分类就有两种：第一种

情况，即最弱的情况，显然是在下面形成一个单独的 5 分钟中枢，再跌破中枢，形成一个新的 5 分钟下跌趋势，从而将整个走势扩展为一个 30 分钟级别下跌形态的盘整走势类型。这种情况比较罕见，但在理论中完全存在。

第二种情况，就是 $d_1+e_1+f_1$ 后，f_1 与 d_1 盘整背驰，从而将后面的 g_1、h_1、i_1 再以上升形态的盘整走势类型拉上来，形成 $a_1+b_1+c_1+d_1+e_1+f_1$、$g_1+h_1+i_1$ 三段 5 分钟走势类型构成的 30 分钟级别盘整。

换言之，某级别趋势背驰后，一定至少形成盘整走势形态。但必须注意，在第一种最弱的走势情况中，也就是 5 分钟下跌趋势最后一个 5 分钟中枢扩展的情况中，盘整走势形态是从 f、g、h 这一 5 分钟盘整开始的；在后面一种较强的走势形态中，盘整走势形态是从 a_1、b_1、c_1 这一上涨形态的盘整走势类型开始的。二者有着严格的理论区分，在原文中并没有详细分析，这里将其中的详细推论过程与结构分解组合完全给出，应该不难区别。

综上所述，当某级别趋势背驰后，最弱的走势形态就是将前趋势最后一个中枢进行扩展，强一点的就形成一个更大级别的盘整。形态上，二者可能相差不多，但对走势的分析是完全不同的。第一种最弱的情况，意味着这是个 30 分钟级别的走势类型，并且当前下跌趋势最后一个中枢被扩展后，该 30 分钟级别走势类型未完成，可能在后续走势演化中继续下跌，或者继续将该走势形态扩展为日线级别。而第二种情况则意味着 5 分钟下跌+30 分钟盘整走势，其中 5 分钟下跌与 30 分钟盘整都是完成的走势类型，属于两个完成的走势类型的组合，分析就要针对该 30 分钟盘整来进行。当然向上突破、向下突破、盘整延续三种可能都是允许的，并且如果不是同级别分解的操作，就要把分析的视角放到 30 分钟级别上来了。

还有一种情况，就是 c_1 与 a_1 不背驰，或者 c_1 与 a_1 盘整背驰后，d_1 下来与 b_1、c_1 形成单独的 5 分钟中枢，然后以 e_1 突破 f_1 返回形成第三买点继续向上。这时又有两种情况的分类：一是盘整背驰后再下来形成 30 分钟盘整，或者次级别走势跌破该独立的 5 分钟中枢后形成第三类卖点，继续下跌形成 5 分钟下跌趋势；二是形成一个新的 5 分钟上涨趋势。

所以，缠中说禅趋势背驰的反弹定理是：某级别下跌趋势背驰后，反弹的情况根据走势强弱的不同，有三种情况：最后一个下跌中枢的级别扩展、更大级别的盘整、大于等于该下跌级别的上涨趋势。

如何判断是否在下跌趋势背驰后形成最弱的情况，原文中已经给出，就是 a_1 这一 i 段 1 分钟背驰后的上涨是否能回到 f、g、h 三段 1 分钟走势的最低点，也就是最后一个下跌中枢的震荡最低点。如果达不到，b_1 与 c_1 的走势稍微弱点，就会形成最弱的反弹情况；如果能达到，b_1 这一 5 分钟第二买点后，c_1 升破中枢的可能性就相当大了，说明走势并不是最弱的情况，形成更大级别盘整的概率极大，甚至 c_1 与 a_1 并不背驰，那就继续上去形成 V 字形反转的形态。这种方法在理论上没有任何必然性，但根据走势的强弱度来分析，准确的概率极高。

此外，实际操作中，最弱的情况并不常见，如果遇到，那就要在 c_1 段盘整背驰点先退出。这样的退出当然也绝对是盈利的，甚至后续的走势通过震荡产生后续走势的扩展形成盘整也是可能的，但那是之后的事情，从规避风险的角度出发，盘整背驰的 c_1 段的最高点如果不能回到中枢区间，那么就要退出了。

第六节　操作中的第三类买点

第三买点的操作尤其适合行情较好的时候。以走势必完美原理分析，第三买点就是某级别的上涨过程中，第二段次级别走势类型完成后，第三段次级别走势类型的第二买点。第三买点一般都位于第二买点之后，但也可能与第二买点重合。

落实到具体操作上，首先要确定的当然还是操作级别。比如操作级别是日线，那么30分钟级别的第三买点一般就不在选择范围内，除非整个市场都找不到日线级别的第三买点。

此外，第三买点的操作，一定是次级别离开加次级别返回。比如一个日线级别中枢，一个5分钟级别走势类型突破中枢上面的区间，然后在原日线中枢之上构造一个30分钟中枢，在图形上就会与日线级别第三买点很像，但从分析的角度，这个5分钟加30分钟的走势组合只构成中枢震荡过程中向上的一段，完全可以再以一个30分钟级别走势回到中枢。极端一点，甚至一个跳空缺口突破中枢区间，然后构造一个30分钟中枢再跌回来，这些走势在理论中都是可能存在的。

相对而言，比较有用的是日线中枢上的5分钟中枢，但也要分辨清楚级别的问题。日线中枢的次级别上下段是30分钟级别，当一个30分钟级别的上涨形态突破中枢后，在日线中枢与这个30分钟中枢之上形成5分钟中枢，这样也构成第三买点，只不过是针对30分钟中枢的第三买点。这样的情况经常使用在周线级别与日线级别中，比如有些股票周线级别中枢后，如果要等周线级别中枢，就要日线级别上加日线级别回调，怎么都两三个月过去了，时间太长，那么针对最后一个日线中枢的第三买点也是很好的买点。

此外，对短线而言，涨幅可期望值较大的就是第二买点与第三买点的重合。在一个周线级别下跌后，第一买点是唯一的，并且不可能与第二、第三买点重合。第一买点后，如果日线级别走势持续上涨，最终高于前周线级别下跌中的周线级别中枢区间，然后日线级别回调的低点也在周线级别中枢之上，那么就构成了该周线级别上涨的第二买点与前周线级别中枢第三买点重合的情况。这样的走势，后续的上涨往往更为迅猛。

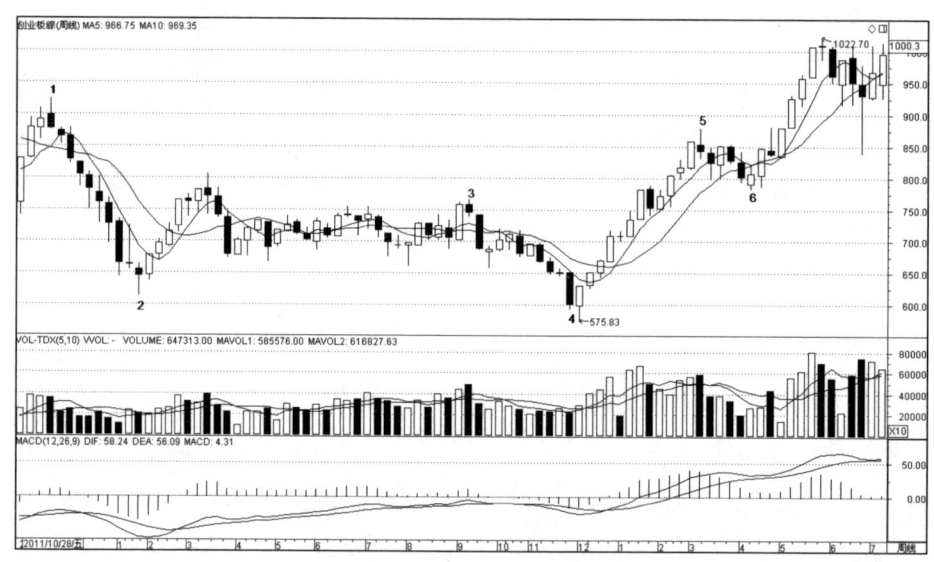

图3-17　创业板指数周线级别第二、第三买点重合

创业板指数在2013年4月12日形成标准的周线级别的第二买点与第三买点的重合，后面的涨势和涨幅大家都知道，就不上图了。在图3-17中，1—4是非常标准的周线级别下跌。从4之后，次级别上涨到5，随后展开周线级别第二买点的走势，背驰点在6位置。这时，4—5就构成了针对2—3周线级别中枢的次级别日线上涨，5—6构成回调，低点在中枢之

上，形成标准的周线级别第二、第三买点重合。

一般来说，构成第三买点的次级别离开中枢段，辨别都没有太大问题，注意走势级别不要分析错了就行，而回抽段有两种走势类型：一是下跌，二是盘整。下跌的次级别走势段第一买点，在次次级别中也比较明显，比较麻烦的是盘整。

第三买点回抽段以盘整形态构造的情况，有两种类型：一种是呈 N 形的较标准中枢形态，另一种是在很窄的范围内横盘。二者的区别就在于盘整波动区间的大小。前者可以用次级别盘整背驰，以中枢震荡的视角来分析操作；后者的麻烦在于次级别、次次级别中，强平衡型的横盘不一定有明显的背驰，甚至不一定有明显的三段以上结构，所以结束点很难把握。而往往就是这种小幅横盘的三买形态，后续的涨幅更有力。这种三买的形态，没有太好的解决办法，只能在突破时跟进。

综上所述，三买的回抽段有三种形态的分类，分别是下跌、有明显高低点的盘整、没有明显高低点的盘整。

下跌形态的买进，根据次级别走势类型的次级别第一买点进入，买入后一个次级别的上涨一旦出现盘整背驰，就要先出来。

有明显高低点的盘整中，以中枢震荡的方法，用盘整背驰操作。注意盘整型的回拉不一定就是两次，有些复杂的三角形回拉有三次或者五次，都经常出现，所以要用中枢震荡的方法操作。

没有明显高低点的盘整，等待突破时介入，这种买入的盘中判断需要较好的盘感，成交量与走势的力度都需要配合。如果对理论掌握得较好，运用较熟练，这个盘整的结束也需要小级别的第三买点的确认，也就是突破后的第一次回抽。

中枢震荡的操作以及市场中所有买点的走势形态结构完全分类，会在后文中单独详细分析。

|第四章|

细节问题分辨

第一节 背驰的本质

缠论原文中曾经提到过，关于走势类型的力度背驰，使用的是数学中的测度论。原文中还提到过：期货是可以随时开仓的，所以走势的延伸性特别强。这句话反面的意思就是，股票不可以随时开仓，所以不具备期货走势很强的延伸性。

任何一个对股票有点了解的人都知道，每只股票都有相对固定的流通股本，而造成期货与股票的走势特点不同的，正是这流通股本的有无，不可以随便开仓就是因为流通股本的相对稳定。与期货不同的是，股票不可能一直保持买单多于卖单或者卖单多过买单，因为在固定时间内，可供流通的筹码是有限的。

在一段走势的开始与结束之间，参与交易的筹码是相对稳定的，不可能像期货那样无限量供应，这就构成了走势背驰的现实支撑。

就操作而言，其实并不需要了解背驰的原因是什么，但不把内在逻辑弄清楚，操作起来一定会患得患失。

最基本的道理：当盘中主动卖出的股票数量大于主动买进的股票数量时，股价下跌；当盘中主动买进的股票数量比主动卖出的股票数量多时，股价上涨；当盘中主动卖出的股票数量等于主动买进的股票数量时，股价横盘。也就是说，一段下跌走势的本质，是在下跌过程中选择主动卖出的筹码数量要大于主动买进的数量。但由于流通股本的相对稳定，这样的能量优势必然无法一直保持。因为主动性卖出的筹码数量是有限的，并不能无限量的供应，上涨也是同样的道理。

而在两段上涨或者下跌过程中，主动性买盘的数量与主动性卖盘的数量之间的差距，将决定这两段走势类型的力度大小。比如下跌中，不论是无量下跌还是放量下跌，一定是主动性卖盘占优势。这里不管卖出理由是什么，技术面、基本面、突发利空等，不同的人有不同的决策依据，但都无一例外地反映在买卖中。同样的，当下跌持续中，主动性卖盘的力量也在慢慢地消耗中，也就是可以供卖方卖出的筹码数量在减少。而随着价格降低，主动性买盘会渐渐增加，此消彼长下，二者的力量最终在某个区间达成平衡。随后只有两种情况：一是平衡状态的保持，也就是横盘；二是买方力量大于卖方力量，也就是上涨。

而在下跌或上涨的末端，由于主动性买盘与主动性卖盘的能量差距越来越小，就会造成原走势力度的衰弱。在下跌中，卖方的能量消耗到最后，下跌过程中参与卖出的筹码数量不断减少，相反的，市场中需要买进的筹码数量增多，这样就会造成下跌速度的减缓，也就是背驰。

换言之，市场中可供卖出的筹码数量的增加，造成下跌走势，反之亦然。

第二节　复权还是不复权

经过前面一节内容的分析，对于流通股本增加的情况，也就是某股票送股后，应该使用前复权还是不复权，就应该比较清楚了。

首先要明确的是，是否复权对短线，尤其是 30 分钟以下级别的操作并没有任何影响。因为小级别走势受整体流通盘数量变化的影响是有限的，即使确实受到影响，最终也还是反映到买卖的操作中来，并不改变走势分析基础。

其次，在较大的级别上，比如日线、周线、月线，流通股本的增加对于图形的分析就是不可忽视的重要因素了。因为在股票的技术面与基本面没有变化的情况下，流通股本的增加使愿意卖出的筹码数量按比例增加，但已经买进持有的，其持有理由并不会因为送股而消失，主动性买盘的数量也不会因为送股而产生根本性的改变。换言之，送股增加了市场中可供主动性卖出的筹码数量，但并没有从根本上改变主动性买盘的能量。买方与卖方的能量比例，因为送股而产生改变，相当于原来被持有的股票被卖出了一部分，造成买方、卖方的筹码数量比例改变，比如由 6：4 改变为 7：3。所以在进行大级别分析时，送股的情况在图形分析与背驰分析中，以不复权的图形为准。

送股是极小单位时间内完成的事情，送股前与送股后筹码总体数量发生改变，严格来说，送股前与送股后应该看作是换了只股票，但实际的交易图形是连贯的，并不因为筹码数量的变化而对背驰、走势必完美等分析因素产生影响。不过，由于复权的缺口，反而使走势图形产生断裂，阅读起来并不方便，所以在小级别的操作中，也就是短线操作中，最好是进行前复权设置，使走势连贯。

第三节　走势类型与分解

很多人好像对走势类型分得不是很清楚，根据走势必完美，次级别三段完成的走势类型连接后，该级别的走势类型就可以随时结束，也可以不结束，继续走势的延伸和其他的变化。在这些所有的变化中，什么事情使得走势变成目前的样子，在实际操作中是非常重要的问题。

下面，我们从一段日线级别的下跌走势类型结束开始，详细分析后面会发生哪些事情与变化，以及有多少种走势类型的分类。

这段日线级别走势类型是可以在现实中马上确定的，如果不知道是否已经结束，也可以参照下面的分解来对应上涨，理论逻辑都是一致的。

根据走势必完美，后续的走势一定完成一段日线级别上涨或者日线级别的横盘。同样，根据走势必完美，后续的日线级别上涨或者横盘一定由三段 30 分钟走势类型连接而成，那么我们的分析就从第一段 30 分钟走势段开始。

一般来说，第一段 30 分钟级别走势都是上涨形态，理论中存在但现实中很少发生的横盘形态属于中阴身范畴，后文会有单独一节内容详细分析。这里先看一般情况，第一段 30 分钟上涨 a 结束后，面临两种选择：一是横盘，二是下跌，但无论是哪一种都属于第二类买点。

先来看横盘的情况，走势一定会向上突破去完成日线级别走势类型的第三段。横盘形态至少由三段 5 分钟走势类型构成，也就是 5 分钟级别走势类型的下上下连接。当第 N+2 次下与第 N 次下构成盘整背驰时，就一定再上去，如果上去的这段力度比前一个上涨形态走势段的力度大，就突破盘整区域，然后观察是否形成第三类买点，不形成就继续盘整，形成就继续向上完成第三段 30 分钟走势类型。

再来看下跌的情况，第一买点判断结束，后面一定有一段 30 分钟走势类型向上发展，完成日线级别走势类型的次级别 c 段。这时日线级别走势类型的次级别三段就完成了，也就是说，走势必完美所保证的走势结构就完成了，这段日线级别走势类型可以就此结束，也可以不结束，进行如下变化。

c 段与 a 段，在力度上有两种情况——盘整背驰或不盘整背驰；在形态上有三种情况——c 段高点比 a 段高点高，c 段高点比 a 段高点低，c 段高点等于 a 段高点。相互组合的完全分类如下：

（1）c 段与 a 段盘整背驰，并且 c 段高点比 a 段高点高；

（2）c 段与 a 段盘整背驰，并且 c 段高点比 a 段高点低；

（3）c 段与 a 段盘整背驰，并且 c 段高点等于 a 段高点；

（4）c 段力度比 a 段更大，并且 c 段高点比 a 段高点高；

（5）c 段力度比 a 段更大，并且 c 段高点比 a 段高点低；

（6）c 段力度比 a 段更大，并且 c 段高点等于 a 段高点。

在 c 段与 a 段盘整背驰的情况下，d 段一定至少跌回到 a 段最高点，从而使 b、c、d 构造出一个单独的日线中枢。比较复杂的是 c 段比 a 段力度大的情况。第 4 种情况，后面的 d 段有两种分类：一是跌回到 a 段最高点，构造单独的日线中枢；二是不跌回，随后的 d 段延续上涨形态，走出 e 段；第 5 种与第 6 种情况只存在于 b 段构成的第二类买点的最低点比 a 的最低点低的情况中，因为只有如此，才能有足够的上涨空间使 c 段在不创新高的情况下，以比 a 段力度更大的上涨形态拉升。而讨论这三段的前提是 c 段的完成，那么综上所述，c 段完成的情况完全分类有：

（1）a+（b+c+d）的情况，构造 a+A 的结构；

(2) a、b、c、d、e 构成五段上涨;

(3) a、b、c 呈盘整形态。

分析上面三种情况,a + A 结构中,很多人认为 A 是第二买点,这在之前的章节中已经分析过,不再赘述。值得强调的是,这种结构的后续演化有三种情况:中枢震荡、出现第三买点、出现第三卖点。中枢震荡的情况,如果超过 9 段,就构成周线级别中枢;出现第三买点的情况,要么在 A 上面再形成新的日线中枢 B,构成日线级别上涨趋势,要么中枢扩展为周线级别中枢;出现第三卖点的情况,意味着 a + A 结构的日线级别走势结束。

五段上涨的情况中,很多人会把这种情况与两个中枢的上涨趋势搞混,尤其当 b 段与 d 段是横盘的情况时。严格来讲,这二者并不是一回事,但无论是形态还是对后续走势的分析,二者都几乎一致,所以原文中并没有对其进行分辨与具体分析。这种情况的走势,往往意味着走势的强烈,最终结束在一个盘整背驰中,进入 a + A 结构。

a、b、c 呈盘整形态的情况,要么延续,要么出现第三类买卖点,与 a + A 结构中的 A 本质上没有任何区别。

综上所述,a、b、c 完成后的走势就可以进行如下完全分类:

(1) a、b、c 完成后就结束;

(2) 形成单独的日线中枢后结束;

(3) 形成单独的日线中枢后,通过第三买点扩展为周线级别中枢,结束日线级别走势;

(4) 形成单独的日线中枢后,通过第三买点形成两个中枢,呈现 a + A + b + B 日线级别上涨趋势,并在 B 中枢形成第三卖点,从而结束日线级别上涨趋势走势类型;

(5) 形成单独的日线中枢后,通过第三买点形成两个中枢,呈现 a + A + b + B 日线级别上涨趋势,并在 B 中枢形成第三买点,通过第三类买点将 B 扩展为周线级别中枢,结束日线级别走势;

（6）形成单独的日线中枢后，通过第三买点形成两个中枢，呈现 a + A + b + B 日线级别上涨趋势，并在 B 中枢形成第三买点，通过第三买点延续上涨，最终结束于最后一段 30 分钟上涨与倒数第二段的 30 分钟上涨，然后最后一个日线中枢扩展为周线中枢，结束日线级别走势，或者重复第 4 或第 5 的过程；

（7）不形成单独的日线中枢的五段及以上段数的上涨，最终因盘整背驰形成单独的日线中枢，重复 1~6 的过程。

以上七种走势的完全分类，按走势强度从低到高排序。

在上面的分析与走势类型变化的分类中，根据走势必完美，a、b、c 完成后，就面临着走势结束与否的尴尬。同样的，当由 b、c、d 形成独立的中枢后，走势也是模糊的，甚至可以说在日线级别三段次级别完成后，除了第三类买点与次次级别的第一、第二、第三买点之外，其他的状态都比较尴尬，因为后续的走势不确定。

比如 c 与 a 盘整背驰后，可能的选择就有结束这段日线级别盘整走势类型、形成独立的日线中枢，而这两种可能的最终走势，在最初都可能是在 a 的最高点与 b 的最低点之间震荡形成 d 段的中枢，具体的图形结构表现就是中枢震荡。d 段完全可能以下跌趋势的形式来结束前一段 a、b、c 构成的走势类型，当然也可以继续震荡下去。比如在中枢震荡的底部位置买进后，一个小的反弹就继续下跌，从而结束前一段走势类型；或者在某个顶背驰后进行震荡走势，构造 a + A + b + B + c + C_1，而从 C_1 处下跌是完全有可能的。在上文中的七种分类中不难看出，任何一种分类，当中枢形成后，走势都会陷入不确定状态。这种暧昧不明的状态就是缠论中所谓的中阴身，对该状态的处理合适与否，很多时候会造成差别很大的最终结果。所谓看到背驰卖了，不久又创新高，或者抄底买进后，震荡完继续下跌，大多都是对这种模糊阶段的走势操作不好造成的。

第四节　中阴身分辨与操作

最近（20150422）的证券板块中，很多股票出现典型的中阴身状态（如图4-1所示）。

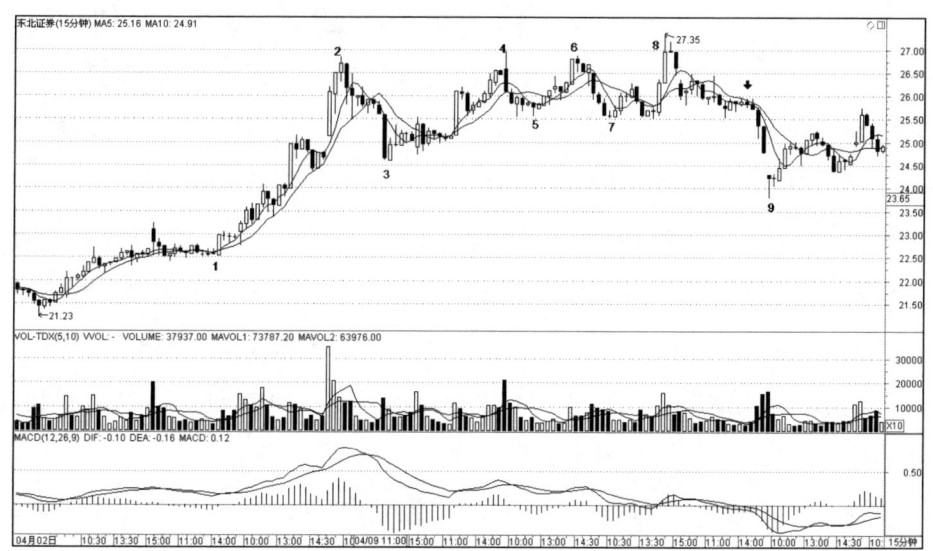

图4-1　中阴状态示意

首先要明确的是，任何上涨或下跌的结束后都对应着各种级别的中阴身，比如V形反转，小级别背驰后的走势类型转化过程中，在新的走势类型未确立之前，中阴身都是存在的，这就是缠论最注重当下性的重要原因之一。走势的变化，在走势必完美之后，都存在一定的不确定性，能把握的只有当下，要根据当下的走势形态与结构综合判断当下的操作。

图4-1中，4点显然是盘整背驰点，千万不要再认为盘整背驰一定创新高。4点之后，走势就可以随时结束，而在图4-1中，4之后演化为中枢震荡形式。这时新的走势类型没有确立，而4之前的走势类型却可以认为已经结束，对中阴身情况不太了解的，在图4-1中，4之后的中枢震荡就是中阴身状态。

中阴身都对应着中枢震荡，而这个中枢一般都是前一个走势类型的最后一个中枢。对于当下的分析与操作，尤其是处在中阴身状态时，最稳妥的办法就是根据最近的一个中枢进行判断，这其实也是走势的多义性在当下的最直接体现。

对于图4-1，2—5的中枢确立后，后续的震荡延续该中枢，通过分解，同样可以将3—8看作是一段上升形态的盘整走势类型，中枢区间在4—5，相对应的4—7中枢，前后走势段的盘整背驰是非常明确的。如果是该级别的操作，那么在8的位置就应该已经出来，后续的下跌根本与你无关，况且7—8与5—6相比，MACD黄白线不能创新高，这本身就是盘整背驰的信号之一。而在向下箭头处疑似盘整背驰的位置，由于是处在中阴身阶段，走势不确立就不能介入。实际上，在中枢震荡的操作中，严格要求的操作模式是只选择次级别第二买点，就是为了避免这种情况。向下箭头处，均线未金叉，黄白线未闭口，就要等待，这样很可能会错失利润，但首先要保证安全。

而在9的位置，这时的力度比较又产生了变化，因为走势创了新低，那么从2到9就成了更明确的走势类型——围绕中枢震荡的盘整。

对走势分解不熟练的操作者，在这种情况下其实最好的参与方式就是不参与。中枢震荡总会结束，并且有严格的定义来界定向上突破结束于向下突破结束的条件，那么最好就是等待走势明确了之后再介入。当然，如果对操作非常熟练，按中枢震荡的操作能获得更多利润，资金利用率也高。重要的是知道自己目前掌握了什么，能操作什么图形。

第五节　走势的多义性

缠论的中枢部分，以走势必完美为基础，以中枢为核心，走势必完美决定中枢出现的必然性，中枢决定操作级别买卖点的判断。

由于走势不能被预测，所以只能根据当下的走势结构来判断当下在各级别走势中所处的位置以及随后的演化分类，并将分类对应操作，这些推论都是很容易的事情。

当下的走势受到整体图形结构的影响，这就意味着对当下走势的诠释并不是唯一的，而是在不同的走势结构组合中，可能有着不同的含义。

如果是短线，那么简单的办法就是将当下的分析始终围绕最近的一个操作级别中枢展开。中枢震荡、盘整背驰、第三类买卖点，这些都是之前介绍过的内容。通过整体走势结构的轮廓性分析，再具体到当下最近的一个操作级别中枢，分析的视角就会完全不一样。

另外，尤其是中枢震荡的时候，由于分解的不同，走势结构也是不同的。而如何分解才能使得当下的走势结构更加清晰，对后市的分析更加明确，就是考校功夫的地方。这种功夫的核心，就是对走势多义性的把握。

要明确的是，走势的多义性并不是随意性。走势结构的组合，按照不同的分解，有着不同的视角，而对已经出现的走势结构，每一种分解都对当下的走势有分析价值。如果多个视角的分析都指向同一个结果，那么当然是最简单也是最理想的状态；但有的分解可能使得当下所处位置是模糊的，而另一种分解却使得当下的位置能够明确，这时当然要选择更清晰的分解方式。

举一个例子，之前举过的云内动力（000903）30分钟图，2015年3月初到4月底。

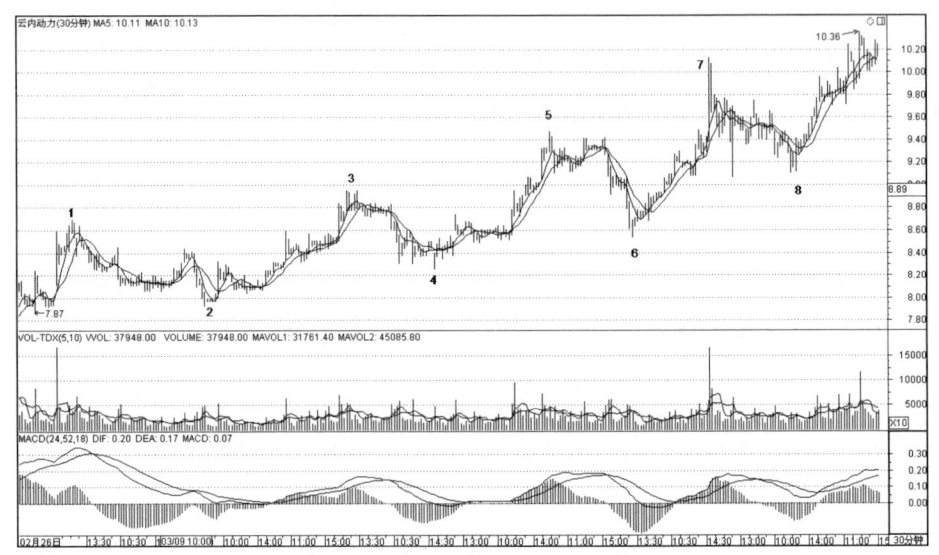

图4-2

图4-2中，每两个相邻数字之间的段为30分钟走势类型。这里用该图介绍何为走势的多义性，以及在实际分析操作中能起到什么样的作用。

首先，1—4是日线级别中枢，那么5—6的最低点低于1位置，就属于中枢震荡，然后6—7离开中枢，7—8回抽，回抽的最低点比1位置要高，就构成了1—4这个日线中枢的第三类买点。这是第一种分析。

其次，1之前的走势类型到3位置，完成一个日线级别的走势类型，2—3走势段显然是背驰段，这时就可以知道从3开始的下跌或盘整走势类型一定跌破1位置，形成1—4的日线中枢，随后看这个中枢震荡向哪个方向突破。而4—5走出来之后，就可以比较4—5段与1之前那个走势段，以及4—5段与2—3段的力度。显然4—5与2—3并不背驰，但与1之前的走势段构成盘整背驰，而中枢对两边的离开段的吸引力是一样的。也就是说，从 5 开始的 5—6 段很可能会回跌到中枢区间内，这时就要先出来，看是否跌破。而走势到 7 的时候，2—7 就可以单独拿出来分析，因为这 5 段构成完成的 a + A + b 的形式，日线中枢区间为 3—6，那么这时比较背驰的走势段就可以再次发生变化。6—7 相对 4—5 段是背驰段，也就是一定回跌到 5 的位置，但 6—7 与 2—3 段并不背驰，意味着有极大的可能会形成针对 3—6 中枢的第三类买点，随后 7—8 段的下跌果然就是没有跌回到中枢区间。在上面的分析中，8 位置可能的区间范围，在 7 位置确定是最小级别顶背驰转 1 分钟下跌的时候，就可以给出来。

走到 8 之后，就可以把用来分析的中枢移到 5—8，让 4—5 段、5—8 段、8—9 段，构成新的 a + A + b 的结构。通过这种类似的方式，始终有一个最清晰、最标准的中枢，用来围绕中枢进行分析，把中枢震荡这种较为复杂的走势通过走势多义性的分解而简单化。稍微复杂点的，就是上面的分析中，涉及走势的结合性这种特点。也就是说，走势类型是可以进行前后走势灵活结合的，就像前面两段不断地将后面已经走出来的走势类型结合到前面的走势结构中，进而使分析的核心——中枢更加清晰。图 4 - 2 中如果把中枢确定为 1—4，进而使 5—6 段成为中枢震荡，那么 6—7 段与 1 之前的走势段就成为 a 与 b 段，这种盘整背驰就会在这种分析的视角下，等待 7—8 段回到中枢区间的上沿，也就是 1 的位置，那么 8 这个第三买点是肯定会错过的，并且会有理论失效的感觉。

任何走势的多义性组合都是有意义的，这必须强调。在围绕中枢展开的分析这种视角下，图 4 - 2 中的 1—4 中枢、3—6 中枢、5—8 中枢，并没有什么本质的不同，5—6 段的中枢震荡并不妨碍将 2—7 看作是 a + A + b 的结构，而围绕这三个中枢的不同分析视角，对其后走势的判断可能是不同的。对 7.19 位置到 8 点这个整体结构进行分析，与 1—4 中枢、3—6 中枢、5—8 中枢展开的分析结合起来，就能对走势进行更细微的分解与分析，这种综合分析判断能力的强弱，最终会造成对理论掌握程度的深浅，从而影响实际战绩的大小。

还有个例子，在前文中用"云内动力"日线图分析第三类买点的时候，同样顺带提到了同义性的实际运用，不同的分解有不同的分析结果见图3-6。如果把14开始，看作是周线中枢的离开，那么对第三买点的确认就要在14—16这个日线中枢上面再出现一个日线中枢。也就是说，从14开始走出一个日线级别上涨趋势，才能确认周线级别第三买点，这显然就太滞后了。而经过分解，使得从12开始就是一个日线级别趋势，这样18这个点就可以确定为周线第三买点，意义显然不同。

图4-2的分解是一种同级别分解，就操作而言，属于标准的机械化操作。但并不是所有的走势都像上图中的那么规律，特别是有小级别转大级别的情况以及中枢震荡的情况，这时对走势的分解能否熟练是影响最终结果的最关键环节。

第六节 同级别分解

同级别分解本身就有多义性的运用在内,根据走势必完美,任何级别的任何走势图都可以分解为同级别的下跌、盘整、上涨三种走势类型的连接,这为同级别分解提供了毋庸置疑的理论基础。

在实际走势中,比如 a + A + b 中,a 与 b 的走势类型级别并不一定相同。比如 a 是 5 分钟级别,A 是 30 分钟中枢,而 b 就是个跳空缺口,属于最低级别,然后在 b 上面再完成一个中枢,这是完全有可能的。而因为走势符合结合律和多义性的特点,总能把 b 分解为 5 分钟走势类型。

设同级别分解后的走势段为 a、b、c、d、e、f、g,如果这 7 段走势始终保持上涨与下跌交替连接,那当然是最标准也最清晰的,复杂的地方有两个:一是小级别转大级别,二是其中一段走势类型为盘整形态。

将走势图分解为各个 30 分钟走势段之后,就用不断比较盘整背驰的方式进行操作。具体的操作程序,在缠论原文中用类似公式的方式讲得很清楚,这里只讲一点,不用公式。

以日线级别上涨为例,该日线级别上涨在 30 分钟级别全部分解为 30 分钟走势段,分析的逻辑如下。a 段上涨,b 段盘整或下跌,c 段上涨,这时就判断两个因素:一是 c 段的第一卖点,二是 c 段与 a 段相比是否盘整背驰。无论是否盘整背驰,都要在 c 段的第一卖点出来。随后 d 段盘整或下跌,盘整需要注意的是不能时间太长,当该盘整可以划分出两个 30 分钟盘整形态的连接时，就要等待第三买卖点的出现，因为这时 e 段的上涨就不是必然了。当 d 段下跌，需要关注的就是 d 段与 b 段相比是否盘整背驰，如果盘整背驰就介入，不形成盘整背驰就等待，直至当下下跌段与前一个下跌段盘整背驰再次介入。

还是以上一节的云内动力为例。

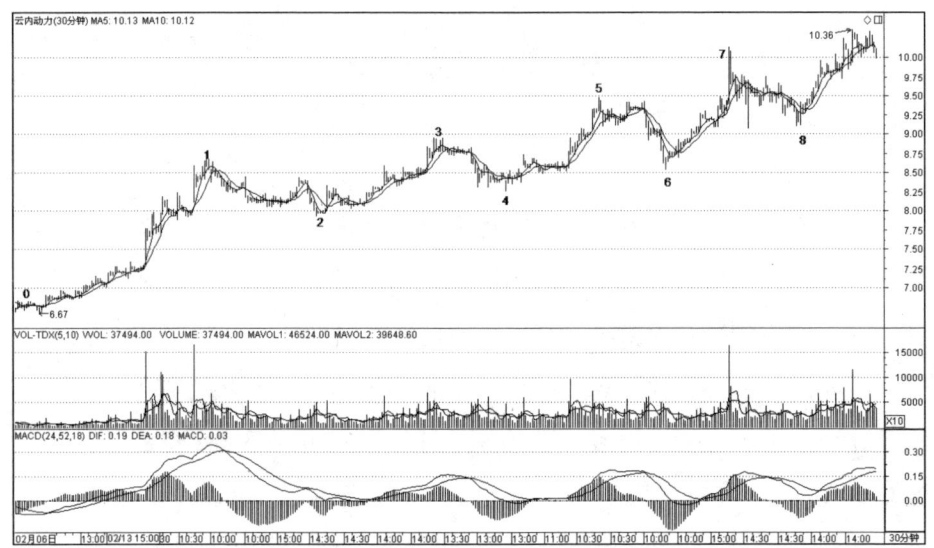

图 4-3　云内动力 30 分钟走势节选

0—3 走势段中，2—3 与 0—1 盘整背驰，先退出，3—4 最低点比 2 高，也就是不创新低，或者 3—4 与 1—2 盘整背驰，就再介入，然后 4—5 段与 2—3 段比较，没有盘整背驰。这里有两个选择：第一种操作方式是在 4—5 段的次级别第一卖点退出，因为后面一定是下跌或者盘整，分段操作的话就可以等下跌或盘整完成后再进，但会冒一个风险，就是后续走势以很狭窄的区间盘整，随后突破大幅上扬，这样就会错过这波上涨；所以有第二种操作方式，就是不背驰不退出，下跌或盘整结束后，一定还有一段向上，在图 4-3 中也就是 6—7 段。在 6—7 之前，5—6 段次级别第一买点不创新低就可以再进。虽然构成盘整背驰，但这是类似第二买点的买点，是可以介入的。如果创新低并没有盘整背驰，就要等待，如 6—7 段向上的道理是一致的。4—5段与2—3段没有盘整背驰，用第二种操作方式就是持有。然后到6—7，创新高且盘整背驰，这时操作的原则是先出来，当7—8段走出来之后，比较7—8段与5—6段，不创新低且盘整背驰，所以就再次介入。这样的操作模式可以一直持续下去，直到第N+2段与第N段上涨产生盘整背驰的退出，或者在第N+2与第N段不盘整背驰的情况下，下跌段N+3结束后的第N+4段不能创新高退出。

其实就理论而言，多义性、同级别分解，在搞清楚走势必完美这一第一定理以及能够熟练地划分各级别走势段后，是顺理成章的事情，并不需要特别分析，原文中对这两个部分介绍得很清楚。

同级别分解中，只有一种特殊情况，就是对盘整的处理。

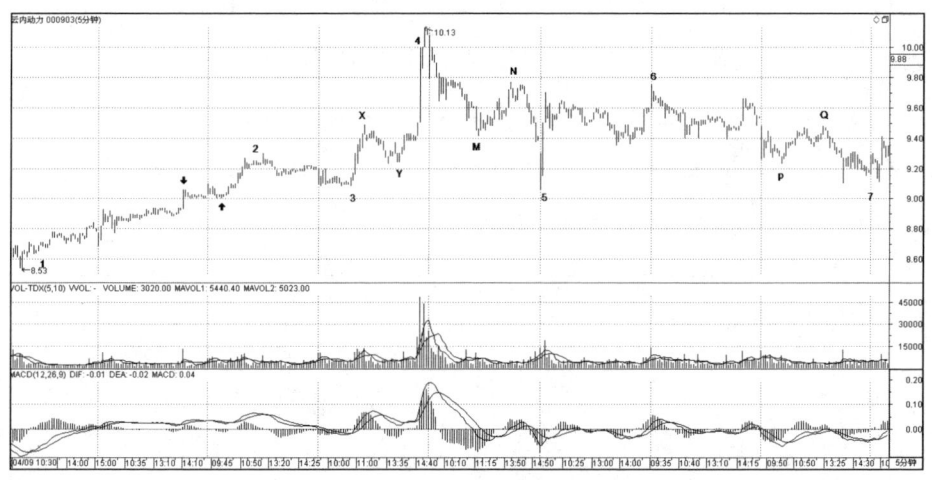

图4-4　云内动力5分钟走势节选

从1的位置开始，1—2段的5分钟走势类型不难分辨，2位置的次级别背驰点也很清晰（关于黄白线创新高，红绿柱子不创新高且面积减小的辨别方法在指标章节里详细介绍）。有人可能会问，2前面还有一个小波红柱子（向下箭头位置），也没有创新高，面积也减小了，为什么不是背驰点？通过细节的分析，在对应位置的向上走势刚刚突破5分钟中枢，并且在2之前的那个很小的盘整（上下箭头之间）之前那几根K线的激烈上冲，级别显然小于1分钟。也就是说，从1开始的5分钟级别上涨形态的第三段次级别走势还没有完成，根据走势必完美，除非是以小级别背驰转大级别反转的形式将这个5分钟走势类型破坏，否则第三段1分钟走势类型是一定要完成的。到2的时候，通过前后走势的对比，盘整背驰就很清晰了，然后是三段次级别走势类型构成的2—3段，次级别盘整背驰且不创新低，构成第二买点，随后展开第三段。操作中，如果是按5分钟级别分解操作，在2位置退出，3位置重新介入。

第三段有点特别，3—X显然是次级别走势段，随后的X—Y也是次级别走势段，但X—Y段与2—3段产生重叠，构成貌似30分钟中枢的形态。如果站在30分钟的视角，是可以作为30分钟中枢处理的，但在5分钟的视角下，从3到Y显然是一个未完成的5分钟走势段的前两段，也就是说，一定有一次向上来完成该走势类型，随后到4。

这时，1—2、2—3、3—4段就可以比较盘整背驰了，显然3—4段并不构成对1—2段的盘整背驰，所以就继续持有。这里还有个细节问题，4位置有个最小级别的盘整背驰，如图4-5所示。

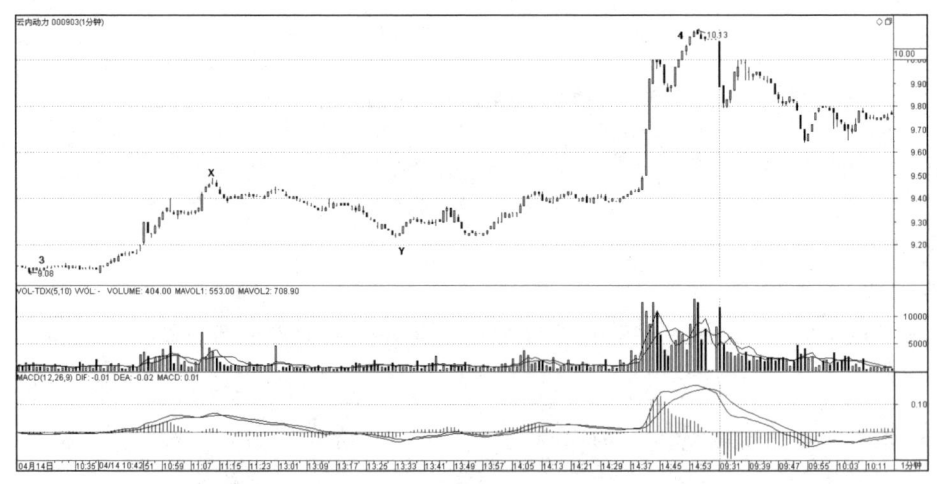

图4-5 最小级别的盘整背驰

在3—4段不是背驰段，Y—4段与3—X段不构成盘整背驰的情况下，4

位置的最小级别背驰，最多制造一个 1 分钟级别的中枢，很多情况下就是盘中一个回档就结束了。按 5 分钟同级别分解的操作，从 3 开始的 5 分钟走势段在走到 4 位置的时候，并不能判断该走势段的结束，所以就要持有。

4 之后，两根大阴线的下跌制造了一个 1 分钟中枢，随后稍微反弹了一下继续下跌，并制造了 5 分钟图即图 4-4 中，4—M 段中间的第二个 1 分钟中枢。这时就该意识到，最小级别背驰引起的 1 分钟级别下跌形成了，如果在 5 分钟级别分解视角下，下一个 1 分钟级别不能创新高或者与 Y—4 段盘整背驰，就可以确定由 3 开始的 5 分钟走势段结束，并且结束点在 4 的位置。这里可能有人问，为什么不在 N 位置？当 MN 段未走出来之前，是不能确定从 3 开始的 5 分钟走势段结束的；而在 MN 走出来，明显盘整背驰且不能创新高时，4 位置的小级别背驰点就是从 3 开始的 5 分钟走势段的结束点，但在 MN 未走出来之前，是不能确定的。因为 MN 完全可能以不背驰的力度拉升，使该 5 分钟走势段向上延续。

后续的 MN 明显盘整背驰，很多人在这里以为会继续上涨，从而影响收益，这里给出一般解决方案，如图 4-6 所示。

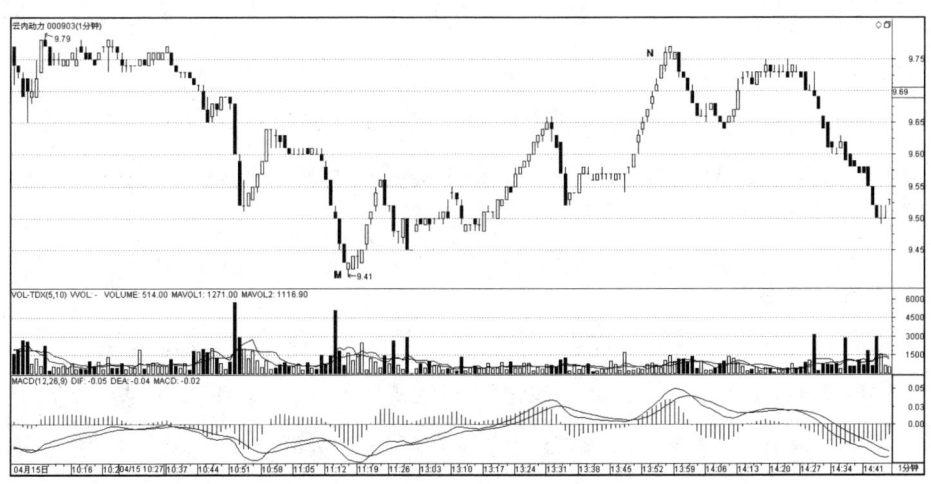

图 4-6　MN 段次级别走势

从 M 段开始上涨就知道，该上涨形态的走势段需要比较的是 3—4 段，而3—4段是非常强劲的拉升，MN段如果不能以连续拉升的形式上涨，就一定会形成盘整背驰。从5分钟图（图4-4）上来看，显然力度是不够的。而在次级别中（图4-6），MN段在最高点的时候没有背驰，但在N下来后的再次上涨中，标准由盘整背驰且不能创新高制造的第二类卖点就构成了。从细节看走势，N点之前的拉升是直线式的，回调下来之后的上涨如果不能保持相同的斜率或者不能以直线拉升的形式上涨，则一定构成盘整背驰，那么N位置后面的小平台就是最好的卖点，该卖点为第二类卖点。从5分钟图中的盘整背驰到1分钟内部的盘整背驰，判断N位置的卖点是不难的。

再次强调一下第二类卖点，当下以不背驰的力度的上涨结束后，一次回调后的再次上涨，不能创新高或者盘整背驰都构成第二类卖点。在小级别的走势中，创新高段不背驰的情况，这往往就是最好的卖点，因为没有第一卖点。

回到之前的同级别分解中，由三段次级别走势类型构成的5分钟走势段4—5应该没有疑问。5开始的上涨很快回到M点之上，根据走势必完美，从5开始的三根5分钟K线级别明显小于5分钟级别，因此，站在同级别分解的视角下，从5开始的走势一定至少形成三段1分钟走势段的重叠，从而完成5分钟走势。该走势段在6位置完成，是a+A+b的结构，MACD红柱子因为走势的剧烈变化而失真，6位置的盘整背驰从走势的力度上有着明显的对比（强调，背驰是走势段的背驰，不是MACD的背驰，MACD与均线以及其他指标都是辅助判断的工具，图形结构是根本，一定不要本末倒置）。

随后展开后一段的5分钟走势类型，P点不构成从6开始的5分钟走势段的盘整背驰，而只是第三段次级别走势的背驰点。随后到Q，形成中枢扩展，PQ段的次级别盘整背驰点足够标准，然后到7。以6—7段之间的5分钟中枢视角，Q—7并不是背驰段，但Q—7与前一段下跌明显盘整背驰。也就是说，从7位置之后，要么是围绕前6—7段5分钟中枢震荡，要么就是以第三类卖点的形式继续完成该5分钟级别走势类型，直至该中枢扩展或形成 5 分钟下跌趋势。

而在 5 分钟级别的同级别分解视角下，由 4—5、5—6、6—7 构成的三段 5 分钟走势类型的连接就形成了。虽然这时还不能确定 7 位置就是 6—7 段的结束点，但 6—7 与 4—5 的盘整背驰，Q—7 段的盘整背驰，两相印证下的区间套背驰，7 位置是 6—7 段结束点这一结论几乎就是板上钉钉的事情了。7 之后的上涨很快回到 6—7 段的中枢区间更是确立了 7 这个位置的完成点。

这时，整个走势结构就构成了 30 分钟上涨段 1—4 与 30 分钟下跌段 4—7 的连接。根据走势必完美，后面一定是一个新的 30 分钟走势段，从而可以从容安排后面 30 分钟走势段的至少三段 5 分钟走势段的操作边际。

上面的分析主要是走势分解的细节问题较多，但盘中的分析基本上是一瞬间的事情，并且不涉及任何事后解释，都是可以当下判断的。

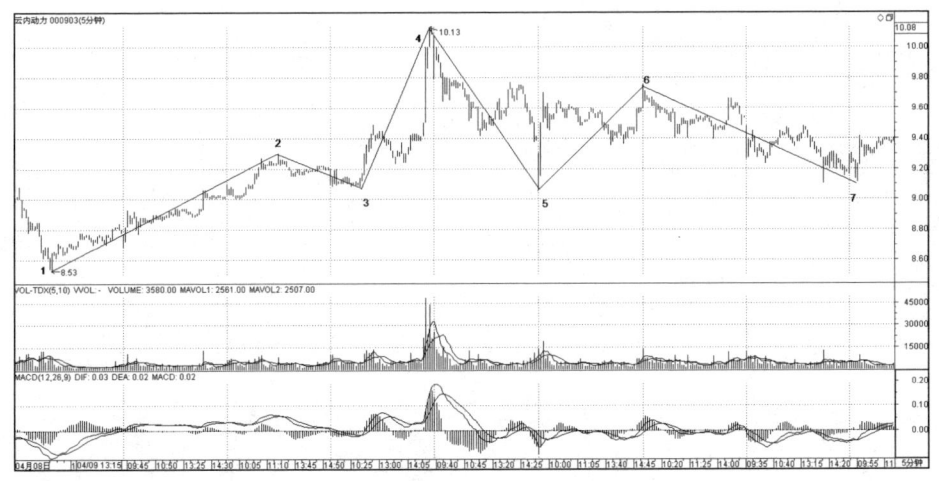

图 4–7

同级别分解后的整体走势结构就是六段 5 分钟走势类型的连接，通过盘整背驰与否，是否创新高、新低以及次级别的背驰点，买点与卖点是非常清晰的。该图唯一的难点就是 4 位置的操作，涉及小转大的情况，其他没有任何困难。

|第五章|

辅助的指标与其他

首先要明确，指标只是起到辅助判断的作用，并且几乎所有的指标都是为价格或成交量的变化而服务的。也就是说，用一定的公式，把价格或成交量作为参数，进行进一步的加工，使其更加直观。

首先，最根本的指标当然就是闪电图，每笔成交都能显示出来；其次是分时图，加工为K线，由K线再加工成均线，然后加工为其他指标。换句话说，在激烈变动的走势中，通过对价格变化的运算而设立的指标一定都是滞后的，但闪电图在实际操作中并没有太大意义，因为没有谁的操作需要精准到每一笔成交。

具有操作价值的第一手图形，当然就是K线图，均线已经是二手加工了。如果把K线图比喻为苹果，那均线就是苹果泥，MACD等指标就是苹果汁。这个观念是一定不能本末倒置的，对任何走势图而言，K线图的走势结构是根本，有了K线图的走势结构这一概念，走势类型、中枢、级别、背驰等概念才能明确，对于操作才知道所谓背驰是哪两段的力度比较。

再次明确，走势结构是根本，任何指标只是用来辅助判断走势结构所指示的当下走势所处的阶段与状态，以及根据常规经验，指标能够辅助性地对当下走势做出判断。但并不是说指标就是所有了，任何指标都必须在走势结构判断的基础上才能起到相应的作用。

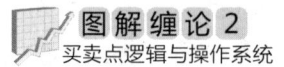

第一节 均线系统

关于均线的缠绕与各种吻，在本书的第一章中就有介绍，这里不再重复。均线并不是只有 5 日线和 10 日线两根，通常使用的都是从 5 日线到 250 日线的一个均线系统。一般的，均线系统在实际操作中能够起到辅助判断作用的有支撑与压力、牛市早期的板块轮动两大部分。

一、支撑与压力

一般软件的均线系统都能分为 5 日、10 日、20 日、30 日、60 日、120 日、250 日共 7 条均线。120 日一般称为半年线，250 日一般称为年线。当然，这些参数的值都是可以调整的，比如调整为 3 日、5 日、8 日、13 日、21 日、34 日、55 日、89 日等。在使用均线对走势的支撑与压力进行辅助判断时，需要注意的只有一个地方，就是均线的参数设定，要使均线与走势相吻合。也就是说，在当前下跌、上涨或盘整走势中，该均线系统中，各个高低点都在相应的均线附近。

比如上证指数从 6124 点到 1664 点的下跌过程中，反弹一旦碰到 10 周均线就掉头，那么该 10 周均线就是判断该下跌段结束与否的重要标志。一旦反弹力度较大突破 10 周均线，并且随后的回调能够站稳，即意味着之前的下跌告一段落。而无论是上涨还是下跌，都是逐步进行的，当走势回升突破 10 日均线站稳后，就在 10 日和 20 日均线之间运行。

此外，对于中线的走势，值得关注的是年线与半年线。一般来说，走势下跌结束后的上涨，突破多道均线后，都会在250周线附近受阻，多表现为碰到年线后回调，或者干脆就在年线下盘整蓄势。而一旦突破250日线，通常都会进行回抽确认，图形的表现为下跌或者盘整。这种突破250日线后，在250日线之上进行整固的走势形态，通常都伴随着后续的主升浪。

对于实际的操作，比如日线或周线操作级别，在周线第二买点买进后，随后的上涨都会依托5周线向上。精确的操作方式当然是次级别顶背驰卖出，但如果判断不太熟练，就看好5周线，周线图中5周线不跌破就持有，这样可以避免受到日线走势中各种次级别中枢的干扰。很多人在买点买了，涨了一点就被洗盘洗出来，失去后面大截的利润，就是没有搞清楚这层关系。5周线都没破，调整最多是30分钟级别，站在日线和周线操作级别的视角下，这种级别的调整最多用来做短差，时间不充裕的操作者甚至可以不管。

均线系统与各个级别的图形还有一层对应关系。30分钟图中的半年线，对应15分钟图中的年线；60分钟图中的5日线，对应30分钟图中的10日线；5分钟图中的120日线，对应30分钟图中的20日线；30分钟的10日线，对应5分钟图中的60日线。这对于短线的操作是有一定辅助作用的，比如30分钟级别的操作中，买点进入后，30分钟进入单边上涨，就可以根据5分钟图中的60日线辅助进行短差的判断。首先，30分钟的10日线不跌破即意味着单边上涨继续，而在5分钟图中，远离60日线一般都会再回来，回调到60日线之后再上去，根据5分钟级别走势段或者次级别走势段的背驰与否，配合60日线的考量，判断上会容易一些。

此外，对于走势来说，各级别均线对当下走势都有一定的吸引作用。对于短线而言，远离5日均线的走势一定是无法持久的，对于上涨中的远离，一定会以横盘的形式等待5日线跟上来，或者干脆以下跌的形式去靠近5日线。这个吸引的作用对于所有周期的均线都有效，不过对应的时间周期有所不同而已。例如，远离250日线的走势是一定会回来的，但整个过程可能就需要一年时间。

对走势中枢而言，均线的辅助作用比较明显，但并不是很精确。一般的，在一个下跌或上涨趋势中，相同级别的中枢最右边，一般都对应着某一根均线，比如30日线。但这是种很模糊的方式，比如中枢延续或者扩展等情况中，这种方法就完全无效。

二、板块轮动的辅助判断

均线系统中，当下7条均线的位置将价格分为8个层次，对应走势当下所处位置，这时就可以将当前股票的走势强弱根据均线进行完全分类。最弱的显然是在5日线之下，随后是在5日线和10日线之间，最强的在250日线之上。

这样，就可以用均线将所有股票的走势强弱进行归类，由于轮动经常是板块间的轮动，所以加上板块这一因素，就可以将牛市初期的板块轮动顺序进行排序。也就是用均线系统将各个板块的走势强弱程度进行排序，据此判断板块轮动的顺序。

（1）把股票走势强度按均线划分，分为8个等级，等级系数从弱到强分别为0.1、0.2、0.3、0.4、0.5、0.6、0.7、0.8，成为"强弱系数"。

（2）在某一特定板块中，根据当前价格将板块中所有股票归入相应的"强弱系数"中，统计出来0.1强度下的a个、0.2强度下的b个、0.3强度下的c个，以此类推。

（3）将各层次的强弱系数乘以该系数下的股票数，然后相加，即0.1×a+0.2×b+0.3×c+…+0.8×h，得出总和。

（4）再将相加的总和除以该板块内的股票数，得出的数值就是板块强弱指标。

将所有的板块强弱指标列出来，再从高到低排序，板块轮动的大致顺序就可以看得非常清楚。如果编程能力比较强，更可以将上面的公式编成指标公式，根据股价的实时变化使所有板块的强弱指标呈现在一个界面上，并将实时变化的点呈现出来，这样一个非常精确的板块轮动指标就做好了。对照板块轮动指标操作，对中短线的交易帮助是极大的。

还有一种比较简单的方法，就是将每天的板块排行榜保存下来，每天一列地陈列在表格中，追踪各个板块的排名变化，也可以大致推算出下一轮启动的是哪几个板块，但这种方法相对于"板块轮动指标"就模糊多了。

其实板块轮动指标在缠论原文中联系上下文来看，讲得很清楚，但很多人并不习惯从整体上去看一个点，所以就造成很多人对此很难理解，因此特别加了这一节，把板块轮动的计算方法完全公布出来。

需要注意的是，这种方法只适用于牛市初期，到牛市中后期，基本上所有的股票价格都在年线之上，这套适用于日线走势的方法就完全不适用了。但可以将级别提高，比如用在周线级别图或者月线级别图中，不过结果就不如在日线中那么精确了。

关于板块轮动，本节内容特指利用均线系统的特点而制定的板块轮动判断方法，而操作中有另外一种更实用方法，但需要操作者对理论非常熟悉的板块轮动判断方式，后文中会单独介绍，掌握这种方法，尤其对短线操作作用是巨大的。

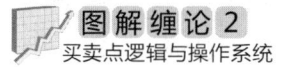

第二节　MACD 指标

缠论中，用到最多的就是 MACD 指标对于背驰的辅助判断，这也是应用缠论的难点之一，很多学习缠论的人因为所谓的背了又背等问题而否定缠论，说到底还是对走势类型的划分没有掌握，与 MACD 没有什么关系。例如，日线中枢下方再形成一个 30 分钟中枢，再在该 30 分钟下方形成 5 分钟中枢，如果该背驰符合区间套的话，在日线上就会显示出 MACD 的绿柱子一波比一波小。而实际上，由于日线中枢的存在，至少在日线图中，是应该把日线中枢下方这些一波比一波小的绿柱子面积加起来，与该日线中枢之前的 30 分钟下跌对应的绿柱子面积对比，而在对理论掌握不好的操作者眼中，MACD 明显背了又背，仅此而已。

再次说明，面对上面所谓背了又背的情况，对走势结构的分解是第一位的，走势结构分解出来，才能知道哪一段走势与哪一段走势相比，然后才用到 MACD 来辅助判断背驰与否。

缠论中，提到的 MACD 用法中，基本有以下几类：

黄白线与红绿柱高低问题、两次回抽、双头形态、扩张型三角形 MACD 形态、乖离、多空分辨、背驰判断、盘整背驰判断、参数问题、高低级别配合。其中，关于乖离的判断，原文中讲得很清楚，本书中不再重复，对其他几类，下面单独阐述。

一、背驰与黄白线、红绿柱

用MACD辅助判断背驰，一定要搞清楚是哪两段走势类型进行对比。比如，30分钟级别的上涨+盘整+上涨形态中，用来对比力度的就是两段上涨，显然第二段上涨必须是完成的走势类型，也就是说，第三段上涨必须至少完成5分钟级别的三段走势。而中间的盘整，一般会把MACD的黄白线拉回到零轴附近。

上面是a+b+c的情况，另外一种a+A+b的情况中，A一定是比a、b级别更大的盘整走势。比如A是30分钟中枢，那么a与b就最多是5分钟级别走势类型。在30分钟图中，这个A也会把MACD的黄白线拉回到零轴附近。

零轴附近，可以在零轴上，也可以在零轴下，但一般都不会太远。另外，走势如果比较强，中枢呈向上奔走型的形态，黄白线不一定被拉到零轴，而很可能在零轴上方较远的地方飘着。

对于背驰，标准的MACD形态表现为黄白线不创新高，红绿柱子不能创新高，且面积变小。

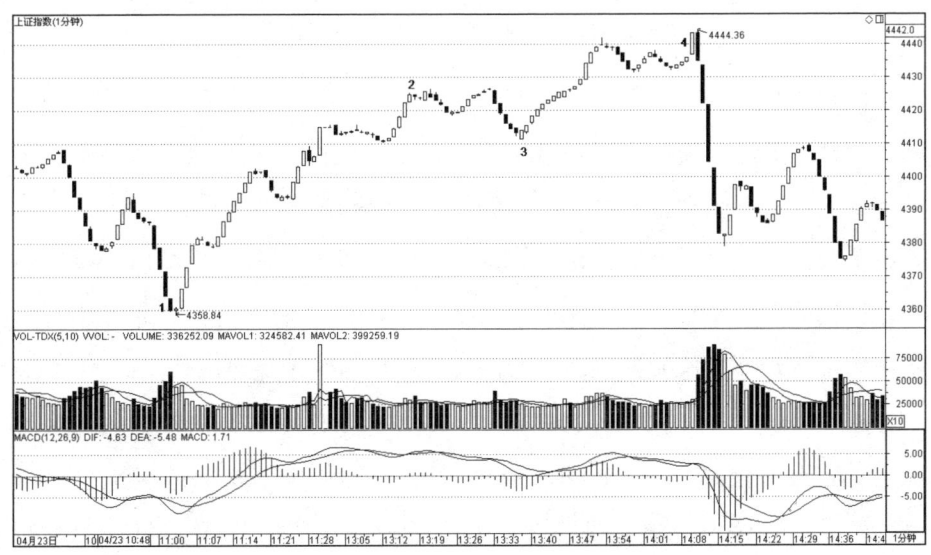

图5-1 a+b+c走势结构的盘整背驰

图 5-1 中，1—2、2—3、3—4 分别是次级别走势类型，当然如果规定为 1 分钟走势类型也可以，只是名字不同而已。其中，1—2 段为上涨形态，在 2 位置以顶背驰结束，2—3 回抽零轴，随后的 3—4 段无论是黄白线高度还是红柱子面积与长度，都比不上 1—2 段，构成最标准的盘整背驰 MACD 形态。

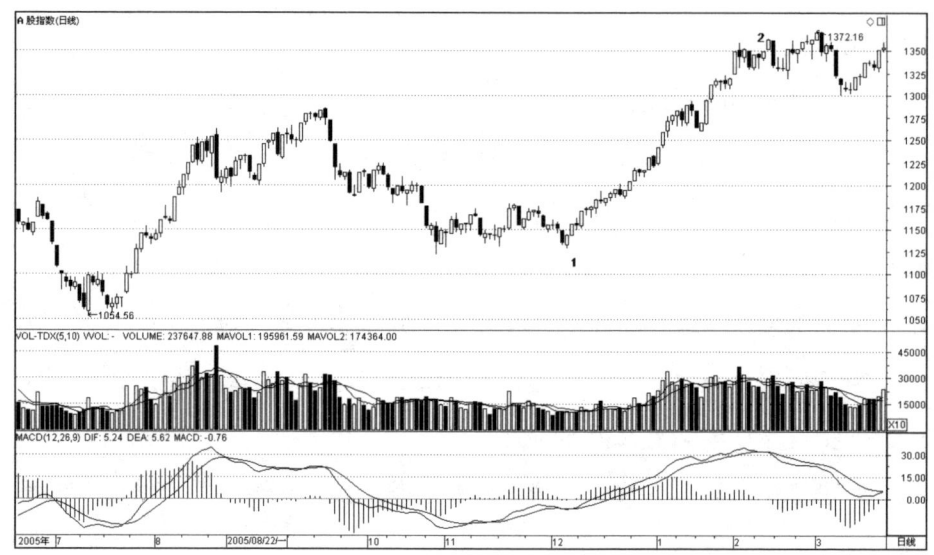

图 5-2 黄白线创新高，红柱子缩小的情况

而在图 5-2 中，1 到 2 之间很明显在走势的后期，黄白线仍然创新高，但红柱子却在缩小，这种情况都不是本级别图中的背驰，而是由次级别或次级别以下级别背驰造成的。如果是该级别的背驰，那么至少 1—2 段要由该级别三段走势类型连接，其中，中间那段会把 MACD 黄白线拉回到零轴，比如 2 位置之后的盘整形态，把黄白线拉回来再上去，才可能有本级别的走势背驰。这就是原文中黄白线创新高但柱子缩小的情况。

图 5-3 中，从底部上来到 A 点，显然是没有周线级别背驰的，为什么呢？因为 A 之前的那个中枢并不是周线中枢，也不是周线级别走势类型，所以走势到 A 位置只是日线级别上涨形态，对应的 A 点黄白线创新高，但红柱子面积小于前一波红柱子。随后展开周线中枢的构造，该向上

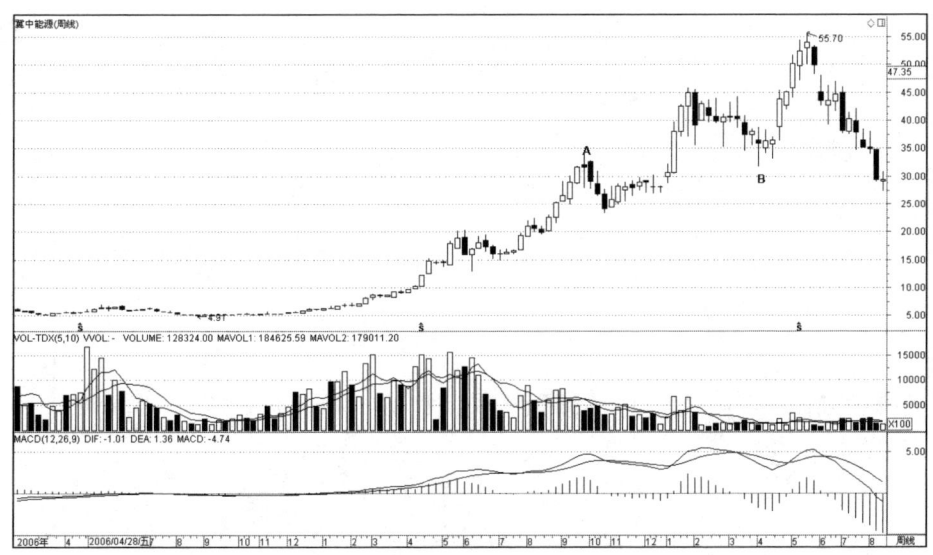

图 5-3　a+A+b 形态以及黄白线创新高情况 MACD 背驰辅助判断

奔走型的中枢并没有将黄白线拉回到零轴，而是在较高的位置形成两次回抽。AB 完成后，从 B 点再上去，这里有两种判断方式：第一种是 B 之后的上涨与 AB 之间的上涨比较，看是否盘整背驰。如果第二段上涨完成得较快但时间不能持久，就会形成黄白线创新高，但红柱子面积不能增大的情况，这也构成背驰；如果第二段上涨的力度较小，那么黄白线不会创新高，红柱子伸长高度也不能创新高，同样构成背驰，图 5-3 中 MACD 就是力度与时间都不如上一次的表现。

　　第二种是以 AB 这一中枢为中心，判断前后走势的力度。这时就不能依照黄白线创新高而红柱子缩短是次级别背驰的原则了，而是看红柱子伸长高度与形成面积。有些走势虽然力度不如上一次，但小级别的上涨延续会使红柱子不断出现，虽然伸长高度不能创新高，但形成一大片的红柱子，面积就会比上一次要大，这时是没有背驰的。最近的上证指数 1 分钟尾盘就是典型的案例。

　　图 5-4 中，3—4 与 1—2 对比，显然不是 1 分钟级别背驰，而只是

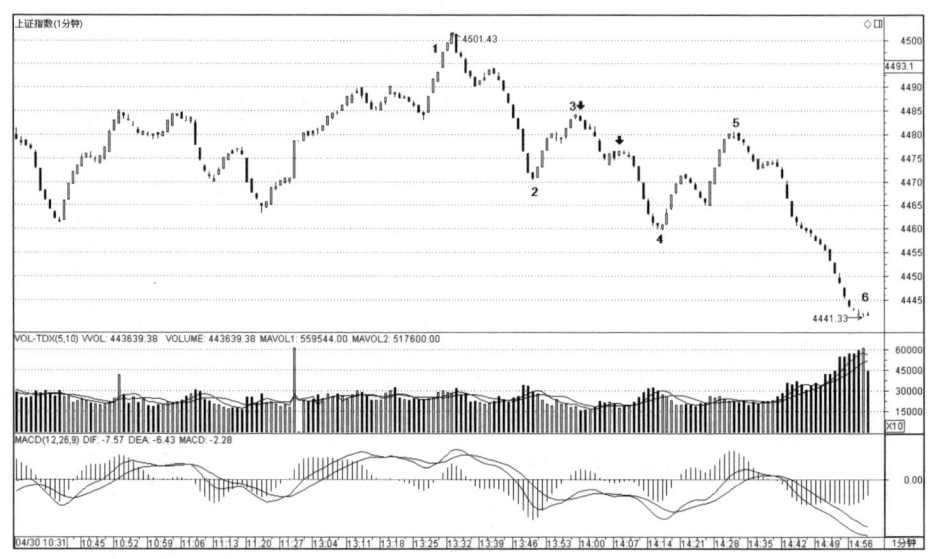

图 5-4

更小级别的背驰中造成的,虽然绿柱子面积与高度都不能创新高。这样的盘整背驰中,被理论所保证的回抽至少到 2 这个位置,随后因该盘整背驰反弹到 5 构成 1 分钟中枢,随后 5—6 段与 1—2 段相比,虽然绿柱子高度不创新高,但无论是面积还是黄白线都显示这不是背驰段。不过 5—6 段本身在其次级别或更小级别中是有背驰的,这怎么判断?5—6 段中间很微弱的由下跌 K 线组成的小平台,构成极小级别的向下顺势平台型中枢,其后继续下跌到 6,股价创新低,但绿柱子却不再创新低。而图中的两个向下箭头处就是所谓的黄白线的两次回抽,构成下跌中的一个小级别中枢。

注意,本节内容的举例只是为了说明背驰与黄白线以及红绿柱子之间的关系。实际分析中,当下的走势是在更大的走势结构中存在的,受到整体结构的影响,操作中的分析应该是综合性的视角。例如,图 5-4 中 4—5 段上涨,虽然内部结构没有背驰,但 4—5 段与 1 之前的那一段上涨比较是明显的盘整背驰。在这样的结构中,1—2、2—3、3—4 就构成了一个 1

分钟中枢，4—5段与1之前的那段上涨构成针对该中枢的中枢震荡，并且在1之前的那个小级别中枢下沿处，继3位置后再次受阻。这些综合性的分析与判断需要分析者对走势能够进行综合性与多义性的分析，学习者自身要多练习才能掌握得更好。

二、MACD两次回抽

这种回抽分为两种，分别是黄白线从零轴下方上来后的回抽与黄白线从零轴上方下来后的回抽。

图5-5　黄白线在零轴上方两次回抽

一般来说，无论回抽方向如何，这种两次回抽都形成下跌或上涨形态途中的第一个中枢。在零轴上面的回抽构成典型的启动形态（这里必须注意，不是第二买点，关于第二买点的分辨在本书前半部分）；而零轴下面的两次回抽，一般都还有一波下跌，也就是两次回抽上不来的情况。

既然是回抽，当然就是跌破或者升破之后的回抽。对于一段下跌来说，黄白线在零轴下方，第一买点后的第一次次级别上涨将把黄白线拉回到零轴之上，随后有两种情况：完成第二段b或者完成第一个中枢A。两

图5-6 黄白线在零轴下方两次回抽

次回抽就是对应b的次级别三段或者A的次级别三段情况。而上涨结束后,下跌中的两次回抽,就是黄白线在零轴上方跌破的情况,与上面一种情况反过来就可以了。

在两次回抽对应第二买点的情况中,b段一定是盘整或者波动比较剧烈的下跌形态。根据走势必完美,b段的次级别三段是一定要完成的,这次级别三段的第一段与第三段将形成MACD黄白线的两次回抽。而对应于形成A中枢的情况,次级别的A_1、A_2、A_3与a是同级别走势类型,这里的区别不难分辨。

三、双头形态

双头形态中,对应的一般都是次级别中枢,在次级别走势图中,通常是MACD黄白线在高处下来的两次回抽。这种两次回抽与前面的两次回抽不同,前面那种要求黄白线穿过零轴,而这种次级别回抽却不一定。

再来分析双头后的走势,第一次回抽构成该次级别中枢的第一段,随后上来,再一次回抽构成第二段,体现在高一级别的图中就造成MACD黄

第五章 辅助的指标与其他

图 5-7 MACD 双头形态

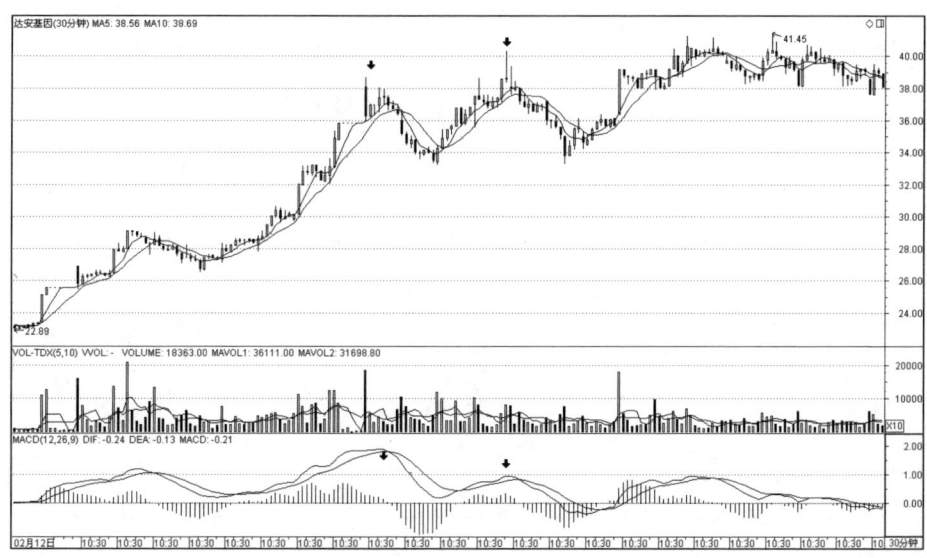

图 5-8 上图 MACD 双头形态处的次级别走势

白线的所谓双头形态。一般来说，中枢后面都会将原趋势延续，比如上升途中的双头后还会延续上升形态。

四、扩张型三角形 MACD 形态

既然是三角形,当然分为两种:一种是扩张型,另一种是收敛型,分别对应上涨中的次级别背驰与下跌中的次级别背驰情况。

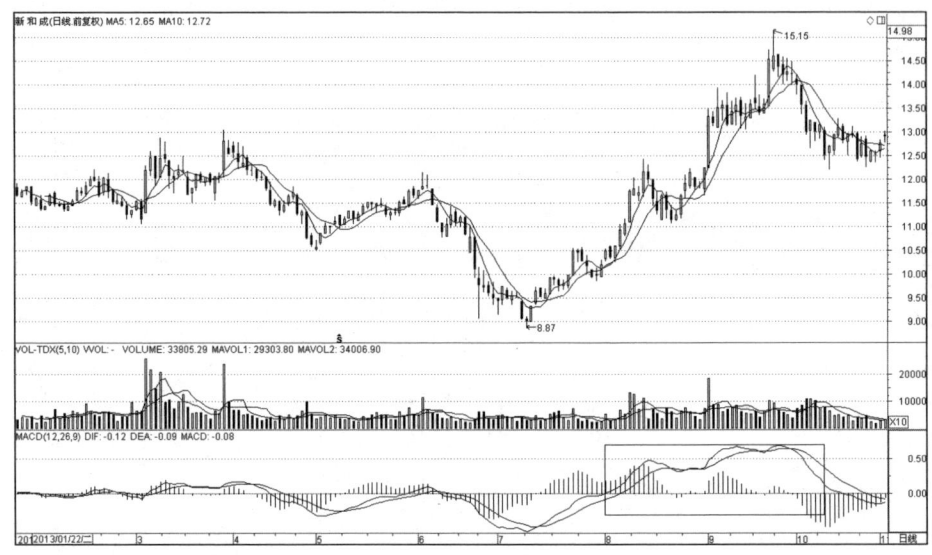

图 5-9 MACD 扩张型三角形示意

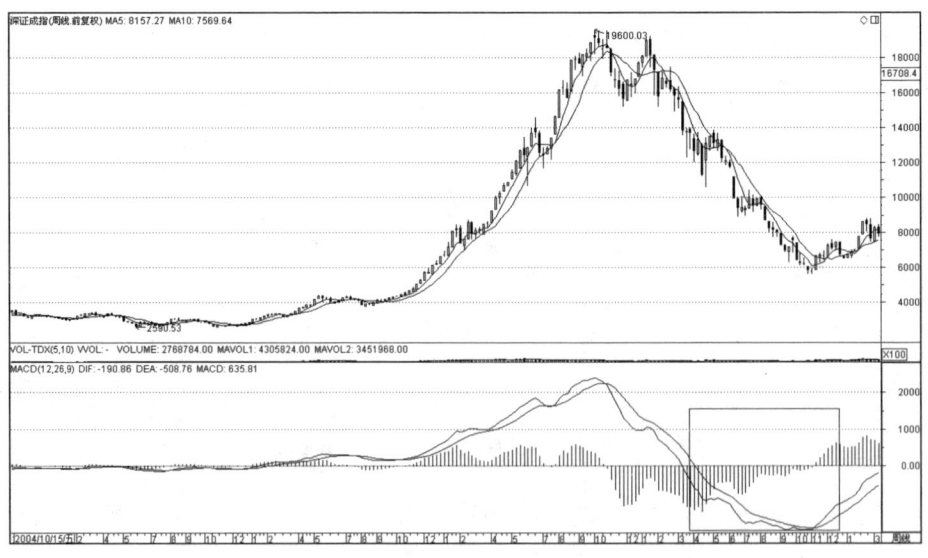

图 5-10 MACD 扩张形态示意

| 第五章 辅助的指标与其他 |

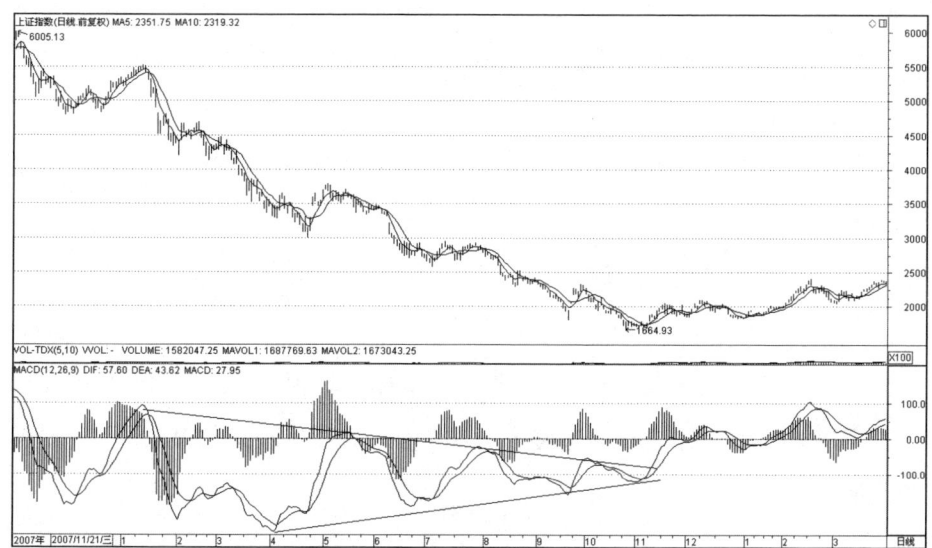

图 5-11　MACD 收敛型三角形示意

图 5-12　MACD 的收敛形态示意

上面给出了 MACD 的三角形的几种常见形态。

第一个，股价不断创新高，黄白线不断创新高，红柱子不断缩小，一般都是次级别背驰。

第二个,股价不断创新低,黄白线不断创新低,绿柱子不断缩小,一般也是次级别背驰。

第三个,黄白线不断震荡收敛,下跌过程中的各级别背驰影响最终都要突破。

第四个,黄白线不断创新低,绿柱子不断缩小,中枢震荡,最终都要突破。

从经验的角度来说,上面三种一般都对应着 V 型反转,但不是绝对的,至于第四种,往往都伴随着 K 线图的收敛型三角形形态以及第三买点的回抽。

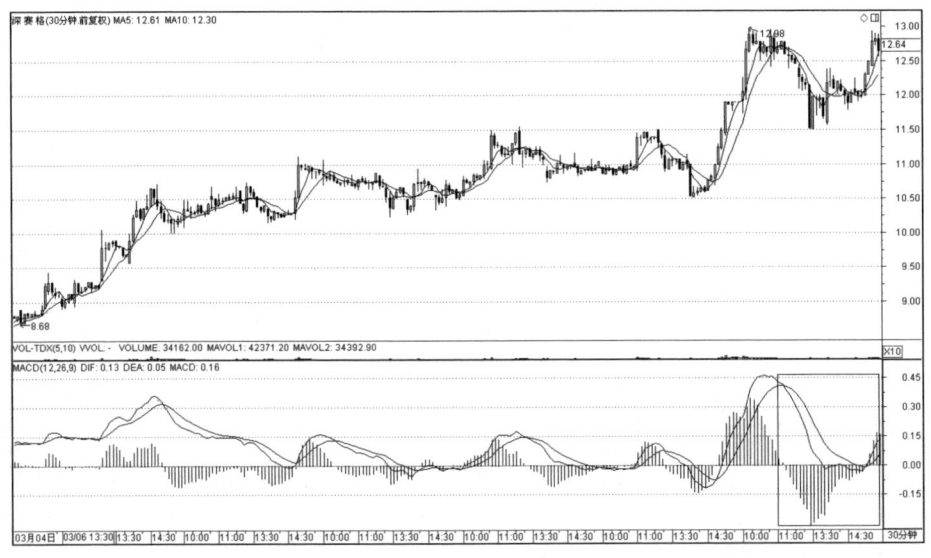

图 5-13　第三买点的 MACD 收敛型三角形形态示意

这些 MACD 的各种形态,在缠论原文中提到了一些,而一些朋友对此有些模糊,这里拿出来做个示意。真正影响操作和分析的,始终是 K 线图的走势结构。并不是出现收敛型三角形的 MACD 形态就一定有第三买点,买点是通过结构形态来构成的,与 MACD 没什么关系。

五、多空分辨

原文中提到，远离黄白线在零轴以下的股票，这是对操作者的操作系统而言。在上涨才能获利的市场中，或者对习惯操作多头市场的操作者而言，操作级别的 MACD 从零轴上方随着价格的下跌向下穿过零轴并回抽确认，说明市场已经进入空头主导，这时的操作方式就要改变。

多头市场中是先买后卖，卖完再买，以买为主；而在空头市场中是先卖后买，买完再卖，以卖为操作核心，这种节奏是一定要形成的。但对于操作不熟练的人而言，操作级别的图形转为空头主导，最好的选择当然就是离开，等待市场重新转为多头，也就是操作级别的 MACD 黄白线重新站稳零轴后再选择操作机会。

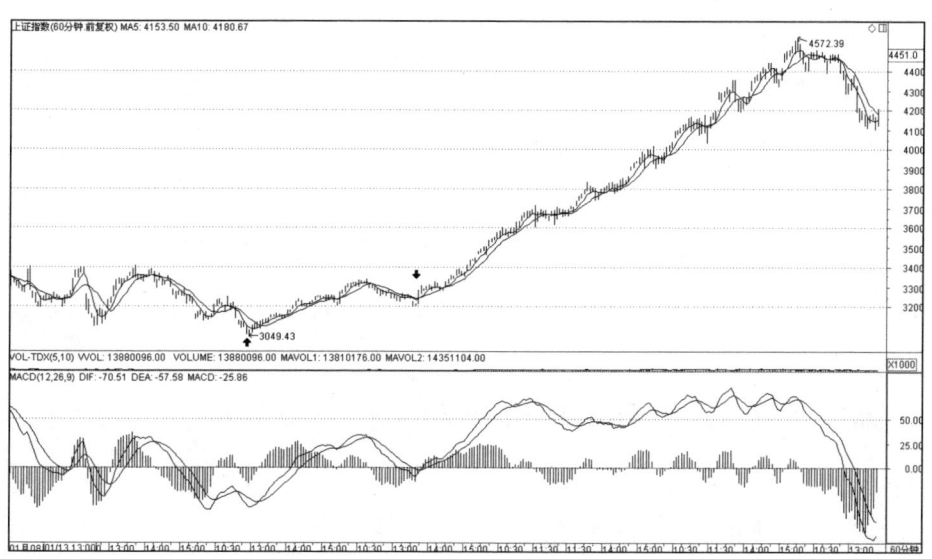

图 5-14 对空转换示意

上图中，走势在向上箭头处开始的上涨，将 MACD 的黄白线拉到零轴之上，随后在向下箭头处回抽确认，之后的黄白线一直在零轴以上波动，直至 5 月 1 日后，下跌将黄白线拉到零轴以下，意味着市场进入空头主导。

从分类的角度来讲，任何级别的 K 线图中，MACD 无非就是三种情况：黄白线在零轴上方波动的多头主导市场、黄白线在零轴下方波动的空头主导市场、黄白线围绕零轴波动的多空争夺市场。它们分别对应着单边上涨、单边下跌、盘整三种市场阶段。

六、背驰与盘整背驰

严格来讲，缠论中的背驰指的是含有至少两个同级别中枢的趋势背驰；而从走势形态的分类来讲，就有下跌式背驰、上涨式背驰、盘整式背驰，这里的下跌、上涨、盘整仅指走势的形态。

例如，在 a + b + c 的走势形态中，a 与 c 是下跌，b 为盘整，a、b、c 都是同级别走势类型，c 与 a 当然是可以比较背驰的。在缠论的原文中，未经细分的可以称为盘整背驰，因为 a、b、c 只构成一个高级别中枢，但在这里，就称为下跌背驰，上涨类型与下跌相反即可。

对盘整形态来说，a、b、c 走势段所经过的价格区间相差不大，呈盘整形态，实际上也就是属于中枢震荡的一种，这也是可以比较背驰的，类似于原文中的盘整背驰。

必须声明，背驰指的是走势段的背驰，而 MACD 是用来辅助判断背驰的，把 MACD 的背驰当作走势段的背驰是本末倒置。所谓背了又背就是这种本末倒置的典型。

对于 MACD 而言，中枢震荡中的两个相邻的同方向走势段，第二段的红绿柱子面积或高度小于第一段，一般都是盘整背驰造成的。

在下跌段中，黄白线回抽零轴后造成的绿柱子高度、面积、黄白线高度都是背驰的判断依据，最标准的当然是三者都比前面的走势段弱，但也有不太标准的，本书前文中都介绍过，在此不再重复。

这里值得讲的其实只有一点，就是 a + b + c 走势结构与 a + A + b 走势结构的背驰判断问题。设走势结构为 a + b + c + d + e，各走势段均为 5 分钟级别，b、c、d 构成 30 分钟级别中枢，于是该走势类型为 a +（b + c + d）+ e 的结构。有一种情况是这样的，e 段与 c 段相比并不背驰，但 e 段

图 5-15　a+b 的盘整式背驰和 c+d 的下跌式背驰

与 a 段相比背驰，这时应该围绕中枢 A 进行分析。也就是说，将 a 与 e 作为 A 中枢的中枢震荡的两段离开段，而不是把 e 与 c 相比。当然，在走势段的结构只有次级别 a、b、c 的情况中，c 只有与 a 相比。

上面的两种情况都属于盘整背驰，其中 a、b、c 段，c 是背驰段的情况下，d 段的高点是一定回到 b 段最低点之上的；但在 a+A+e 的情况中，e 与 a 段背驰的情况下，f 段并不一定回到 A 的区间，否则就没有盘整背驰转化第三买卖点的情况了。

另外，在 a+b+c 或者 a+A+b 的结构中，c 段刚开始的时候一般都是力度较小的，这时并不能确定 c 段与 a 段的背驰，因为 c 段还在完成中，小级别的延伸会使 c 段最终不成为背驰段。

图 5-16 中，假设从 1 位置开始分析，前面的不管。2 位置为什么不是顶背驰点这个问题，在本节内容的第一小节就分析过，这种黄白线创新高但红柱子缩小的情况一般都是次级别背驰引起的，同时 2 位置也完成了 MACD 的双头形态。3 位置因为 2 之前的那个中枢，所以就是 1—3 走势段

图 5-16 示意走势

的顶背驰点。而在 4 之后，就该图形来看，目前好像是与 1—3 段形成背驰，因为黄白线没有创新高，红柱子长度和面积都比不上前面一段，这种情况就要判断 4 之后的走势段是否结束了。例如，图 5-16 中 4 之后的走势段黄白线还在创新高，且次级别三段明显没有背驰发生，这时就要等待该走势段完成。小级别的不断上涨延伸会使得该背驰段最终不成立，当然也有可能成立，但成立与否在该走势段完成之前是无法判断的，能做的只是考察 4 之后的走势段的次级别结构。

七、参数问题

缠论原文中，缠师说他用的 MACD 指标的参数比普通的大一倍，这是操作风格的问题。参数大，就可以过滤掉很多杂波，与均线的参数是同样的道理。但在有些情况中，比如两段走势段的 MACD 红绿柱子面积相加不太直观的情况中，参数的调整有助于直观的辨别。

图 5-17 与图 5-18 对比，可以明显发现将 MACD 的参数调大一倍后，平滑度与直观性大大增加，也就是图形更加清晰，但 3 位置的次级别

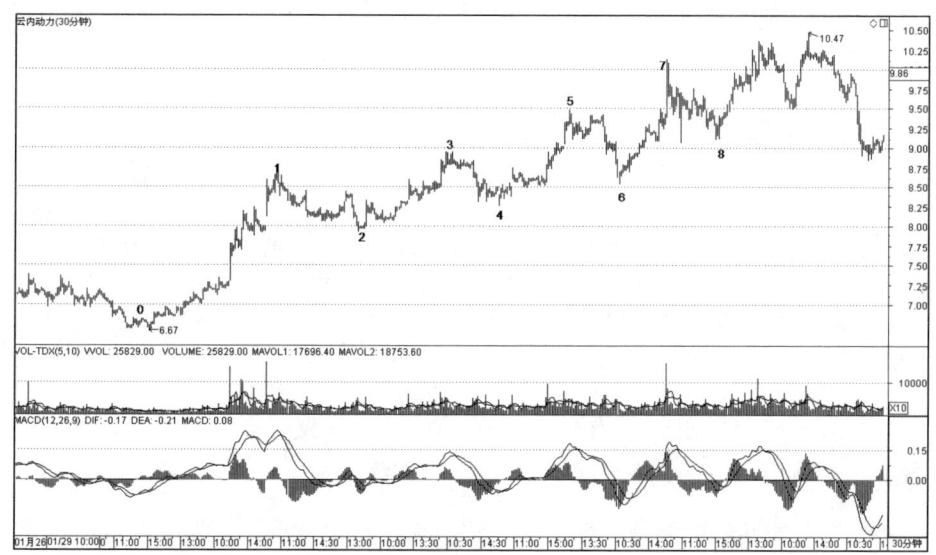

图 5-17 普通参数的 MACD 与走势段

图 5-18 参数扩大一倍后的 MACD 指标

背驰显然是无法在本级别图的 MACD 中体现出的。也就是说，参数调大了之后，一些次级别的波动在本级别图的 MACD 中被过滤了，说到底还是操作习惯的问题。有时用普通参数与调整过参数的 MACD 两相印证比较，也不失为一个好办法。

八、高低级别的配套问题

这个问题其实在第 6 小节中已经带着介绍了一些，需要补充的就是当 30 分钟上涨段的 MACD 黄白线创新高，红柱子也不断创新高的情况下，5 分钟或者 1 分钟走势段出现顶背驰的情况，这也是根据个人的操作习惯来判断的。

根据上面的描述，30 分钟的走势段显然还在延伸，那么 5 分钟或者 1 分钟的顶背驰最多可以打些短差。如果操作级别是 30 分钟，那就可以不管 5 分钟与 1 分钟级别的顶背驰，只需要关注是否出现小级别转大级别的情况即可；如果操作级别是 5 分钟，那么对 30 分钟级别的上涨走势段，在 5 分钟级别的操作中就应该以先买后卖为主。反过来也是一样的，在 30 分钟的下跌形态的走势段中，5 分钟的操作级别就先卖后买。也就是说，操作级别的操作方式，在一定程度上是根据高一级别的情况来决定的。

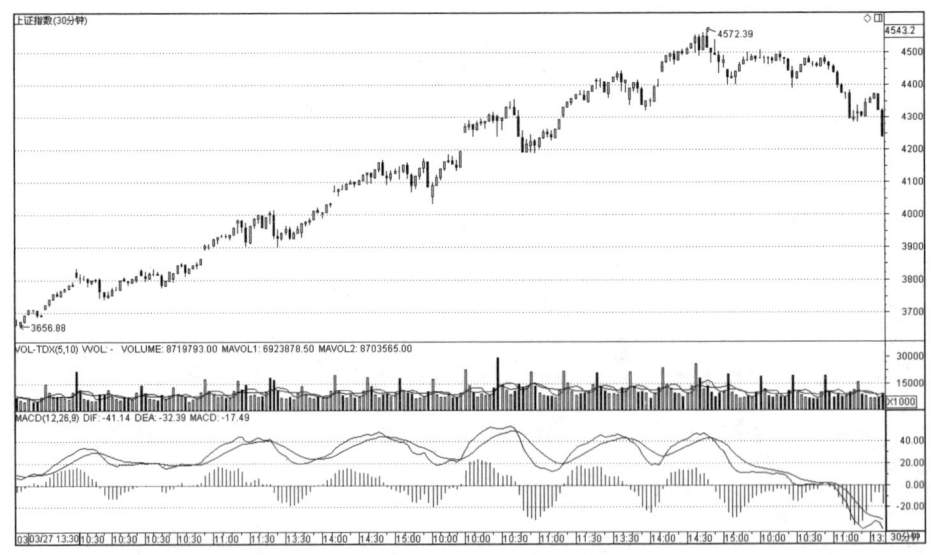

图 5-19　上证指数节选-普通参数 MACD

图 5-20　上证指数节选-大一倍参数的 MACD

图 5-20 中,从两种参数设定的 MACD 来看,显然处于 30 分钟的主跌段中,这时 5 分钟或者 1 分钟级别的底背驰显然没有什么操作价值,更何况最后两根下跌阴线是在第三卖点之后产生的。

一般来说,操作都是 3 个级别配套来分析,如果操作级别是 30 分钟,那么日线所处位置将决定 30 分钟级别的操作节奏,而 5 分钟级别的走势结构就可以用来做短差,并分析 30 分钟走势段的精确结束点。如何更好地综合分析 3 个级别的情况,进行最有效的操作,需要长期训练与实践,希望任何一个看过本段文字的缠论学习者都有这个意识。

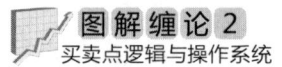

第三节　布林通道

一般在缠论中，布林通道可以用来辅助判断第二买卖点与中枢震荡的结束。当然，布林通道的用法远不止这两项，在单边市场中，上下轨的压力与支撑是短线买卖的重要判断依据，但这些都是缠论之外的内容，这里最多稍微提一下。

第二买卖点，用布林通道来辅助判断，b段为上涨或下跌的情况是最有效的，盘整的情况用处不大。

以第二卖点为例，在强劲的上涨走势中，往往本级别中没有背驰信号，那么在这些级别中，第二卖点就是最好的卖点。例如，a+b+c+d+e+f+g的走势类型中，a为上涨形态，c段与e段都创新高，而g段在创新高、最高点与e段最高点相等、不能创新高的三种情况中，第三种一定形成第二卖点，前两种则不一定，这时除了看走势段的力度与MACD，还可以用布林通道来辅助判断。

一般a、c、e段的最高点都在布林线最上面那根线附近，甚至突破，而当g段的最高点不能保持对布林线上轨的接近时，就形成标准的第二卖点。当然，如果g段创新高的话，也可能是第一卖点。

这部分内容其实多看图就清楚了，并不需要多加解释，下面给几张较为典型的图形案例，向下箭头处都是卖点，在布林线中看得更清楚。

另外，对中枢震荡结束点的辅助判断，同样适用于中阴身，其实也就

第五章 辅助的指标与其他

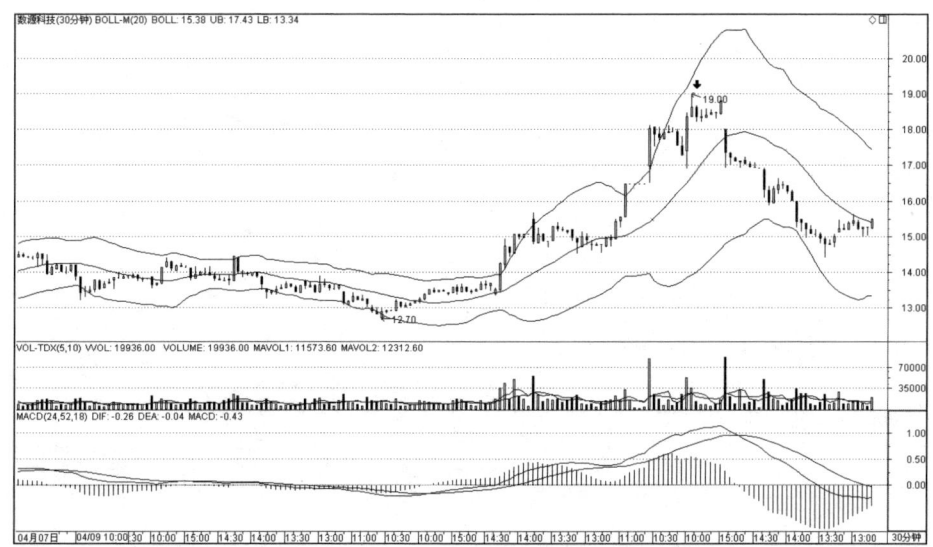

图 5-21 布林线判断卖点案例

图 5-22 布林线判断卖点案例

是类似中枢震荡的结束判断。某级别的中枢震荡在高一级别的图形中，布林通道都会收口，呈现一个大致均匀的通道式横盘，而该横盘的结束，一

图 5-23 布林线判断卖点案例

般都伴随着布林通道的收口。

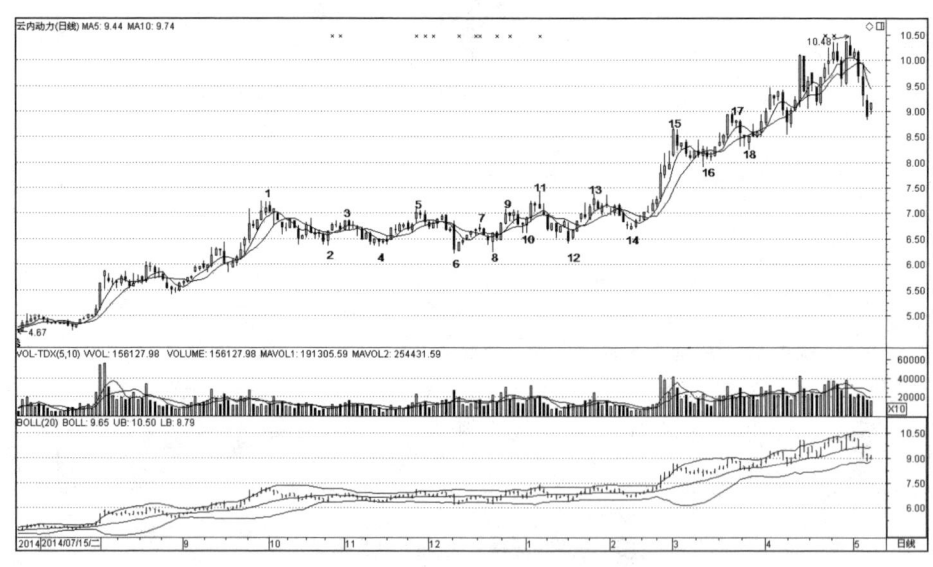

图 5-24 中枢震荡与布林通道

图 5-24 中,1—14 是个中枢震荡的过程,表现在布林通道中,就是

一个大致水平横着的通道，而这种走势结构的结束，往往可以通过高一级别的布林通道的收口来辅助判断。

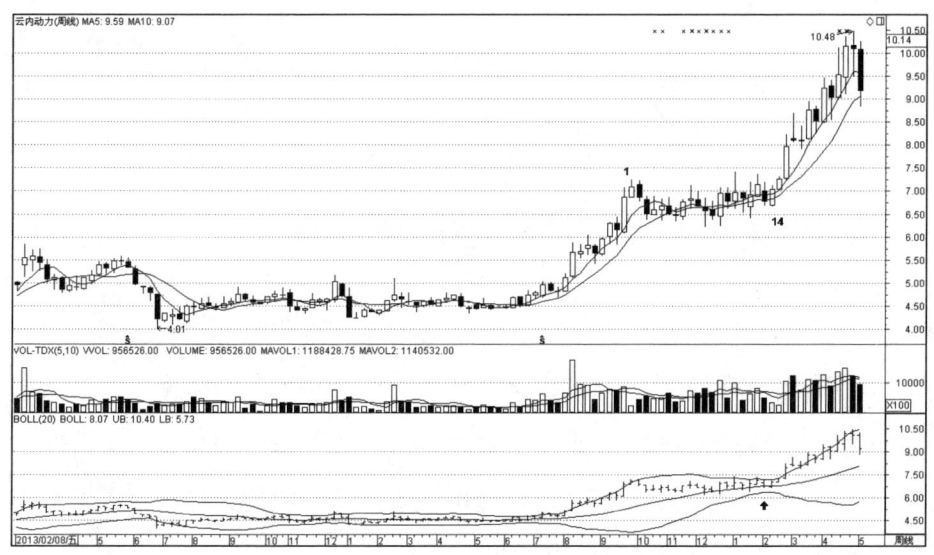

图 5-25　中枢震荡高一级别的布林通道收口

图 5-25 中的向上箭头处，布林线的上下轨开始靠近，呈现明显的收窄现象，随后就打破该盘整。在布林线中，这种收口一般都对应着走势方向的剧烈改变。

第四节 时间窗口

对时间窗口研究最复杂的无疑是江恩，但对单纯的时间窗口，包括江恩角度线、江恩价格法则、轮中轮等种种类似的方法，都只能是辅助性的运用，而并不是唯一的。所有这些理论其实都可以归类到神秘学或者玄学的范畴里面，而在实际分析与操作中，最大的效用就是共振。

形态学、能量学、神秘学，三者就可以构成不同类型的判断系统，多种因素的共振当然能够提高判断的准确率。例如，对盘整的结束判断，均线或布林通道的支撑与压力位置、布林线的收口、MACD黄白线从底部上翘并且绿柱子缩短，如果再加上横盘周期符合斐波那契数列，这种多层面多因素的共同作用，往往会使判断的准确性提高。

江恩理论的复杂程度，任何学习过的人都有深切感受，本书不阐述江恩理论，仅对缠论中提到过的、应用过的几个简单的时间窗口概念进行介绍。

一、斐波那契数列

斐波那契是一名意大利的数学家，他发现了一组神秘的数列，称为"斐波那契数列"。该数列的第 $N+3$ 个数字等于第 $N+2$ 个数字与第 $N+1$ 个数字的相加之和，并且 N 的值越大，$N+1$ 与 $N+2$ 数值的比，就越接近于黄金分割比例 0.618。

1、1、2、3、5、8、13、21、34、55、89、144、233……

以上就是该数列的开始,这样的规律可以一直延伸下去,但在股票中,一般到 233 就够用了。有些人的均线系统习惯用该数列作为均线参数,那么 MA233 就是年线,MA144 就是半年线,MA55 当作 60 日线,然后 34、21、13、8 作为 30、20、10、5 日线。当然这也是可以变动的,并不是什么硬性的规定,根据个人习惯、实际走势与不同参数均线的契合程度来决定。

除了均线,该数列在 K 线图中用到比较多的是配合走势形态,辅助判断某走势类型的结束。比如从最高点下来的调整,次级别盘整背驰的某根 K 线刚好距离最高点有 55 根 K 线,那么该盘整背驰点很可能就是该调整的结束点。

必须注意的是,该方法没有任何可以说明的现实理由,只是现实中经常出现的一种可能情况。另外,该数列中数字的一半,比如 34 的一半是 17,89 的近似一半 44 或 45,都是敏感时期的一种可能。

使用这种方法辅助判断,涉及从哪里开始数数的问题。一般的从某个最高点、最低点、横盘开始点,是比较常用的方法。下面举两个例子简单说明。

上证指数 2013 年 12 月 4 日开始,进入几乎完美诠释斐波那契数列的上涨倒计时(见图 5-26)。

通过计算,图中顺次相邻两个高点之间的 K 线数量,呈以下关系(见表 5-1):

表 5-1 K 线数量关系

区间	1—3	3—5	5—7	7—9	9—11	11—13	13—15
K 线数量	51	35	21	13	11	13	9

上面的数列极为接近斐波那契数列的 55、34、21、13、13、13、8,随着日 K 线图的震荡区间缩小,一个几近完美的、由该数列构成的、不断震荡夯实的底部,就这么构造出来了。当然这里还有更细微的分析,比如

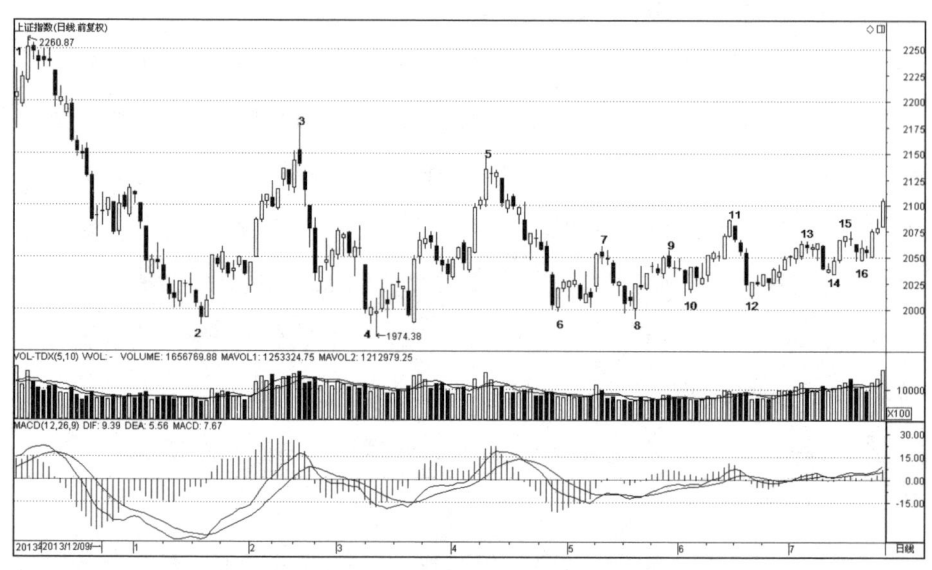

图 5-26　上证指数 2013 年 12 月 4 日至 2014 年 7 月 24 日走势

1—2 之间是 34 根 K 线，2—3 之间是 17（34 的一半）根 K 线等，读者可以自己去研究。

在盘整中，中国重工（601989）从 2014 年 10 月 14 日上午 10 点整的 30 分钟 K 线开始，至 11 月 20 日上午 10 点整的 30 分钟 K 线结束，构造出 30 分钟级别中完美的下跌 + 盘整 + 下跌形态，随后开始次级别上涨（见图 5-27）。30 分钟图（图 5-28）中，从 2014 年 11 月 20 日上午 10 点整的 30 分钟 K 线 5.7 元开始，到 24 日上午 11 点整，完成该 5 分钟上涨的第一段，随后展开以强势盘整形态构造第二买点的回抽。该盘整从 24 日下午 1 点开始，到 27 日上午 10 点整结束，一共经历 21 根 30 分钟 K 线，而这第 21 根 K 线，刚好又是从 5.7 元开始数的第 33 根 K 线，而该盘整准确地由第 34 根 K 线的拉升结束。

神奇数列的运用，随机性比较大，所以最好是在走势具有明显的形态特征时运用，但这也并不是固定不变的规律。市场一次次地以实际的走势形态验证了该数列的神奇性，并不意味着该数列在任何情况下都有其神奇

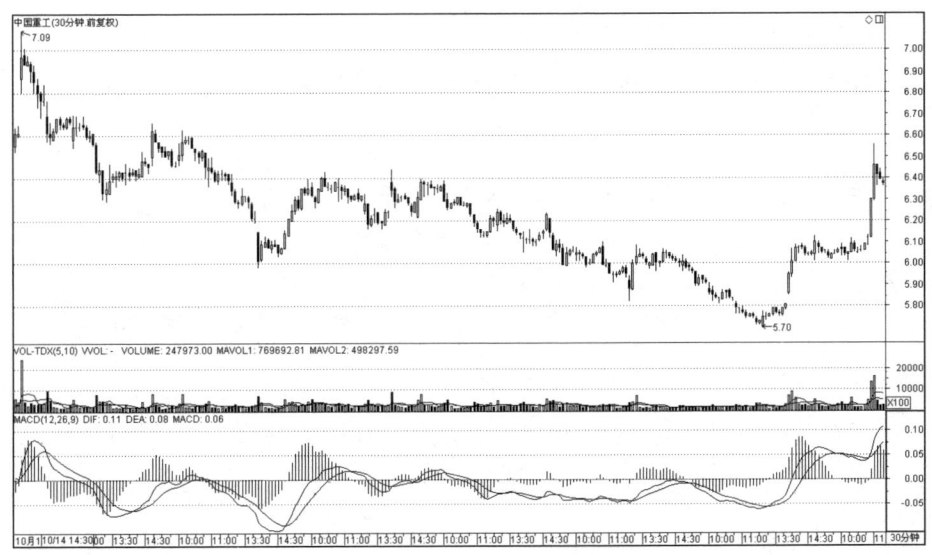

图5-27 30分钟级别下盘下形态与次级别第一段上涨全貌

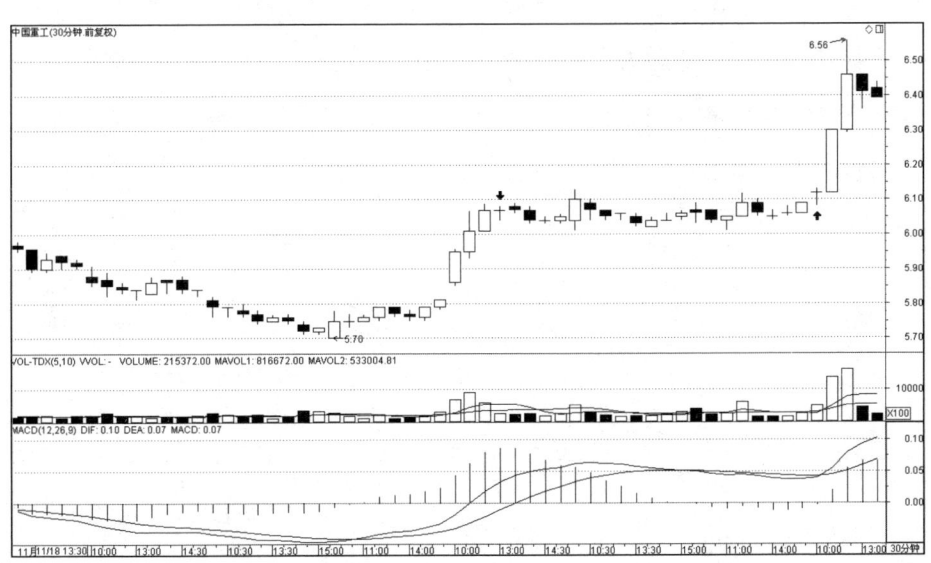

图5-28 完美的斐波那契数列演绎,上下箭头间为盘整

性,这是需要特别说明的。

比如图5-28,标准的第一买点、次级别第二买点,标准的图形结构,标准的神奇数列,几方面的共振将大大提高判断的准确性。

另外，从最高点与最低点开始计数的神奇数列 K 线，一般都比较敏感，如果该时间段再遇到形态上的特征或者事件的触发，走势发生强烈变动的可能性也会大大增加。

除此之外，最常用的是与圆相关的时间窗口。

二、圆

众所周知，圆一共是 360 度，一年是 365 天，该数字在股票走势中有时甚至比斐波那契数列的应验性更强。

最典型的就是上证指数 2015 年 4 月底 5 月初的暴跌。从周线图中计数，2015 年 4 月这根 K 线是从 2007 年 6124 点最高位置以来的整第 90 根周 K 线，一个非常重要的时间窗口。此外，2007 年 5 月 30 日刚好是 1992 年 5 月创当时最高点 1429 之后的第 180 根月 K 线，360 的一半。类似的情况还有很多，各位可以自己去寻找发现，这是个比较有趣的过程。

所有接触过缠论的人都应该知道，上证指数与深证指数关于 360 度 8 等分速率线的作用，在之前的走势中，它完美地应验了该速率线对于走势的压制与支撑作用。

图 5-29　上证指数上升速率线 1/8 ~ 4/8

图 5-29 中，从上往下的射线分别是上证指数上证速率线的 4/8 线、3/8 线、2/8 线、1/8 线，从图中可以明显看出相应位置的压力、支撑、突破前的蓄势、突破后的回抽站稳等，图 5-30 中将相应的位置以上下箭头标志，读者可以自己研究。

图 5-30 速率线对上证指数走势的作用标志

从图 5-30 中可以明显发现，上证指数在 2014 年底开始的横盘式整理，是在为突破 2/8 线作蓄势整理。同理，2015 年 4 月，上证指数的 3/8 上升速率线的位置是 4522 点，当月最高点为 4572，且该月是 6124 点以来的第 90 根 K 线，重要的时间窗口与速率线压制的两项共振，不发生点事情显然是不可能的，于是就有了 5 月初的暴跌。而 5 月初开始的调整，同样可以看作在 3/8 速率线下的蓄势，突破后，将面临的是 1/2 速率线。

下面给出从 2015 年 5 月至 2017 年 12 月，相应的速率线在各个月的点位，详细的计算方法缠论原文的博客中有详细介绍（见表 5-2）。

表 5-2 上证指数上升速率线对应数值

日期	1压力线	7/8压力线	6/8压力线	5/8压力线	4/8压力线	3/8压力线	2/8压力线	1/8压力线
2015年5月	9709	8674	7639	6604	5569	4534	3499	2464
2015年6月	9739	8700.25	7661.5	6622.75	5584	4545.25	3506.5	2467.75
2015年7月	9769	8726.5	7684	6641.5	5599	4556.5	3514	2471.5
2015年8月	9799	8752.75	7706.5	6660.25	5614	4567.75	3521.5	2475.25
2015年9月	9829	8779	7729	6679	5629	4579	3529	2479
2015年10月	9859	8805.25	7751.5	6697.75	5644	4590.25	3536.5	2482.75
2015年11月	9889	8831.5	7774	6716.5	5659	4601.5	3544	2486.5
2015年12月	9919	8857.75	7796.5	6735.25	5674	4612.75	3551.5	2490.25
2016年1月	9949	8884	7819	6754	5689	4624	3559	2494
2016年2月	9979	8910.25	7841.5	6772.75	5704	4635.25	3566.5	2497.75
2016年3月	10009	8936.5	7864	6791.5	5719	4646.5	3574	2501.5
2016年4月	10039	8962.75	7886.5	6810.25	5734	4657.75	3581.5	2505.25
2016年5月	10069	8989	7909	6829	5749	4669	3589	2509
2016年6月	10099	9015.25	7931.5	6847.75	5764	4680.25	3596.5	2512.75
2016年7月	10129	9041.5	7954	6866.5	5779	4691.5	3604	2516.5
2016年8月	10159	9067.75	7976.5	6885.25	5794	4702.75	3611.5	2520.25
2016年9月	10189	9094	7999	6904	5809	4714	3619	2524
2016年10月	10219	9120.25	8021.5	6922.75	5824	4725.25	3626.5	2527.75
2016年11月	10249	9146.5	8044	6941.5	5839	4736.5	3634	2531.5
2016年12月	10279	9172.75	8066.5	6960.25	5854	4747.75	3641.5	2535.25
2017年1月	10309	9199	8089	6979	5869	4759	3649	2539
2017年2月	10339	9225.25	8111.5	6997.75	5884	4770.25	3656.5	2542.75
2017年3月	10369	9251.5	8134	7016.5	5899	4781.5	3664	2546.5
2017年4月	10399	9277.75	8156.5	7035.25	5914	4792.75	3671.5	2550.25
2017年5月	10429	9304	8179	7054	5929	4804	3679	2554
2017年6月	10459	9330.25	8201.5	7072.75	5944	4815.25	3686.5	2557.75
2017年7月	10489	9356.5	8224	7091.5	5959	4826.5	3694	2561.5
2017年8月	10519	9382.75	8246.5	7110.25	5974	4837.75	3701.5	2565.25
2017年9月	10549	9409	8269	7129	5989	4849	3709	2569
2017年10月	10579	9435.25	8291.5	7147.75	6004	4860.25	3716.5	2572.75
2017年11月	10609	9461.5	8314	7166.5	6019	4871.5	3724	2576.5
2017年12月	10639	9487.75	8336.5	7185.25	6034	4882.75	3731.5	2580.25

| 第六章 |

板块轮动

缠论原文中，用均线系统作板块轮动指标的方法，前文中已经给出详细的算法，就差列出程序了，有兴趣的可以自己编写。但均线系统构成的板块轮动指标，在实际应用中往往只适用于牛市早期。前文中提到，牛市后期基本所有的股票价格都在日线、周线甚至月线的均线之上，这时均线系统构成的那套板块轮动指标的参考意义就极其有限了。更麻烦的是，在震荡市或者熊市中，均线构成的板块轮动指标基本无效。

真正有效的、可以在任何情况下适用的板块轮动方法，是建立在各个级别的第一、第二、第三买卖点基础上的涨跌快慢辨别。

无论是个股还是板块的行情，无疑都处在整体市场走势的影响范围之内。一般很少发生个股甚至板块走势与整个市场走势相逆的情况，当然，突发性的重大利好可以构成个股的重要分力之一，但这属于特殊情况，作为一名职业的、有志于在市场中能够长久稳定盈利的投资者，应该更关注普遍情况，而不是个别。

关于大牛市的三波上涨，缠论博客中有过大概的阐述，第一波是以成分股为主的上涨，第二波是成长股，第三波是重组股。这是建立在十几年乃至几十年牛市视角下的轮动，偏重于宏观。对于个人投资者而言，更为实用的是每轮上涨中的板块间的轮动节奏把握。

任何牛市，以成分股的集体上涨为序幕是多数情况，金融板块首先要上一个台阶，二、三线股才能打开价格空间，这是比价关系在整体市场中的作用之一。而任何有点规模的牛市，至少指数要形成一个日线中枢之后，才有可能在后续的上涨中形成日线级别的盘整背驰而结束。而规模更大的，像2005年与2014年的这种牛市行情，在沪指或者深指形成一个周线中枢之前都不会结束。因为大多数的个股，尤其是成分股的走势与相应指数一般都有对应关系,这种对应关系不是绝对的,但也至少占到八成以上。

这就为板块轮动的判断提供了最坚实的技术性基础。

但市场显然并不是只由成分股组成,就目前的 A 股市场而言,较为重要的就是深沪主板、中小板、创业板三个大的分野。上海市场中成分股多,深圳市场中蓝筹成长股居多,中小板与创业板的成长性最高。这样基本就可以将整体市场按这三个市场的分类,根据一线、二线、三线的轮动节奏进行宏观的监控。

当然,每次行情的展开并不一定完全一致,但一、二、三线的节奏是基本不变的,这就需要投资者有较为敏感的认知。例如,2014 年以来的行情,11 月 24 日开始的跳空突破,至 12 月底,行情只在蓝筹股中展开,具体的就是上证 50 板块和沪深 300 板块,而其他板块中的大多数股票都在震荡甚至下跌。

上面简单概括了一些轮动的基本特征,而对轮动的整体细致把握,需要掌握更多的技术与细节。

第一节　板块轮动的现实需求

一波大行情的展开，显然无法通过整体市场的同时上扬而实现。指数对于投资者而言是极其重要的参考依据，所谓大的行情，实际上就是体现在指数的不断上扬中。熊市中市场清冷，哪怕有个别因利好爆发的股票，也不足以激起所有人的热情。只有在指数不断上扬的情况中，哪怕只有50只最大的成分股上涨也能将整个市场的做多热情激发。

牛市是靠不断进场的新资金推动的，这些资金可能属于散户，可能属于基金，也可能属于机构。对于市场而言，不管钱是谁口袋里面的，只要有持续的、不断增加的新资金涌入，就可以将整体市场价格水平不断推高。显然，任何股票都是有价格上限的，无限量的资金推动显然不可能。各个上市公司的基本面不同，估值不同，成长性不同，所以可期望的价格也不同。

宏观经济层面的基本面，在一个国家不断发展的过程中是不断变化的，这里有个可以参考的数据就是人均GDP。一个国家正常发展，人均GDP在不断上升的过程中，相对应的产业发展不断变化。

而牛市出现的时间，对应当时的国家宏观经济环境、国际市场的经济环境、国家后续发展所扶持的产业环境，几个因素相结合，将催生出相应的龙头板块。如2005年的有色金属、2014年的"一带一路"等，这样的题材型龙头板块一般都将贯穿整个行情。在此之下，又有其他的、在各个阶段出现的市场热点，这些热点板块的持续出现吸引着整体市场投资者的眼球，同时也吸引着他们的资金。资金在股市中流动，在不同的板块中沉淀、退场，板块轮动由此形成。

第二节　技术形态的轮动把握

在一波像样的行情中，个股一般都至少要形成周线级别中枢。众所周知，面对同样的上涨幅度，走势类型的级别越小则意味着行情越猛烈，而猛烈的行情是无法持久的。对于大多数个股而言，一个周线级别上涨的持续时间更长，这是维持大行情能够持续的主要动力。

和上涨一样，下跌显然也是轮动的，这就意味着大级别第一买点出现的顺序是不同的。而大多数个股在牛市中都至少要形成一个周线级别中枢，也就是日线级别的上涨＋周线级别中枢＋日线级别上涨这样的结构。由此，根据各个走势类型的完成时间，就可以从技术层面上把握轮动节奏，而这种把握节奏的方法是不必依靠 K 线图形之外的任何因素的。

要注意的是，这种方法受限于整体市场的规模与持续时间，是当下考察判定的技巧，没有任何上帝能够保证市场一定能持续多长时间。

以周线级别的牛市为例，个股和指数首先要出现一个至少是周线级别的第一买点后，行情才能展开，这是最基本的要求。而对不同的板块与个股，这个买点出现的时间是不同的，有的股票快些，有的股票慢些。显然最先出现的个股或板块将最先上涨，在这些先头部队的第一波日线上涨初期，第二梯队的周线第一买点慢慢形成，第三梯队可能还在下跌找底。

在第一梯队的第一段日线级别上涨完成中，第二梯队从第一买点开始上扬，第三梯队第一买点形成中。

第二段一般都以盘整走势类型展开，也就是周线级别的第二买点。该买点的形成同样按照一、二、三梯队的顺序逐步完成整个市场所有股票第二买点的构造。最先完成的，开始第二波上涨，第二梯队在完成过程中可能正在构造第三段30分钟级别下跌形态，然后是第一个单独的周线级别中枢的形成。这时，根据市场热点的不同，个股开始分化，强势的股票是不去形成a+A结构的，而是直接一波凌厉的上涨完成c段的构造，这些一般都是领涨板块的阶段领涨股。第二梯队的相对弱一些，开始构造A的完成，随后展开第三买点的构造。

对平台的突破先后顺序，就是不同板块不同个股的主升浪轮动顺序，显然最先完成第三买点构造的最先上涨。周线级别的第三买点需要日线级别的回调，而任何级别的走势类型本身也是有强弱分别的。a+b+c的结构显然是最弱的，在第三买点的构造中，有些股票可能第二买点或第一个中枢的构造慢些，但第三买点的构造很快。当这些股票的周线级别第三买点以最简单的a+b+c结构构造完成后，可能其他的股票还在构造下跌过程中的A。这样就构成了整体市场所有股票第三买点出现次序的先后，这就是轮动。

将上面轮动基本节奏的级别缩小，比如日线或者30分钟，效果是一样的。尤其对于短线操作而言，对日线、30分钟的买点出现次序的把握是最重要的事情。至于一天行情中盘中的轮动，比如超短线的买卖，在早盘卖掉、下午买进这种类型，甚至要去把握5分钟买点的出现次序，同时还要考察30分钟和日线甚至周线当前所处阶段来把握。

另外，不同的市场阶段构造出买点的走势形态并不会完全一样。例如，2015年5月，有些股票构造完成周线级别第三买点，有些构造完成日线级别第三买点。而这第三买点的回调形态，有些是以盘整形态完成，有些是以下跌形态完成，但并不是就意味着下次行情走到相同阶段时也按这次的特点来走。这是当下的功夫，无法去预测，只能用眼睛去看。

第三节　板块节奏的把握

对于行业板块的轮动而言，龙头股在相同级别的走势中买点出现次序的不同，就是板块轮动的最重要依据。比如全国地产板块中，龙头股就那几个，保利、万科、招商、金地，最多再加上金融街、美好集团、中粮地产等。一般这些龙头股的日线或者周线形态都大致相同，大级别买点出现的时间也差不多。通过对各个板块龙头股形态的把握，也就是看该板块龙头股的走势当下处于日线还是周线级别的第一买点之后。如果是周线，那么根据走势必完美，后面至少要形成日线级别的 a、b、c 三段才能完成，行情大一点的话就要至少形成 a + A。这样，在走势必完美的映照下，各板块当下所处的走势阶段就很清楚。

在板块内部个股中，对一线、二线、三线的轮动节奏把握方法是一样的。

另外，沪深 300 或者上证 50 这些成分股里面，同样分为一、二、三线。例如，银行、证券、保险等金融板块和石油、地产等属于一线，在一线板块中，金融为一线中的一线；而科技、网络等板块一般都归类在三线。仔细观察沪深 300 里面的上涨先后顺序，不难把握这种轮动节奏。

大一点的范围，就是主板、中小板与创业板的轮动。就本次行情而言，上证指数单边上涨期间，主板的一线和二线板块上涨，同时中小板与创业板集体调整。在 2014 年 12 月的单边行情中，甚至有许多的中小板与创业板股票大幅下跌。随后2015年1月主板进入调整,具体的体现就是上证指数与深证指数开始震荡横盘,这时中小板与创业板按日线级别第一买点出现次序纷纷见底,开始上涨。在2015年3月左右,上证指数单边上扬,同时主板中大多数股票的日线级别回调完成,再按照日线第一、第二买点的出现顺序开始轮动拉升,与此同时,创业板指开始震荡上行。而在5月初,上证指数开始连续三天大跌的时候,创业板指已经完成震荡,展开单边上扬。这种轮动的节奏其实并不难发现,关键是需要操作者有这种意识去发现。

上面的方式适合波段操作者按周线形态去把握轮动,也适合第三买点操作者去踏准轮动节奏,更适合短线或超短线操作通过30分钟和日线级别走势把握当天的最大利润。

特别是超短线操作,在上述方法的支持下,当天收获10%以上都是很正常的事。比如,对日线走势阶段、30分钟完成情况、5分钟或15分钟买点把握能够细致准确,完全可以在前一天尾盘30分钟第三买点后的5分钟第二买点买进后,第二天早盘以涨停价卖出,下午再进入另外一只股票并在下午再次涨停。由于全天可震荡的区间是20%,那么理论上当天可收获的最大利润就是40%,当然这是极端的例子。

实际操作中,早盘在7%左右卖掉,下午再收获5%~7%是比较正常的,但这么高的利润只有在整体市场较好的背景下运用才有较高可能,比如30分钟的指数单边上扬中,激进的操作需要激进的市场环境。

熊市与震荡市的板块轮动方法与上面是一样的,不过所取走势阶段不同。熊市中关注下跌中的次级别背驰,也就是本级别中枢出现点的先后顺序;震荡市中关注中枢震荡的次级别走势类型完成先后顺序与第三买卖点的突破次序,道理是一样的。

以上,就是笔者自己总结、使用的把握板块轮动的方法,此外关注每天的新闻,也可以用来辅助。但笔者自己并不太喜欢通过新闻热点去选股,因为新闻往往都在收盘后出现,第二天高开或者迅速拉高后就丧失了短线操作条件。

上面的方法看起来复杂，其实是比较简单的，掌握的关键就是在培养这种板块轮动感觉的前期，需要大量的复盘与盘中观察的工作，勤奋、悟性、理论掌握程度缺一不可，但最重要的还是勤奋。

培养轮动感觉最直接的办法，就是每天的复盘。每天收盘后，将所有细分板块列出，然后根据板块市盈率从小到大排序。一般第一个都是银行板块，那么第一个过目的就是银行板块中的个股，个股同样按市盈率从小到大排序，按日线、周线或者操作级别的图形，一只只翻过去，银行板块翻结束了再翻第二个板块，直至将所有板块过目。以笔者个人的经验，整个工作的完成需要 4~5 个小时。持续一段时间后，就可以将这项工作放到每个周末，而不是每天，尤其是按 30 分钟或者日线级别操作的系统，每周将所有股票按上述方法过目是基本要求。

|第七章|

机械化操作系统的建立

由缠论而延伸出来的操作系统可以有很多，除去技术因素，个人选择什么样的操作系统，是由资金大小、个人性格、操盘习惯、能否全职看盘决定的，这是在对理论和技术都能熟练掌握的前提下。

资金量的大小将决定介入品种流通股本的大小，以及长线、中线、短线、超短线的选择。在利润最大化的原则下，超短线理论可实现的利润无疑是最高的，但大资金无法操作。

个人性格几乎没有完全一致的，这也是缠论的技术可以完全公开的原因之一。哪怕是在对理论与技术把握程度一致的情况下，也有人喜欢5分钟，有人喜欢日线，有人喜欢一买，有人喜欢三买；有人喜欢快，有人喜欢稳。这些不同就决定了同质化操作的不可能性。对个人操作系统的选择而言，性子急的可能喜欢短线而耐不住中长线，这也是需要考虑的因素，操作系统最好与自己的性格相吻合。

操盘习惯，这就更千差万别了。喜欢蓝筹、喜欢股本小、喜欢市盈率低、喜欢短线、喜欢中线，这些都是只有自己才知道的东西。在操作系统的制定上，这些因素的考量别人是帮不上忙的。

看盘时间，这就太重要了，每天没有时间看盘还做什么短线！全职炒股可以将操作级别定为5分钟，但没有时间看盘的人就完全不可能，只能定在日线甚至周线。

这四种因素还可能是变化的，例如，看盘时间，可能有段时间有别的事情无法全职看盘，那么操作方式就要改变，以适应实际情况。

考量这四种因素去制定操作系统，需要对理论与技术把握很熟练。如果理论没学好，技术不过关，中枢分不清，走势类型也懵懵懂懂，那就别多想了。

下面写的都是些个人经验和对学缠者的建议。

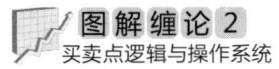

第一节 了解自己对理论的掌握程度

对理论的掌握，首要的当然是对走势必完美的理解。不理解走势必完美，走势类型就无法定义，中枢无法确定，盘整与趋势也无法定义，三类买卖点就无从辨别，同级别分解与小转大就更无从下手。

一般情况下，对缠论的学习不建议一次性通读全部原文，如果对基础的内容还没有深刻理解与体会，后面的内容根本就无立足之地。而原文前后对相同概念的解读，有些是有差别的，不了解基础原理就根本不可能知道为什么有这些差别，如级别问题、盘整问题等。这样前后概念都不清楚，却混在一起去理解操作，不出问题才怪。

从最简单的操作系统开始入手，熟练了之后开始增加一项，逐步地去实践总结，这种脚踏实地的行事作风其实是最快的。奈何很多人自以为聪明，想捷径，想方便，想拐杖，最后只能是误了自己。

对缠论通透的把握，绝不是一天两天的事情。世上没有两段一模一样的走势类型，而对所有走势类型的正确把握，决定于对理论定义的理解程度。举个例子，平面三角形的三个角度数之和为180°，这就是定义，不理解这定义，不能熟练掌握，就要每遇到一个三角形都要去量一遍。这个例子比较简单，但很多人在学缠论的过程中都会不断地拿出走势图形，让别人去划分，殊不知别人无论划分多少张图，对你理解与把握理论的作用都是有限的。为什么要按定义来？因为定义本身是通过严谨的逻辑推导，以现实为基础得出的绝对结论，就和三角形度数之和为 180°一样。而对定义不理解，看再多的图也是枉然，反而会因此形成思维定式。比如看别人拿出一个直角三角形知道度数和是 180，再拿个等边三角形就不知道怎么办了，这是学习中最容易遇到的情况。

具体到分析中，很多人习惯性地认为中枢一定在走势类型的中间位置，而实际上该走势类型的中枢出现在任何位置都是可以的，没有任何定义规定中枢出现的位置。实际图形中，上涨结束后延伸一个中枢，然后次级别下跌，最后小转大结束该下跌走势类型，这完全符合理论。如果完全按定义来，对这种走势不会有任何不清楚的地方。

在制定操作系统之前，首先就要对自己的理论掌握水平与技术熟练程度有清醒的认知，再根据自己对理论的认知程度来决定选用什么样的走势结构操作。只做自己能够把握的行情与走势结构，才是稳定盈利的基础。

第二节　最简单的操作系统

最简单的事物往往深藏着最基础的认知逻辑，就像走势分为向上、向下、向右一样，常识性的东西是最容易被忽略的，殊不知这是一切现实的基础。

缠论原文的第 16 课"中小资金的高效买卖法"中，给出的就是最简单的操作系统。其实这系统在本书最前面讲均线的时候，就已经提及，这里再完善一些。

同级别的下跌＋盘整＋下跌构成高一级别的下跌形态，但因为只形成一个中枢，所以是缠中说禅盘整走势类型。这种 a＋b＋c 结构的走势，根据走势必完美，可以随时结束。比如，30 分钟级别的下跌＋30 分钟盘整＋30 分钟下跌完成后，日线级别的一段下跌形态的盘整走势类型就可以随时结束。当 c 与 a 盘整背驰时，从 c 段第一买点开始的反弹或回抽，也就说明 d 段一定回到 a 段的顶点。如果 a 是上涨形态就回到 a 的最高点，如果 a 是下跌形态就回到 a 的最低点。同样根据走势必完美，d 段一定是 30 分钟走势类型，也就是说，d 段至少完成 5 分钟级别的三段走势类型连接，如果 c 段是下跌，组成 d 段的第一段 5 分钟走势类型就一定是上涨，第二段可能是盘整，可能是下跌，第三段也一定是上涨，并且至少触及 a 的最低点。

关于走势必完美、走势类型、盘整背驰的相关知识，本书前文中都有，在此不再重复。如果对走势必完美与走势类型以及中枢不清楚，只能分辨盘整背驰，那建议按照某级别的下盘下走势结构选股操作至少半年，操作的图形越多，对后面的内容就会了解得越深刻。对于练习而言，最好选择 5 分钟或者 15 分钟级别进行尾盘操作。方法如下：

在操作级别的图形中，寻找有明显下跌 + 盘整 + 下跌的图形。下跌与盘整在该周期级别的图中，5 日均线与 10 日均线要有明显的交叉，并且第二次下跌一定创新低。

在第三段与第一段下跌是背驰的情况下，或者干脆就不知道是否背驰，就要等待第三段的结束，也就是第一买点后的反弹。注意，这里并不要求能够准确辨认第一买点，但反弹后能知道前面的是第一买点就可以了。在这个反弹结束后，如果后续走势是横盘，就在横盘的低点买入，后面是一定有新高的。

根据上面的操作系统，选股时就要把以下几种走势形态的图形挑选出来。

（1）操作级别图形中的下跌 + 盘整 + 下跌走势结构；

（2）操作级别图形中的下跌 + 盘整 + 下跌 + 反弹走势结构；

（3）操作级别图形中的下跌 + 盘整 + 下跌 + 反弹 + 横盘走势结构。

由于某级别的横盘，也就是盘整走势形态至少要完成次级别三段，对于反弹上扬后的盘整走势形态而言，就要在本级别图中有明显的下上下。这种买入方法，一般都在第二次的下时买进，然后等待该盘整形态的完成与完成后的第三段上涨形态。

这种方法不需要知道背驰，也不需要知道第一卖点、中枢，只要能分清下跌形态与盘整形态就可以。对于从 5 分钟到周线级别的操作系统，这是最简单的。

图 7-1 中，第一个向下箭头与第二个向上箭头之间是标准的 30 分钟级别下跌走势类型 + 30 分钟级别盘整走势类型 + 30 分钟级别下跌走势类型。向上箭头处第一买点后，到向下箭头处完成，这时就已经可以确认前

图7-1 下跌盘整下跌的图形结构

面的下跌结束。也就是说,从19.5元之后的走势,将完成至少三段30分钟级别走势类型,于是第三个向下箭头与第三个向上箭头之间的盘整区域就是该类操作系统的介入点。

图形上,MACD黄白线两次回抽零轴,造成的绿柱子面积与长度缩小,这是典型的蓄势形态。当然光用MACD会有被骗线的情况,但配合走势形态就确定无疑了。

这种操作系统最关键的就是辨清走势类型,不熟练的话可以用均线来辅助判断。如30分钟级别的下跌,在30分钟周期的K线图中,由于至少要完成5分钟级别三段走势,所以30分钟图形中这段下跌应该有明显的下上下结构,均线至少要靠近一次。如果这一段下跌是顺着下来的,5日与10日均线之间通道通畅,那一定不是30分钟级别的下跌,最多是次级别的。这种特点并不难辨别,多看看图就知道了。此外,第二买点并不一定以盘整形态构成,下跌也是完全可以的。下面是几个具体走势的例子,有些图形不太标准,但结构是一样的,上下箭头之间是同级别的走势类型,两个向上箭头处是第二买点。

图7-2 第二买点图例1

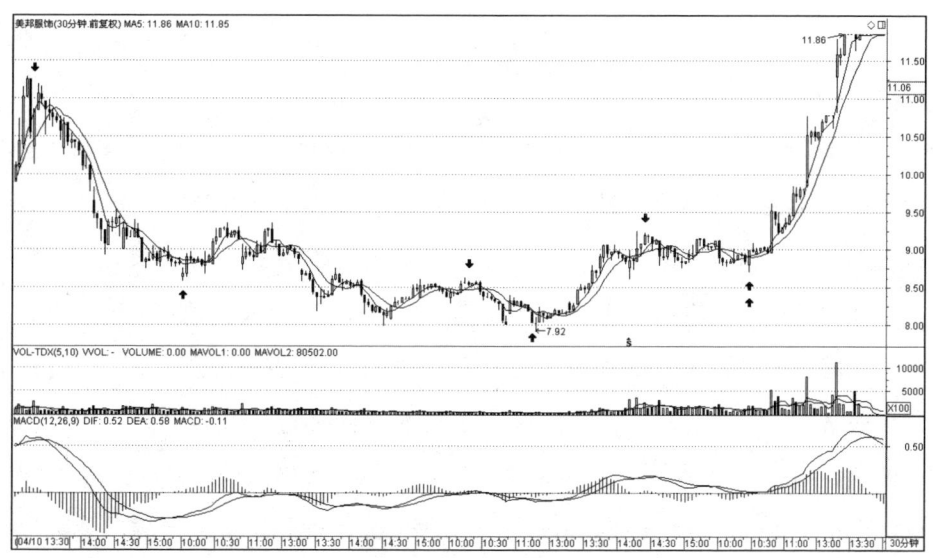

图7-3 第二买点图例2

这种买卖系统只存在一个难点,那就是盘整区域买入后,盘整延伸的

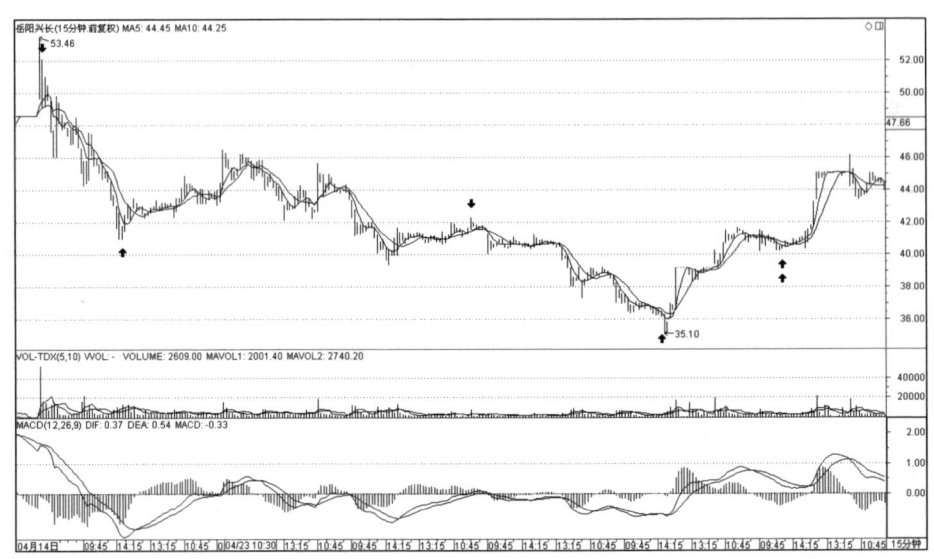

图 7-4 第二买点图例 3

情况。如 30 分钟级别的下跌 + 盘整 + 下跌后，5 分钟上涨 a + 5 分钟盘整 b 之后，在 b 买进，随后 c 段还是盘整，这时就不能百分之百地保证还有上涨了，而要看第三买卖点。这种情况一般都发生在大盘很弱的时候，详细分析看看。

　　首先，已经存在一段 30 分钟级别下跌走势类型，并且通过第一段 5 分钟级别上涨确认其结束，且该 5 分钟级别上涨后第二段 5 分钟级别走势类型为盘整形态，根据走势必完美，后续一定会完成新的 30 分钟走势类型。由于已经存在两段次级别走势，那么当第三段完成后，该新的 30 分钟走势类型就可以随时结束。如果第三段 5 分钟级别走势类型还是盘整，这时根据走势必完美，第二段 b 与第三段 c 都是 5 分钟级别的盘整形态，再加上前面的第一段 5 分钟上涨形态 a，a、b、c 三段就已经构成了一个新的 30 分钟中枢，该 30 分钟级别的走势类型在该 30 分钟级别中枢完成后就可以随时结束。

　　图 7-5 中，首先 1—2 是 30 分钟级别下跌形态，2—3 是 5 分钟级别走势类型，3—4 的 5 分钟下跌形态构成 4 位置的第二买点，随后 4—5 三段 1

图 7-5

分钟级别走势类型完成后,由 2—3、3—4、4—5 三段 5 分钟级别走势类型重叠而成的 30 分钟中枢就形成了,区间是 4—5。这时,1—5 这段 30 分钟级别走势类型可以随时完成,遇到大盘不好的情况,就可以顺势跌下来了,图 7-5 最后一个向下箭头处是第三卖点。实际走势中,在 4—5 这个盘整期间,上证指数是下跌的,即使环境再坏,这第三段 5 分钟走势类型也一定要完成,这就是走势必完美这第一原理在起着坚定的作用。

第三买点与第一买点在本书的前半部分已经详细介绍,当然也可以作为操作系统的一种,本章不再重复。

最值得研究的就是高低级别走势结构的配套。一般的操作都以前后级别的走势图形来配套分析操作级别的走势结构,如操作级别是 30 分钟,那么就要分析 30 分钟图形的当下走势段处于日线走势段的什么位置,以及当下是 5 分钟级别走势类型的哪一段。这种分析如果完全分类,至少有 27 种,配合 7 种强弱度不同的走势结构,以及当下走势在高一级别的中枢内还是中枢外,至少可以分出 360 多种情况,那就太细了,读者可以自己研究。

第三节　牛市中的追涨

追涨当然是可以的，但不是盲目地追涨，而是要建立在理论基础上。日线主升浪的拉升当然不能将操作系统定在日线级别，那就真叫"追涨"了，亏了不能怪别人。但在日线主升浪过程中，通过5分钟甚至1分钟级别的买点，在拉升过程中的回调时介入，就相对安全了，且可期望的收益比较高。

例如，日线的强势突破与第三买点后的拉升，在该走势段结束之前，盘中的回调形成的1分钟或5分钟级别买点当然是可以参与的，尤其是在第一根大阳线之后。

图7-6中，在2—3构造第二买点结束后，4位置前一天收盘是涨停，随后第二天在4位置高开低走回调。观察图形可以发现，1 4是a+b+c结构，3—4的上涨对应的MACD红柱子没有创新高且面积缩小，但黄白线创新高。以前说过，a+b+c结构只要黄白线持续创新高就没有背驰，所以就要持有。如果已经错过了3位置的买点，甚至是专门找涨停后回调的股票操作，就应该知道4之后一个5分钟级别的下跌或者盘整之后就可以介入。因为该30分钟级别走势类型在4位置并没有背驰，也就是还没有结束，该30分钟走势段是在后面一个5分钟上涨走势段不能创新高或者与前一个5分钟走势段发生盘整背驰才有可能结束，或者形成单独的一个30分钟级别中枢A之后通过其后的上涨背驰，或者第三卖点结束该30分钟级

图7-6 30分钟上涨形态图示

别走势。所以5位置4—5段盘整背驰后，就可以短线介入，通过5分钟级别的买点，追涨30分钟级别的上涨走势段，最后在30分钟级别的盘整背驰或背驰后退出。一般来说，能涨停的股票都是比较强势的，这种追涨往往能在主升浪刚刚开始的时候介入，可期望的收益当然也是最高的。

另外一种情况是第三买点的突破，日线中枢后的第三买点构造如果是30分钟级别下跌还好处理，看好背驰点就可以了；但如果是窄幅盘整，就涉及该盘整何时结束的问题，这个除了用布林通道的收口与时间窗口辅助判断，并没有太好的办法，况且如果盘整延续将级别扩大，是否能继续上涨都成问题。这种情况下就要等待走势对该盘整的突破后才能介入，但突破过程中是不能买股票的，而要在回调中的小级别买点进入，并且最好是在尾盘，以防止假突破的情况。介入后，如果买点级别的上涨与之前的一段上涨盘整背驰，就要退出；不背驰就继续持有，观察小级别的走势能否延伸而使得高一级别的走势最终不背驰；如果能够延伸，使得高一级别走势不出现背驰，就将操作级别切换到高一个级别中。

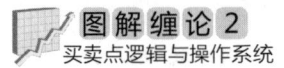

第四节 其他操作系统

其他的操作系统大致分为两大类：第一类是围绕中枢操作，第二类是围绕走势类型操作。第一类中，操作级别的买点只有三种，分别是中枢下的盘整背驰或趋势背驰点、中枢震荡中的次级别买点、中枢上的第三买点。第二类围绕走势类型的操作，其实也就是同级别分解操作。这两大类操作系统的买卖点在前文中都有详细分析与论述，如果对理论与技术把握程度足够，自然就可以掌握。

值得一提的是中枢震荡的操作。a+A 结构形成后，走势可以随时结束，那么对 A 这一中枢的中枢震荡操作，就要冒一个次级别走势类型未完成的风险。也就是说，在 A 中一个次级别下跌形态与前一个次级别下跌形态盘整背驰后，继续向下突破，从而使该次级别下跌从 a+b+c 结构扩张到 a+A+b 结构，这是完全符合理论并且在实际走势中很常见的。

在中阴身一节中，笔者阐述过 a+b+c 完成后进入中枢震荡中阴身的情况，就是这种中枢震荡操作中最值得警惕的情况。从规避风险的角度看，进行中枢震荡操作时，最好是在次级别第二买点介入，这就可以完全避免发生上面的情况，不过可能要损失一部分利润。

此外就是反弹的操作。牛市中的暴跌反弹操作，一般尽量选择下跌趋势的背驰点，而且一定要背驰。因为牛市中的暴跌往往不一定能完成最后一段下跌，但个股却不一定。例如，指数 30 分钟的下跌趋势，在第二个

30 分钟级别中枢中，震荡着就可以向上突破形成第三买点，从而结束前面的 30 分钟下跌走势类型，且一定有最后一段的 5 分钟下跌创新低，这是符合理论的。但个股有时最后一段小级别下跌却并不一定构成 30 分钟级别的买点，由于指数反弹强度大，个股往往在下跌过程中通过小转大的形式就结束了前面的下跌。所以，在牛市暴跌时抢反弹，一定是通过个股的下跌趋势来选股，根据暴跌强度的不同，也可以在个股的盘整背驰介入。当然，这只是针对第一买点而言，第二买点就不需要了。

而熊市中的反弹操作，一般仅限于操作级别的下跌中枢形成中，除非是暴跌之后可能发生的强烈反弹。也就是说，在熊市中的操作，在大级别背驰出现之前，只操作暴跌反弹与操作级别的中枢震荡，其他情况一概不参与。

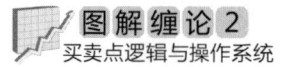

第五节 一些细节问题

操作资金的大小决定操作系统的设计。如果是几千万元甚至上亿元的资金，那当然最好是选好几只股票或者一只股票，从大级别买点介入，反复做短差向零成本操作。但一般投资者的资金量并没有这么多，第一步的原始积累当然是越快越好，那么在牛市中，最快的当然就是日线或者周线级别第三买点，而在熊市中就是中枢震荡与第一、第二买点。

资金的大小，在短线层面，还将影响到操作品种的选择。短线的操作不能扫单，不能分批介入，必须一次、一单买足货。这就要求所选择的操作品种的流通股本与正常的挂单数量要达到某个标准。例如，用 100 万元资金操作流通盘 2000 万、价格 10 元的股票显然是不合适的。因为 100 万元要一次一单买足货，能买 10 万股，也就是 1000 手，而流通盘 2000 万的股票日常挂单往往只有几手或者十几手，如果想买足就要扫过好几个价位才行，这样介入成本将大大增加。但 100 万元资金用来操作流通盘在 10 亿甚至百亿以上的股票时，一单买足对卖盘上的挂单可能都没有什么影响，这才能符合短线的操作要求。打个比喻，家里门的大小宽度要根据你的身材来决定，如果你很胖，那么太窄的门就会不方便进出，要换一扇宽一点的门。

对于刚刚接触缠论的操作者，我都建议先用 30 分钟或者 15 分钟级别的下跌+盘整+下跌+第二买点来操作几个月，一般每次操作的周期最短隔天，最长也就几天，几个月下来可以操作不少单交易，而不可能有任何两种下盘下的结构细节是完全一致的。在操作过程中去总结第一买点、第二买点以及高一级别的走势形态，时间长了，对走势必完美、走势类型、背驰、买卖点、中枢都会有更加深刻的认识。这时再操作日线级别的第三买点，因为很多日线级别的第三买点都是 30 分钟级别的下跌走势类型、5 分钟级别的下跌＋盘整＋下跌。

这样通过下盘下的操作与第三买点的操作，完全掌握并自信能够把握几乎所有走势情况后，就可以自由一点了，因为这时几乎任何级别的所有走势结构都能掌握。

严格地按照下盘下与第三买点操作，一般两年后资金量就不小了，这时就应该将操作级别提高了，比如日线级别的下盘下或者周线级别第三买点，或者月线级别第二买点与季线级别盘整背驰等。

|第八章|
具体盘面的分析

第八章 具体盘面的分析

本章内容，主要针对2015年5月开始的调整，更新截至该日线中枢的形成为止。

2010年11月至2015年3月21日深指分析

图8-1 周线级别下跌＋盘整＋下跌

从图8-2、8-3就可以知道，从2014年3月底开始，深指有两种选择走势：一是月线级别上涨，二是月线级别盘整。无论是哪种情况，都必然由次级别三段走势类型组合而成，那么一个周线级别上涨是肯定会出现的。

然后，从6959点开始展开上涨，在图8-4的2处完成第一个30分钟上涨走势类型，随后构造第一个日线中枢。2—3是个30分钟中枢被扩展的30分钟走势类型，2—5构成上涨中的第一个日线中枢，随后中枢延续到9。其中，8—9是个30分钟中枢。

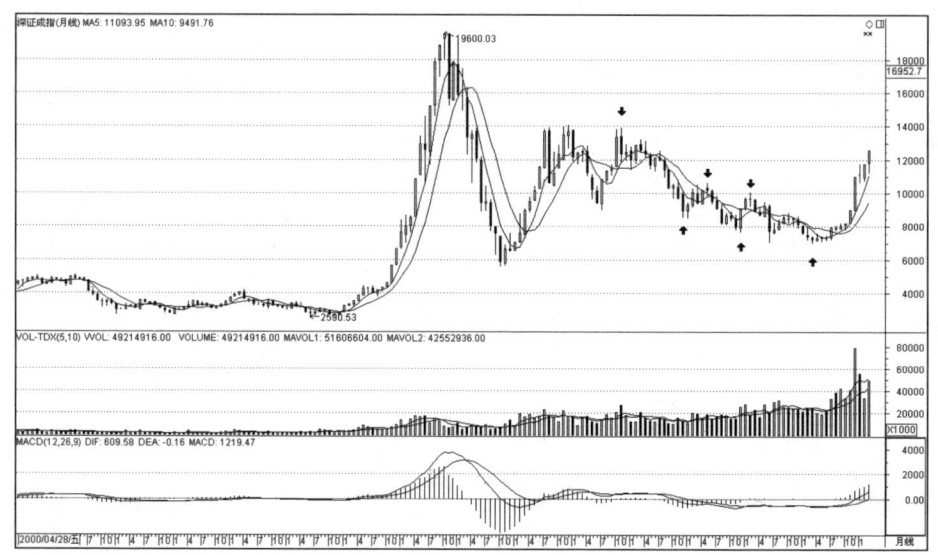

图 8-2 月线级别图形

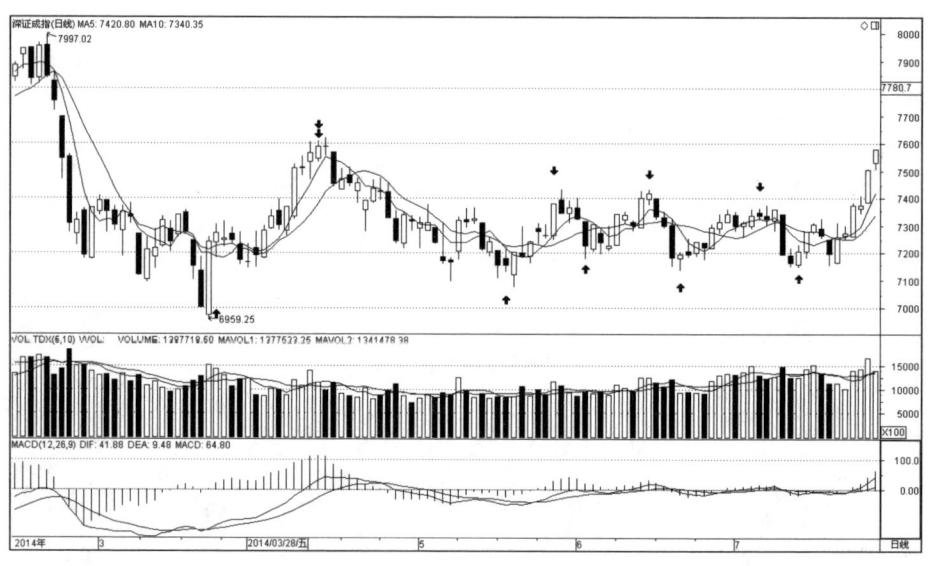

图 8-3 日线级别图形

然后从 9 开始，30 分钟走势 9—10 突破日线中枢到 10，10 之前是个 30 分钟中枢的延伸，10—11 构成对 4—5 日线中枢区间的次级别回抽，随后中枢扩展，到 15 构成第二个日线中枢，区间 10—13。之后，15—17 构

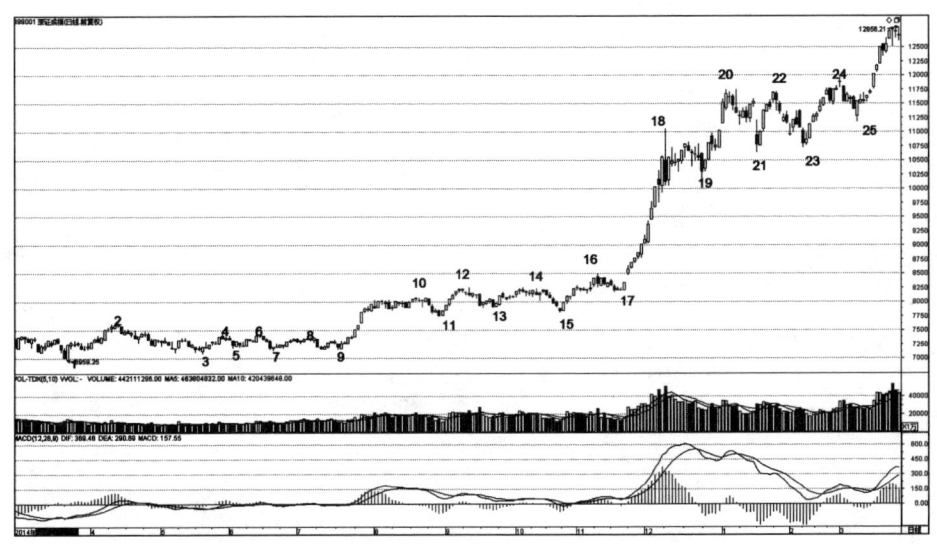

图 8-4　日线级别图形

成对这个日线中枢的突破与两次回抽，并构成 16—17 的 30 分钟中枢，17 是第二个日线中枢的第三买点。

从 15 开始，走势为 30 分钟级别的上涨趋势，第一个中枢 16—17，第二个中枢 18—19，然后到 20，开始形成第三个日线中枢。同时，18—19 的 30 分钟中枢扩展，扩展后的中枢区间如下：

其后，中枢延续到 24，24—25 构成对该日线中枢的回抽，形成第三买点到至今。

上面没有放 30 分钟图形，只是在日线图中标示，基本没什么区别。

从 6959 点开始是三个中枢的日线级别上涨趋势，但 6959 之前还有个日线中枢，和后面的中枢扩展开就是周线中枢。

所以，从周线的角度来讲，目前处于第一个周线中枢后的第二个日线中枢后的上涨中，这一段如果背驰，就意味着第二个周线中枢要形成。

如果目前的上涨中出现 3~4 根 K 线横盘，就意味着针对 20~23 这一日线级别中枢的突破回抽形成的第三买点。

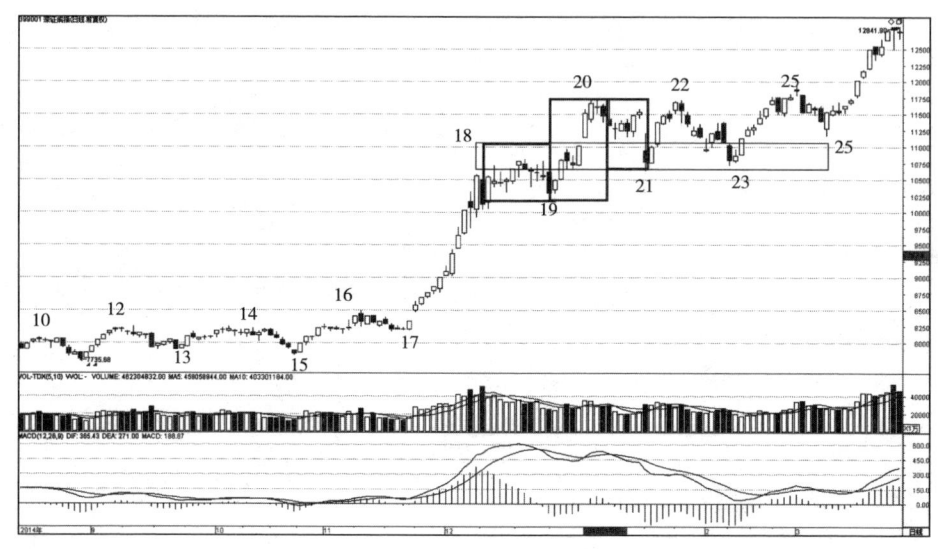

图 8-5 中枢扩展示意

2015 年 5 月上证指数分析

2015 年 4 月是 6124 点以来的第 90 个月，360 的 1/4，一个非常重要的时间窗口。同月，上证指数上涨触及 3/8 速率线，4 月该速率线的位置为 4530 点。同时，指数从 2500 上来，到 3500 位置修正，涨幅 1000 到 4500，一般这种时候都会有调整或者变盘的。几个因素结合起来，4 月附近不出点事才怪。

5 月第二个交易日开始暴跌，但顶部是在 4 月 28 日就形成了，后面三个交易日的横盘不过是大跌的前奏而已，这次调整其实并不难提前避开。

从图 8-6 中看，3775 上来之后，MACD 黄白线经过 5 次回抽，前面三次都没有问题，黄白线一次比一次高，并且每一波对应的走势都能创新高。在第四个红柱子处，走势开始显示疲态，这从黄白线的高度、红柱子的高度与面积，以及走势的斜率都可以发觉。第五波红柱子就明显背驰了，但相比较的两个走势段不是相邻的两个，而是中枢前后的两个，也就是说，第五波红柱子对应的上涨走势段是与第三波上涨段相背驰的。

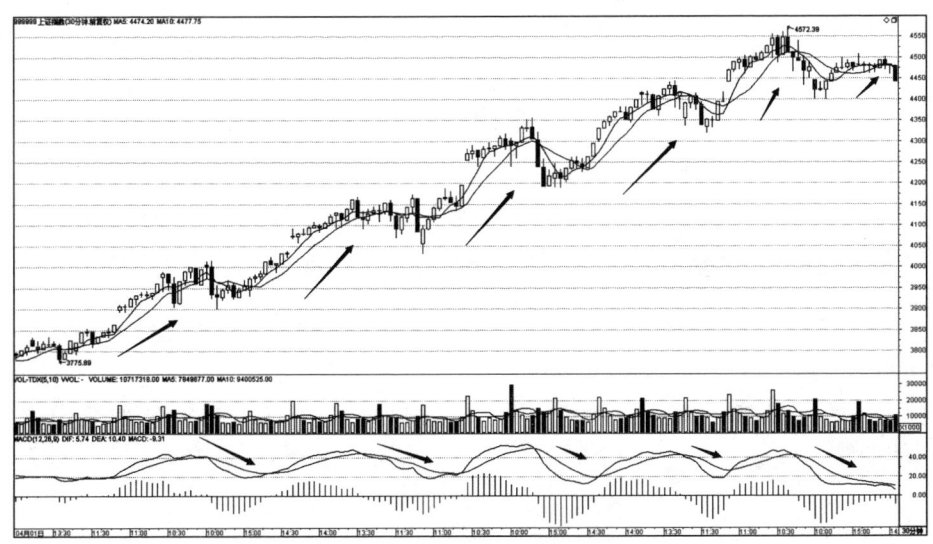

图 8-6 上证指数 30 分钟走势

从走势类型的角度分析，次级别走势段不断创新高，说明走势很健康。就同级别分解的操作而言，只有在第 N 个次级别上涨不能创新高或者盘整背驰的情况下才退出，而在向下箭头位置，是从 3775 开始的上涨以来第一次不能再创新高，这时已经非常危险。结合其他几个因素，该走势段的结束完全可以当下判断，并且按照理论，30 分钟级别走势段结束后，在日线和周线都没有背驰的情况下，一定至少制造一个日线级别中枢。

这其实就是 a + A + b 的结构中，如果 b 对于 a 不是背驰段，那么在 b 段的次级别顶背驰后，就要出现 B 一样。

一个日线级别的中枢，一定是至少三段 30 分钟级别走势类型重叠而成。也就是说，从 4 月 28 日开始的下跌段，百分之百要完成一个 30 分钟级别的下跌形态走势。下面再从当时的 1 分钟级别图形中分析。

图 8-7 中，从 1 开始标志，每两个相邻数字之间的走势段定义为 1 分钟级别走势类型。注意，这是按照走势类型来标志的线段，与笔和线段部分的定义是不同的，相对而言，这种标志方式会模糊一点，但不影响分析，反而比笔和线段的分段更快且方便。比如 1—2 段，如果用笔和线段的定义来看，就不

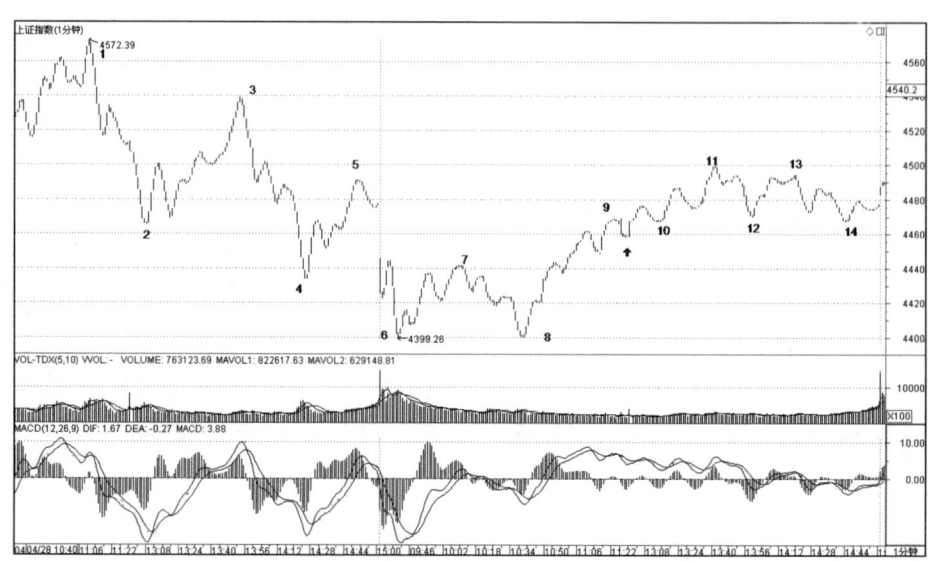

图 8-7　2015 年 4 月 28—29 日上证指数 1 分钟走势

符合一段的标准，但在以走势类型分段的视角下是可以的，当然把 2 的位置向后面一个相邻的低点标志也可以，选用什么样的标准统一执行就好。

1—2 段的次级别盘整背驰是很清晰的，走势到 4 位置，第一个 5 分钟级别中枢就有了，区间是 2—3，3—4 段与 1—2 段的盘整背驰可以从 MACD 的黄白线高度与绿柱子面积得出，根据定义，5 位置一定在 2 位置之上。随后到 5 位置，截至当天收盘时，还不能确认 4—5 段的结束，但从 4—5 段中间位置的微型中枢角度来看，后面的上涨无论是斜率还是力度都比不过前面一段。虽然红柱子继续创新高，但前面那一小段上涨对应的红柱子是因为黄白线从底部刚起来的缘故造成的失真。

29 日低开迅速结束 4—5 段，并在 6 位置形成针对 2—3、3—4、4—5 段形成的 5 分钟中枢的盘整背驰，比较段是 5—6 段与 1—2 段，通过 MACD 绿柱子的面积得出盘整背驰，并且 5—6 段本身就在 6 位置形成 5—6 段内部的盘整背驰，这就是两个级别的区间套。随后走势到 7。

以前说过，在 a＋b＋c 的结构中，如果 c 与 a 盘整背驰，则 d 一定回到 a 的顶点。在 a＋A＋b 的结构中，b 与 a 盘整背驰的情况下，c 段不一定回到 A 的区间，否则就没有第三买卖点了。而图 8-7 中 7 位置就是针对前面 2—5 这个 5 分钟级别中枢的第三买卖点，5—6 次级别走势段离开，6—7 段回抽在中枢区间下盘整顶背驰。

第三买点后，有两种情况：一是中枢扩展；二是在第三买点之下再形成一个中枢，让整个走势段形成两个中枢的趋势后再变化。4 月 29 日早盘选择的就是第一种。

7—8 段内部没有背驰，但无论是与 5—6 段比较 a + b + c 式的盘整背驰，还是与 3—4 段比较 a + A + b 式的盘整背驰，7—8 都是背驰段，随后在前低点位置回升制造中枢扩展。

9—10 段因为向上箭头处破坏了前走势段的最近一个高点，所以单独算作一段，那么针对 5—8 这个下跌段而言，10 位置就是第二买点。随后到 11 在 2—5 中枢区间的高点处受阻，这时 10—11 段与 8—9 段就可以比较盘整背驰了，后面因为该盘整背驰，制造 5 分钟级别盘整到收盘。

4 月 28 日下跌开始，到 29 日收盘，就是 5 分钟级别走势段 1—6，加上 5 分钟走势段 6—11，加上 5 分钟盘整 11—14。

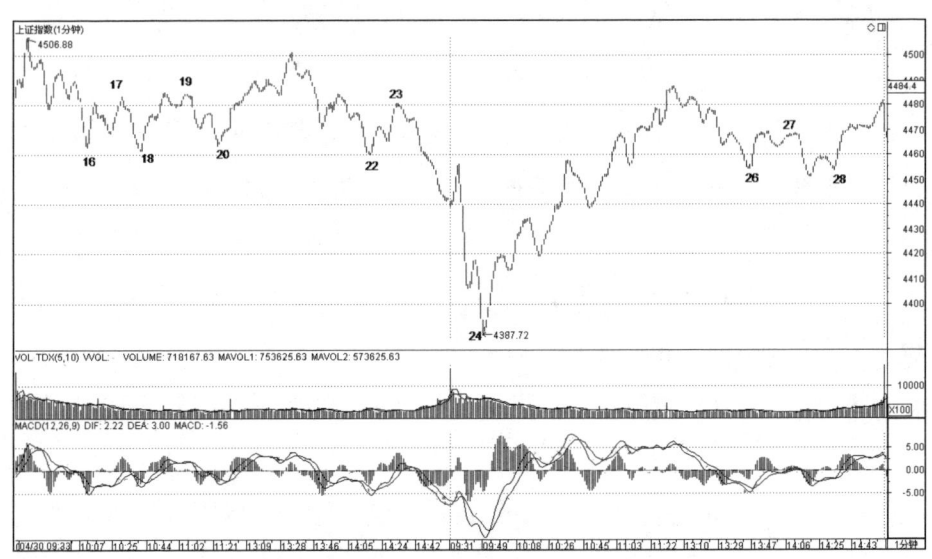

图 8-8　4 月 30 与 5 月 4 日上证 1 分钟走势

4月30日，延续前一个交易日的中枢震荡，一直到2—3位置，随后破位下跌。经过一个类第三卖点的回抽确认，5月4日开盘后因23—24走势段的内部背驰而引发反弹。

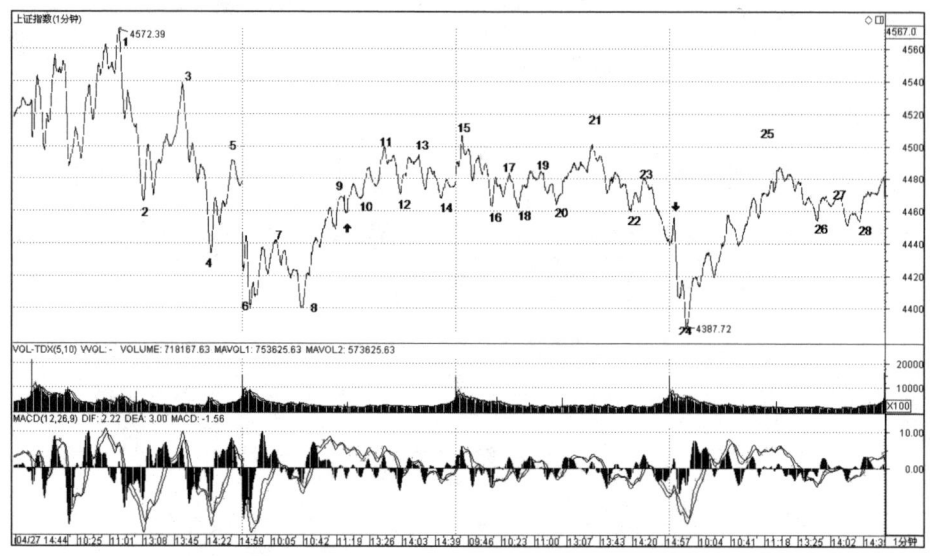

图8-9 四个交易日全景

到5月4日收盘，就可以将整个走势进行如下分解：

1—8为5分钟级别下跌段；8—15为5分钟级别上涨段；15—24为5分钟级别下跌段；24日截至收盘完成a+A结构，其中A为30分钟级别中枢。这里有个a+b+c结构向a+A+b结构演化的过程，1—8、8—15、15—24构成a+b+c三段5分钟级别走势段连接的结构。根据走势必完美，该30分钟级别走势段就可以结束。通过MACD辅助分析，可以知道c段与a段形成盘整背驰，这时就知道走势一定会演化为a+（b+c+d）的a+A结构，该30分钟级别走势段的结束与否，就要观察中枢A的第三买卖点演化。

根据之前的30分钟级别图形的分析，这次调整至少要完成一个日线中枢，无论是盘整还是下跌，第一段30分钟级别走势是一定要完成的，那么截至 5 月 4 日收盘，都可以看作 5 分钟级别 a 段加上 30 分钟级别中枢 A 段的构造过程。A 段构造完成之后，就要考察针对 A 段的第三买卖点，而再考察当日的均线与 MACD。

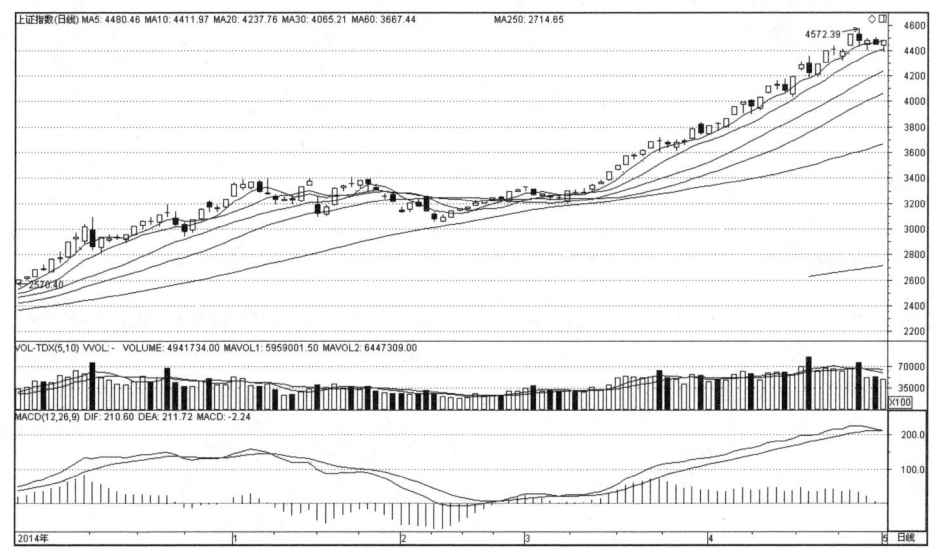

图 8－10　2015 年 5 月 4 日上证日线走势

图 8－10 中，5 日均线与 10 日均线靠近，以及 MACD 黄白线的闭口死叉，尤其是 MACD 在次级别延伸的情况下，黄白线越来越高而红柱子不断缩小，再加上日线中枢的完成需求，就知道这次调整至少要将黄白线拉回零轴附近。

5 月 5 日早盘，制造 28—29 段相对于 24—25 段的盘整背驰，且 28—29 段内部也是一个盘整背驰，该背驰引发的下跌到 31 位置，由 30—31 构成针对 26—29 中枢的第三类卖点，该中枢区间为 26—27。本书前半部分有过介绍，第三买卖点后，一定只能通过走势中枢的扩展在之上或者之下再形成一个中枢才能化解，5 月 5 日盘中选择第二种走势情况到 32。

而在 5 分钟图（图 8－12）中，由于截至 32 的走势已经构成 a＋A＋b 的结构，这时就可以比较 b 段与 a 段的力度，分析是否构成盘整背驰，这可以通过 MACD 的绿柱子面积对比辅助分析。在常规参数的 MACD 中，当

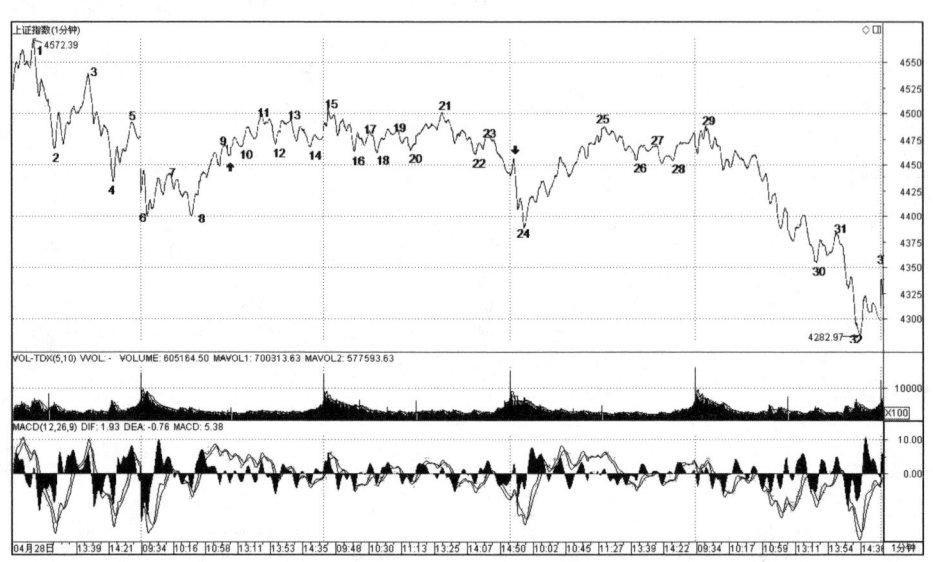

图 8-11　4月28日—5月5日上证1分钟走势

图 8-12　上证指数同时期5分钟走势

涉及好几个未连成片的绿柱子面积相加时，就可以将 MACD 的参数调大一倍，如图 8-12 所示。通过面积对比，b 段与 a 段形成盘整背驰。注意，

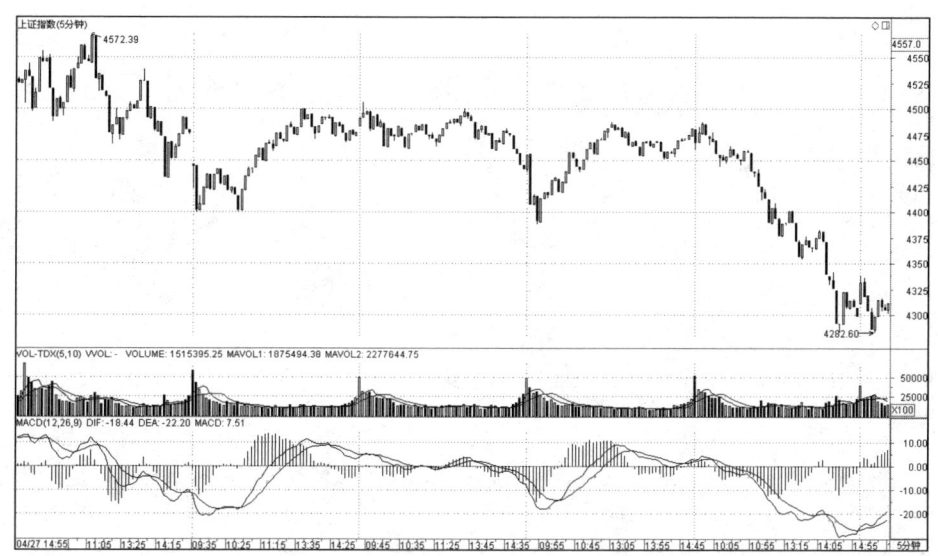

图 8-13 常规参数 MACD

这里的比较没有看黄白线,因为这是 a+A+b 结构,如果是 a+b+c 结构,就有必要把黄白线考虑进去。而在 5 分钟图中,c 段的次级别背驰也很明显。这时后面的演化就可以进行分类,第一种是盘整背驰转化第三卖点,第二种是再回抽到前面的 A 区间内延续中枢震荡。而市场选择哪种走势,当下的判断是有明确定义的,也就是看一个 5 分钟级别的回抽能否回到 8 位置,如果回不到则第三卖点成立。同时,当日上证指数在 32 位置触及 20 日均线,也就是说,该 a+A+b 式的盘整背驰后第二天的回升反弹,是盘整背驰点与 20 日均线的支撑共振点,也可以说是对 20 日线支撑作用的测试。如果第三卖点成立,一定至少再考验 20 日均线,如果跌破,指数就要再向下方的 30 日均线寻求支撑。当天的 30 日均线是 4087 点。

32 开始的 5 分钟级别反弹,在 34—35 这 1 分钟级别上涨趋势的顶背驰中结束。这时,a+A+b+c 形式的针对 30 分钟级别中枢 A 的第三卖点当下成立,随后展开跳水。跳水过程中,在三个向下箭头处,看绿柱子的

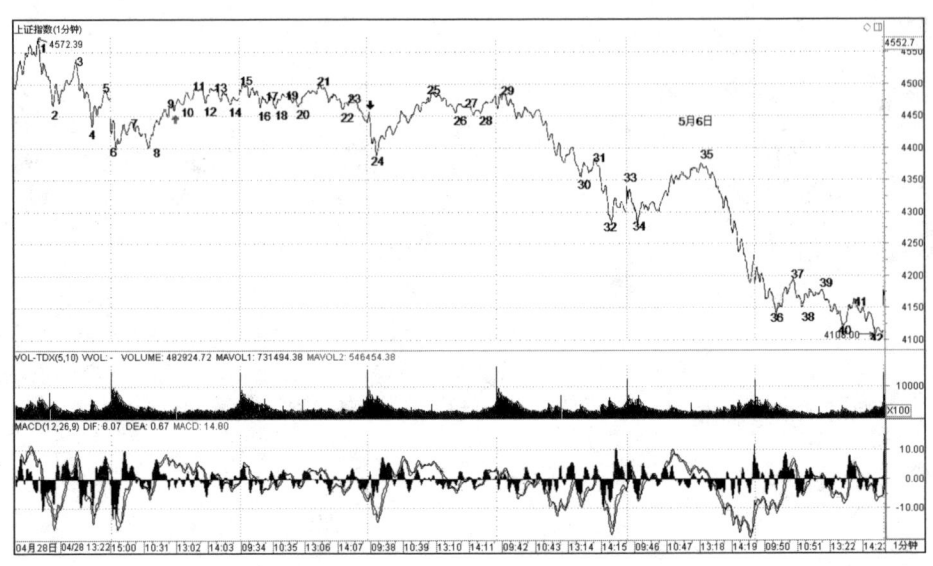

图 8-14　截至 5 月 7 日收盘指数 1 分钟走势

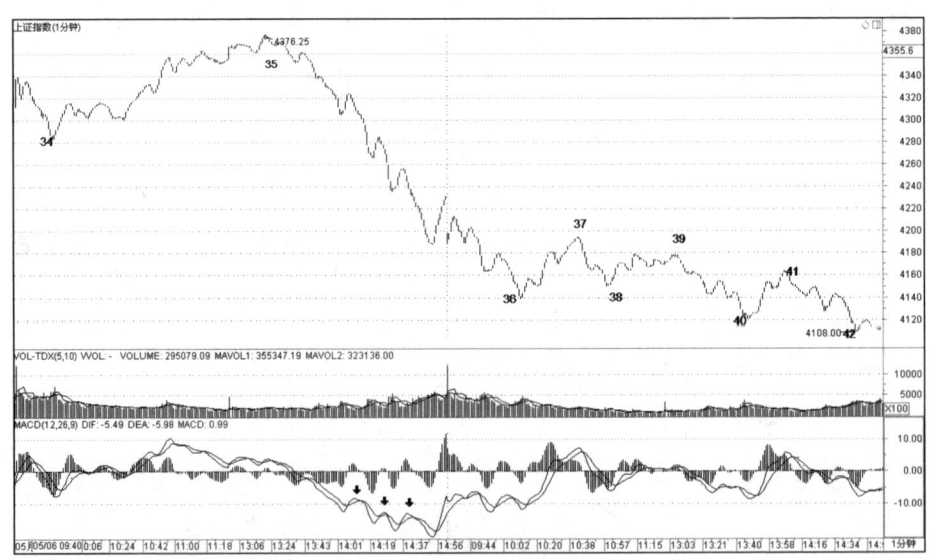

图 8-15　5 月 6 日—7 日上证 1 分钟走势

面积与伸长长度好像是背驰，但这是属于 a+b+c 结构的走势，黄白线不断创新低是没有背驰的。而在 36 位置，由于前面的微型中枢的存在，尤其是该中枢还使得黄白线回抽到零轴附近再下来,这时就要考察黄白线的高度与绿柱子的伸长情况和面积了。该段走势形态是 N 多人认为背了又背的典型走势,而 36 位置的区间套背驰点是十分明确的。

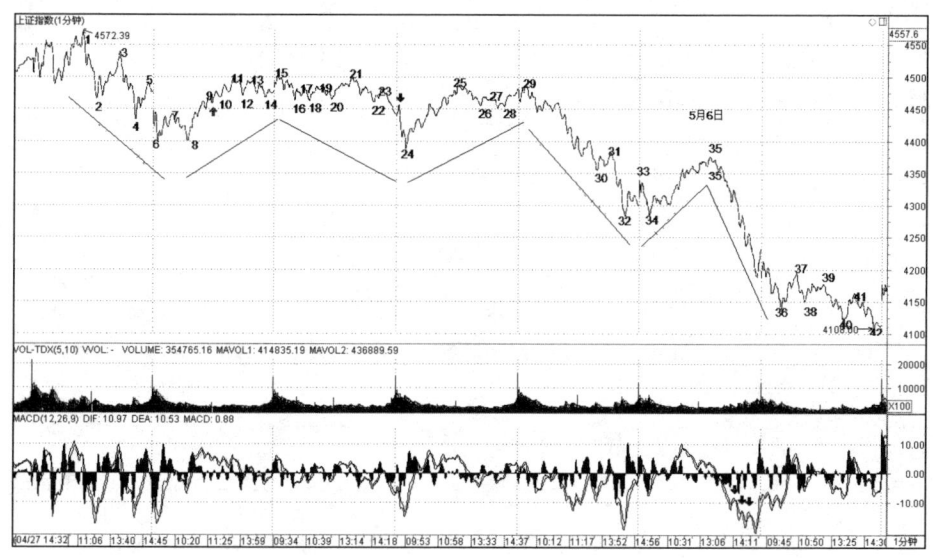

图 8－16　5 分钟级别走势段分解

图 8－16 中可以看得清楚些,每一段都是 5 分钟级别走势段,但这不是同级别分解,千万别搞混了。

同理,30 分钟级别的第三卖点之后,只有两种情况:第一种是从第三卖点开始下来再上去触及前面的 30 分钟级别中枢,制造中枢扩展;第二种是继续下来形成第二个 30 分钟级别中枢,制造 30 分钟级别的下跌趋势。截至 5 月 7 日收盘,构造出由 29—42 各个走势段组成的 5 分钟级别下跌趋势,并且在 40 位置构成该下跌趋势的底背驰。

在一个趋势中,第二个以上的中枢后的顶底背驰制造中枢扩展的可能性将急剧增大,而通过第 29 课"转折的力度与级别"一文中可以知道,该 5 分钟级别的底背驰将制造 30 分钟级别的盘整或者 5 分钟级别的上涨。无论是哪种情况,从 40 位置开始有至少 5 分钟级别盘整的反弹是一定的。

由于前期下跌的猛烈程度，同时5月7日的收盘价刚好在30日均线，两相结合，该反弹的力度是可期的。

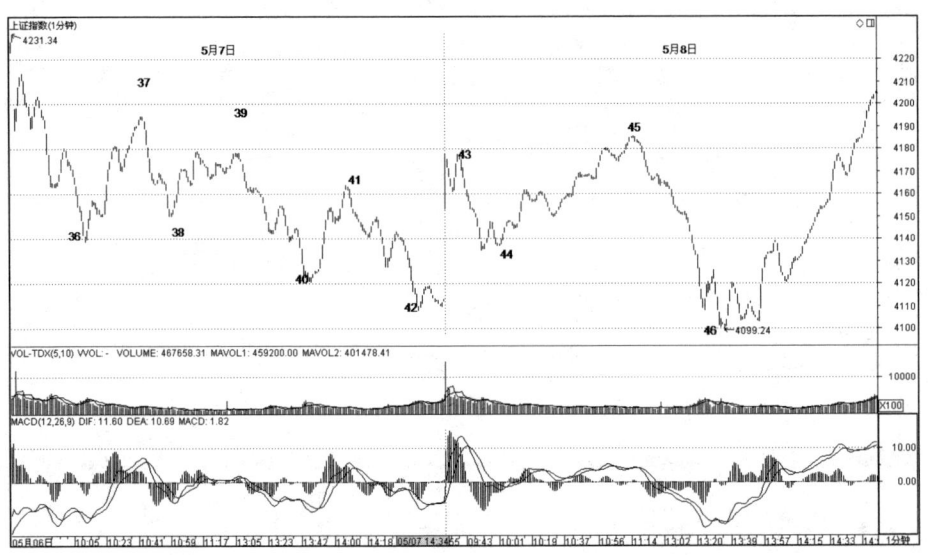

图8-17 5月7日—8日上证指数1分钟走势

从40开始的反弹，以制造一个30分钟级别中枢开始，该30分钟中枢区间为36—39。至此，从1开始的日线级别中枢第一段，刚好形成一个30分钟级别的下跌趋势，5分钟级别的走势结构为a+A+b+B，其中A与B为30分钟级别中枢，而c并不是一定会有的，这是很多人都有思维定式的地方。c并不是天经地义存在的，就跟b和B一样，都不是一定要有的。缠论能够帮助分析的是，如果A、b、B、c要形成，会有什么符合定义的情况发生，从而可以确定，但在这些情况出现之前，A、b、B、c都不是一定的。

图8-17中，在5月8日45位置完成30分钟级别中枢后，就进入中阴身状态，随后44—45段相对于42—43段以及40—41段的盘整背驰，下跌到46出现1分钟级别下跌底背驰再反弹，制造该30分钟中枢的震荡延续。这时就要时刻关注36与39两个该30分钟级别中枢区间的高低点位置。是向下继续完成该30分钟下跌趋势的c段，还是就此通过第三买点反

弹从而结束该 30 分钟下跌趋势，这就要看第三买卖点的当下构造了。

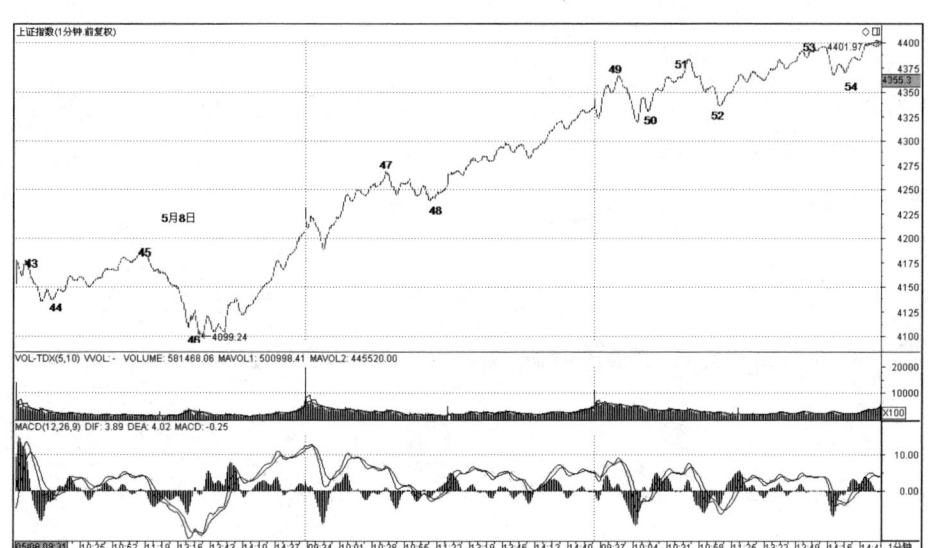

图 8-18

走势从 40 开始，构造大级别盘整，最终完成 30 分钟级别中枢，区间是 36—39。随后到 46，在 4099.24 制造了一个最小级别的底背驰后开始上扬，并最终对 43—46 这个 5 分钟中枢进行第三买点回抽后，继续到 5 月 12 日收盘。47 的顶背驰、48 的底背驰、49 的顶背驰都非常明显，随后进入 5 分钟中枢 A 的构造中。

54 是 49—52 的第三买点，随后中枢扩展一直到 14 日收盘。从 53 开始的 30 分钟中枢区间为 53—56，截至 14 日收盘该震荡延续中，并且在 62 之后进入中阴身状态。根据日线中枢的完成需要，第二段走势一定是 30 分钟级别走势类型。也就是说，该中枢震荡的一部分有可能属于前一个 5 分钟级别走势段，另一部分属于后一个 5 分钟级别走势段，当然也可能该 30 分钟中枢是 a+A+b 结构中的 A，这就是中阴身的意义。

从 63 开始，该中枢震荡的重心下移，截至 67，一个区间套的盘整顶背驰制造破位下跌，随后的回抽 68—69 形成 64—67 中枢的第三卖点，随

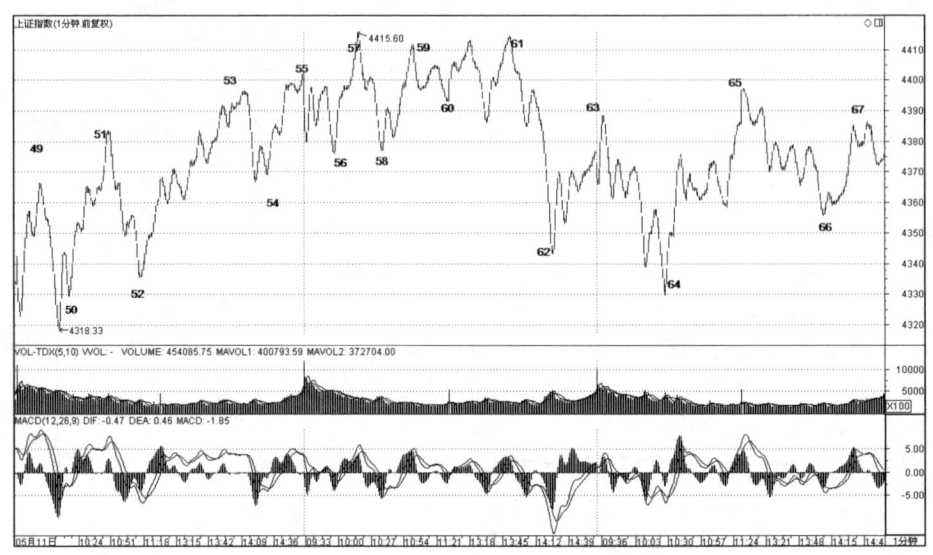

图 8-19　5月12—13日上证指数1分钟走势

图 8-20　5月12—15日上证指数1分钟走势

后中枢扩展到收盘。

　　从67到75构造了一个30分钟中枢，83第三买点后延续该5分钟走势

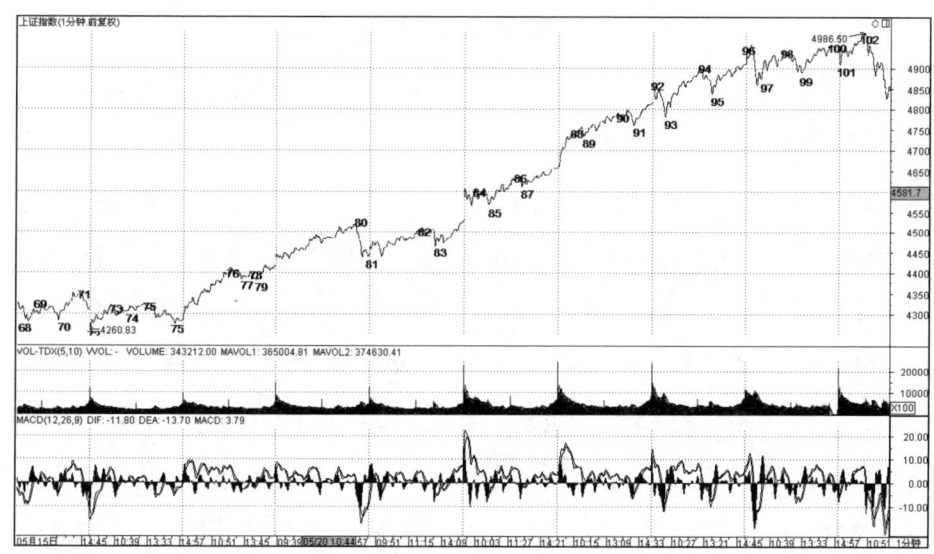

图 8-21　5 月 13—20 日上证指数 1 分钟走势

段，这时该日线中枢的第二段 30 分钟级别走势类型已经演化为 a + A + b 结构了。该 5 分钟走势类型在 96 位置完成三个中枢的 5 分钟级别趋势的区间套顶背驰，随后进入震荡。按理论定义，该震荡起码制造一个 30 分钟级别中枢。

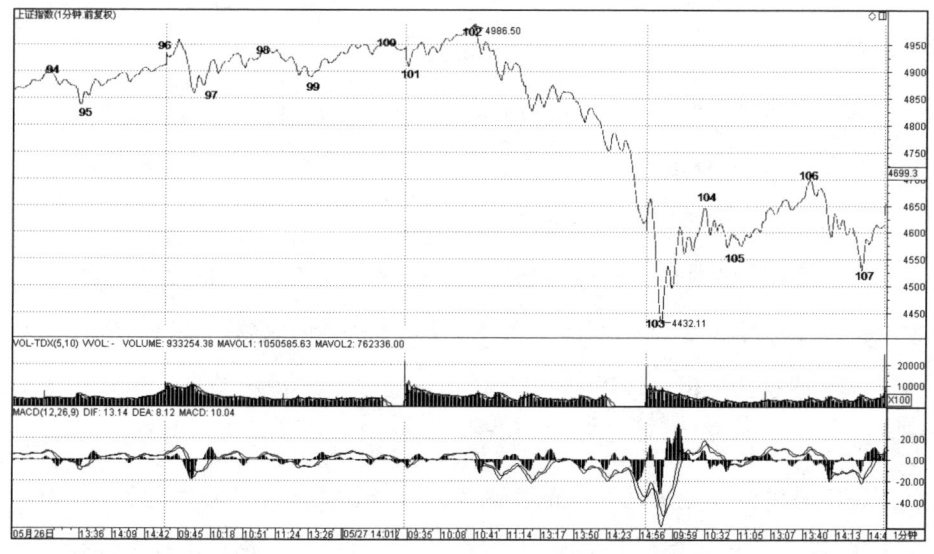

图 8-22　5 月 25—29 日上证指数 1 分钟走势

从 102 开始,该日线级别中枢进入第三段的构造中。注意,理论所保证的只是从 4 月 28 日开始的调整,一定至少完成一个日线级别中枢,但构造该日线中枢的 30 分钟级别走势段并不一定是上涨或下跌,完全可以用盘整来完成。前面两段第一段是下跌,第二段是上涨,第三段实际上只要一个 30 分钟走势类型的波动区间与 4 月 29 日的最高点有重叠就可以了。

从 102 到 107 就是完成第一个 5 分钟级别走势类型的过程,103—106 完成 5 分钟中枢后,该 5 分钟级别走势截至收盘时是 a+A 结构,随后指数开始不太正常。

按常规的走势,第三段次级别走势 b 都是会出现的,当然理论对这一点并不保证,但实际走势中完成 b 段才是常规走势。第二天,指数就打破了这个所谓的常规。

2015 年 6 月 1 日复盘

在 5 月 28 日的 102 点之前,上证指数完成一个日线中枢的前两段 30 分钟级别走势类型,102 之后是该日线中枢第三段的构造过程。

日线中枢的第三段,首先可以确定一定是 30 分钟级别走势类型,而且一定不可能是上涨形态,而只能是下跌或者盘整。如果是下跌,那就至少要出现一个 30 分钟级别中枢,这在最弱的下跌形态中,5 分钟走势 a+5 分钟走势 b+5 分钟走势 c 就可以完成了。而盘整其实与下跌是一样的,至少要完成三段 5 分钟级别走势类型。

102 到 107 已经是 5 分钟级别走势,如果用 a+A+b 的结构,就是不太常见的 b 段不创新低的情况。其中,102—103 构成第一段 a,103—106 构成 5 分钟级别中枢 A,106—107 构成 b 段。比较特殊的是,103 位置没有任何级别的背驰,103—104 完全是以小转大的形式展开的反转。这种小转大在 1 分钟图中是无法判断的,因为 1 分钟以下看不到更细化的走势图,但如果是 30 分钟级别的走势图中,就可以从 5 分钟或者 1 分钟走势图中当

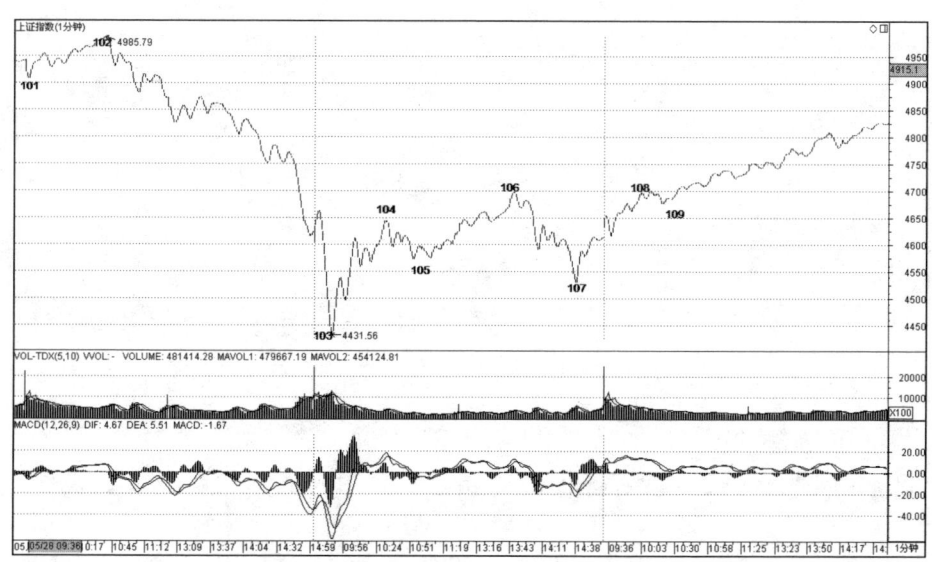

图 8–23　5 月 28—6 月 1 日上证指数 1 分钟走势

下确定小转大的成立，这在本书相关章节中有介绍。

从 103 开始，至 104—105 后，到 105—106 为止，构造出了一段 5 分钟级别上涨，走势结构为 a+b+c，并且 c 段明显盘整背驰。根据定义，106 这个区间套背驰点后的走势类型，一定到接触 104 为止。

106 到 107 段的盘整背驰也很标准，并且与 102—103 段构成针对 5 分钟级别中枢的盘整背驰，随后再次反弹，到 109 为止构造出该 5 分钟级别中枢的第三买点，从而结束了 102—107 的 30 分钟走势类型的第一段 5 分钟级别走势。

当天，K 线早盘在 109 位置回抽确认了 10 日均线的突破后，就一路上扬到 5 日线之上，一般这种从均线以下向上突破在技术上都会有回抽确认的需求。

2015 年 6 月 2—3 日复盘

回抽、震荡、确认的过程，在 5 日线之上进行，具体的表现就是大幅震荡。

从 107 开始的第二段 5 分钟级别走势到 110 位置，构成标准的 a+b+c

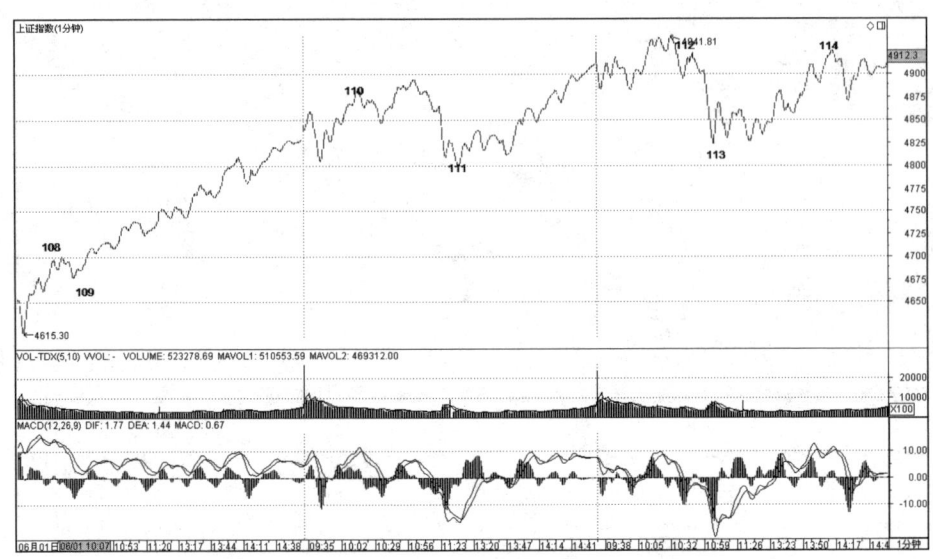

图 8-24　6月1—3日上证指数1分钟走势

结构，其中 c 段与 a 段并不背驰，但 109—110 段在 6 月 2 日早盘的回抽中构成一个类中枢，前后走势段的对比，110 位置属于盘整背驰段的次级别顶背驰点。该走势段的盘整背驰在 1 分钟图中不是很明显，因为涉及很多 MACD 红柱子面积之和问题，这时最好的办法就是在高级别的图中观察。在 5 分钟走势图中，次级别的背驰式上涨是很明显的。

这样的走势结构是与 103—106 相同的 a + b + c 结构，但 c 段是否为背驰段就决定了后面走势的天差地别。在 a + b + c 结构中，当 c 段是背驰段时，一定会再次回到 a 段的顶点；如果不是背驰段，从 c 的顶点开始构造中枢 A 是大概率事件，当然回抽后再创新高也是可能的。

实际走势从 110 开始构造一个 5 分钟级别中枢，也就是日 K 线在突破 10 日和 5 日均线之后，在 5 日均线之上进行的回抽震荡确认过程。

2015 年 6 月 4 日复盘

6 月 4 日开盘后，延续前 5 分钟中枢的中枢震荡，该 5 分钟级别中枢的区间为 110—113。从 110 开始，进入中阴身状态。根据走势必完美和其

第八章 具体盘面的分析

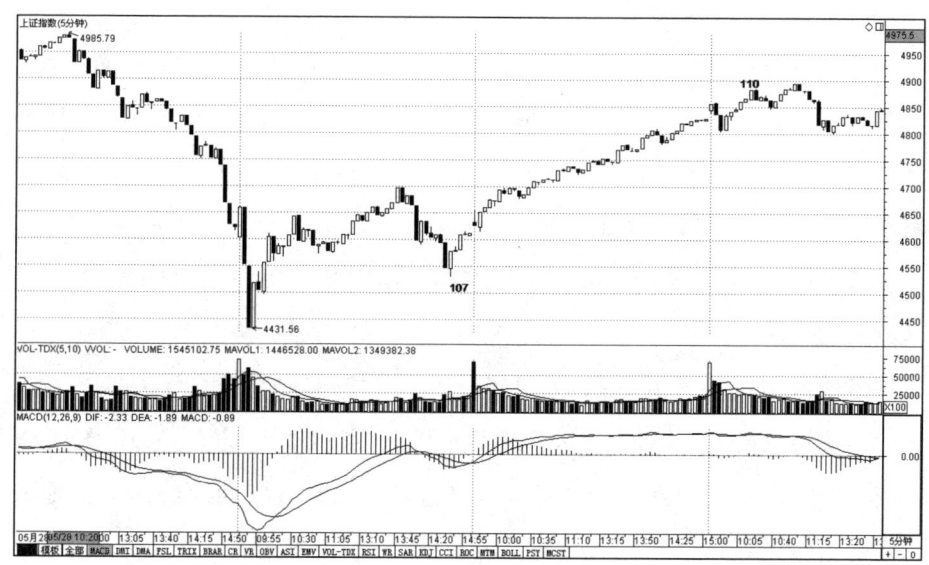

图 8-25　107—110 段对应的 5 分钟走势

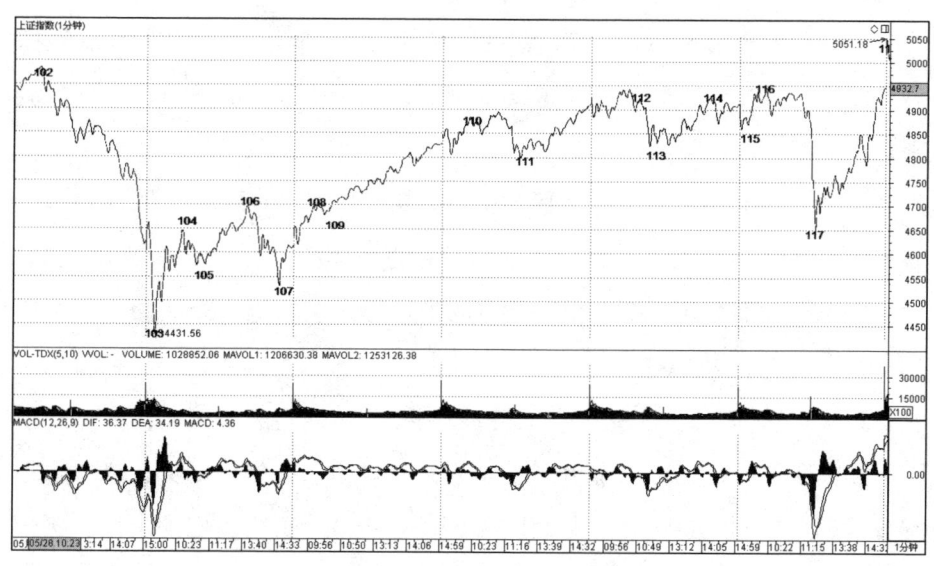

图 8-26　5 月 28 日—6 月 4 日上证指数 1 分钟走势

他理论，从 107 到 110 走势段完成后，该 5 分钟级别走势可以随时结束，但 109—110 段的非盘整背驰段决定了新的、独立的 5 分钟走势中枢的形成,该中枢从114开始进入中阴身。

115—116段相对于113—114段以及111—112段,都是盘整背驰段。根据中枢震荡的定义,116后面的走势一定还回到中枢区间内继续中枢震荡,从116开始的走势段在一个最小级别的第三卖点之后开始跳水,这时对图形的划分与分析就有了变化。

在102—107段5分钟级别走势类型,由108—109制造的第三买点确认结束后,从107到116可以看作一个30分钟级别走势类型,该30分钟走势的次级别三段为107—110、110—113、113—116,三段5分钟级别走势。由于跳水破坏了前面的中枢震荡,当下以107开始的走势段已经无法分析该跳水的性质与意义,这时就可以通过同级别分解与走势的多义性来对走势进行重新划分。

划分后的走势,102—107段是5分钟级别走势类型不变,而从107到112就可以认为是第二段5分钟走势类型,该走势类型的结构为a+b+c+d+e。从112开始到117位置,就可以划分为a+A+b结构的图形,其中112—113构成a段,113—116构成5分钟级别中枢A,116—117构成次级别走势类型b段。

划分后的走势,112—117段与102—107段对比,是明显的盘整背驰。该日的走势图形最难的地方就在于,117的底部在1分钟图中无法把握,又是一个小级别背驰引发大级别反转的走势形态。这里有个小技巧,可以用来在盘中T+0打短差。

这种猛烈的下跌,一般在下跌趋势减缓的时候会迎来第一次反弹,由于下跌的猛烈,该反弹通常也是很猛烈的。如本日走势中,116位置出掉部分筹码,比如30000股,在117位置第一个红色K线出现的时候再买进30000股,这些买进的股票当天是无法退出的,但由于这只是部分用来做短差的筹码,这些不能退出,剩下的底仓是可以退出的,于是反弹上来之后再出掉30000股,继续等待低点进入。一般情况下,可以把手里的筹码分成3~5份,这样在激烈变动的盘中,可以T+0好几次,对降低持仓成本是很有作用的，尤其是这种波动剧烈的震荡。

107 之后，走势以时间换空间的方式在第一次反弹高点附近展开盘整，同时构造一个最小级别的中枢，这种情况下如果有针对该小中枢的第三买点出现，那就可以确定是小转大的情况了。该"类第三买点"出现在下午 14 点 37 分，随后指数继续上扬。

该"类第三买点"的出现，意味着一个非常重要的信息，那就是从 102 开始的日线中枢第三段 30 分钟级别走势类型，在 117 位置可以随时完美，也就是该日线中枢可以随时完美；同时意味着从 4 月 28 日开始的调整可以随时结束，而结束的标志就是该日线中枢的第三买点。

该第三段 30 分钟级别走势类型的次级别三段如图 8-27 所示。

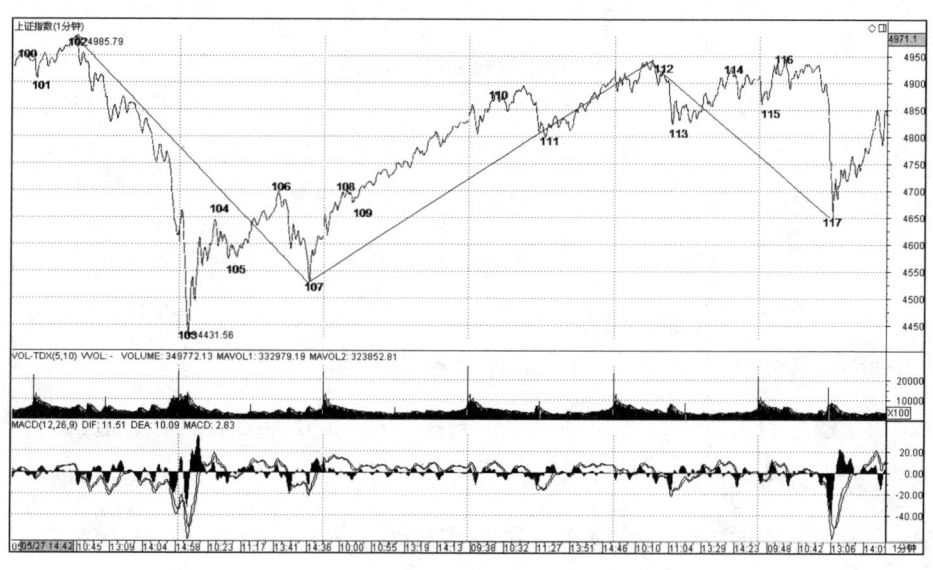

图 8-27　第三段 30 分钟级别走势类型划分

而该日线级别中枢的划分如图 8-28 所示，中枢区间为 1—103。

中枢的划分是指连续三段次级别走势类型的重叠区间，而次级别的走势类型可以是上涨、盘整、下跌中的任意一种，在取值方面，取三段次级别走势类型各自的最高与最低点重叠处，这点在前面有过介绍。如图 8-

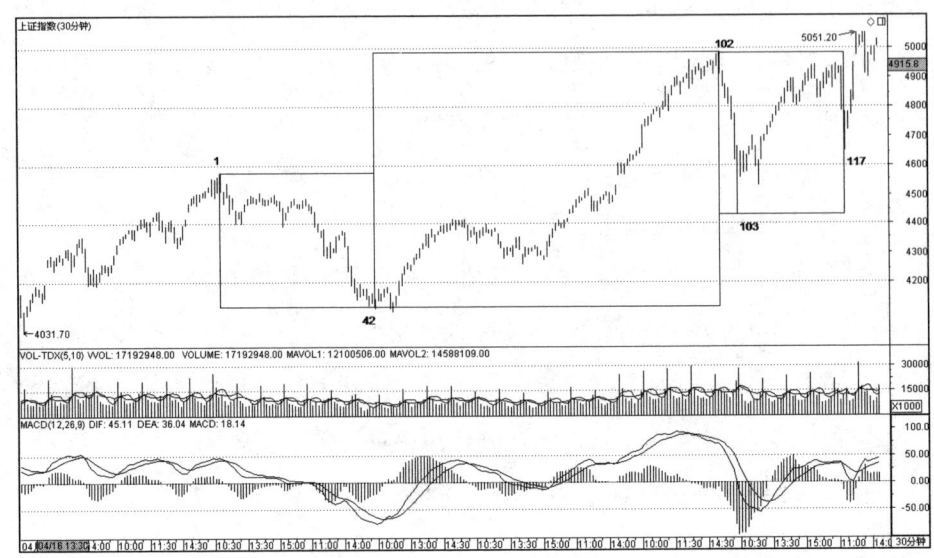

图 8 – 28　日线级别中枢的划分

27、图 8 – 28 中，第三段的 30 分钟级别走势类型的中枢区间与该 30 分钟走势类型的价格区间是不同的，这是在中枢划分方面值得注意的一点。

至于后面的走势，就是围绕该日线中枢展开的争夺，站在该日线中枢和最后一个 30 分钟级别盘整的角度，这两天的所谓多空争夺就是将走势拉回到中枢区间还是制造第三类买点后的争夺。

在强势的走势中，往往在出现针对第三段 30 分钟级别中枢的第三买点后，就可以激烈上冲，日线级别中枢的第三买点完全可以在 5600 点附近出现。稍微弱些的就是在目前为止制造该日线中枢的第三买点。6 月 4 日下午 14 点 16 分，该 30 分钟级别中枢的第三买点已经出现，所以有尾盘的上扬走势。但该第三买点的构造，是以 1 分钟级别的 a、b、c 构造的 5 分钟级别上涨 +1 分钟级别的 a、b、c 构造的 5 分钟级别下跌构成的，而 30 分钟级别的第三买点构造，完全可以以 a + A + b 结构离开，再以任意 5 分钟走势结构返回。也就是说，今天的 30 分钟级别第三买点只是处于疑似状态，因为离开段的 5 分钟级别走势完全可以在今天构造 5 分钟级别中枢后继续上扬，只是该 30 分钟级别中枢的离开段也是第三买点经常后知后觉的原因。

该 30 分钟级别中枢的第三买点构造情况划分如图 8-29 所示。

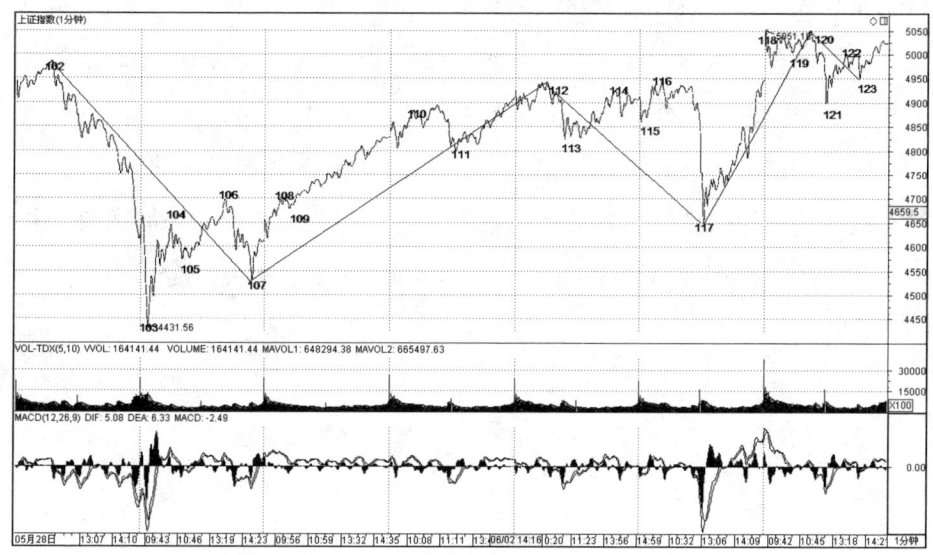

图 8-29 30 分钟级别第三买点构造形式划分

关于当下

解盘截至 6 月 5 日结束，说说如何看待缠论的当下有效性。

一切只能在当下走势图中才有意义，而同级别分解与多义性的熟练运用，将使得当下的走势图更加清晰。比如 123 位置的第三买点，当下可以拆解为第三买点，也可以解释为从 117 开始的离开段的 5 分钟级别中枢震荡的某个低点，这两种分析结果都可能在后续的走势中当下成立，只是在后面的走势没有走出来之前，无法预知市场会如何选择，这就是预测的无意义性与当下把握的实际重要性的最直观体现。如果操作级别在 1 分钟，这里就可以作中枢震荡处理；如果操作级别是 5 分钟，就应该在 117 小转大后的第三买点介入，持有到 120 退出，再于 123 的盘整背驰低点介入后，等待下一个 5 分钟级别走势类型的完成；如果操作级别是 30 分钟，就应该在 4 月 28 日退出后，在 42 位置介入，持有到 102 位置，然后在 117 位置再次介入后，等待下一个 30 分钟级别走势类型的完成，如果操作级别是 30 分钟，根据 5 分钟和 1 分钟的图来打短差就是理所当然的事；如果操作级别是日线，那么该日线级别中枢的构造过程，根本就不足以影响持有。

当下，在不同的走势分解，不同的操作级别，甚至不同的形态结构类操作系统中，因为条件不同，使同样的图形有着不同的意义与分析结果，而这一切都取决于操作者的主观定位。如何在不违背理论的前提条件下，进行对自己的操作系统而言最有利的当下分解与分析判断，考验的是操作者对理论的掌握程度与熟练度，而这一切都是在多次的复盘分析与当下观察操作中慢慢培养起来的。

| 第九章 |

一些基础问题

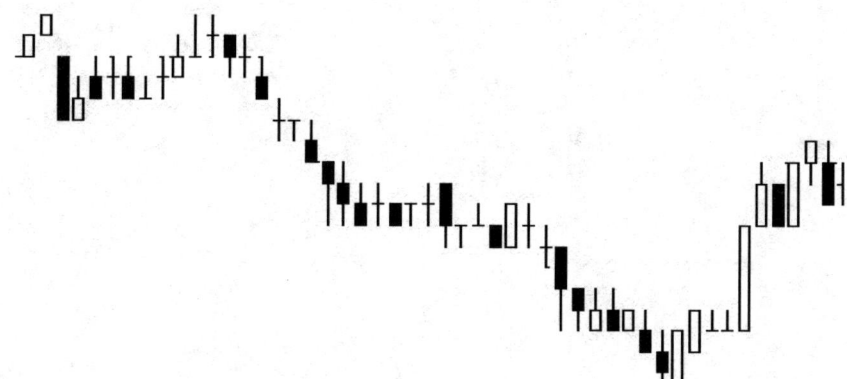

第一节　关于炒股

人生如股，悲喜交加，涨跌交替。

无论是在股市沉浮多年的人，还是炒股初学者，下面的文字为你们所有人而写，在炒股大成者看来心有戚戚，炒股初学者掂量一下自己是否适合炒股。

第一，在全世界所有行业中，炒股的困难度绝对排进前三，在笔者看来，其仅次于白手创业。

第二，你在市场外学到的任何知识、经验，以及在市场外所有强悍的能力，在市场中都无所施展。

第三，智商的高低与炒股成败与否，几乎没有任何关系。

第四，你的性格如果不适合炒股，那么就需要经过漫长而痛苦的脱胎换骨过程。

第五，这是个绝对理性的工作，情绪在市场中只会让你死无葬身之地。

第六，坚持、努力、毅力、实事求是，这些简单、老生常谈的词语最难做到，但对你的炒股事业是至关重要的。

这是笔者十多年炒股经验的反思与总结，有人问为什么没有技术上的学习困难？相信我，在市场中，学习技术是最简单的事情。

是否存在天才呢？笔者也曾怀疑过，我见过真正的天才，那是一种无法解释的能力，比如看股票列表就知道哪只股票会涨停，这种能力无从解释、无法复制。其他没有这种天赐能力的人，上面的六点是你最大的难关。

这是个关于人性的游戏，任何一个试图战胜市场的人，最终都会发现你要战胜的只有你自己。市场自顾自地走着，在时间不可逆的前提下，你的企图与市场毫无关系，这就是"夫唯不争，故天下莫能与之争"。

在市场中，最终比的是操作者本身的修养、素质，能在市场中获得成就的人，一定是个在哲学、人性、心理等领域有着深刻感悟的人，这才是市场对任何一个试图从它身上索取利润的人的考验。

只有成为一个合格的人，才能成为一名合格的炒股者，你准备好了吗？

第二节　关于缠论

前面提到的是对操作者的素质要求，这一篇讲学缠论的人需要知道的内容。

首先，缠论是个类似于数学推理的理论，买卖点通过严格的数学推导而来，不存在任何或然性，但要能理解那些推导过程。这一点对于数学思维不好的人、逻辑推理不熟悉的人来说，是个比较困难的地方。

其次，缠论只是一套理论，理论本身是没有作用的，只有理解理论后，在此基础上建立起自己的操作系统，并按照操作系统严格执行操作，理论才能真正发挥作用。千万不要以为学了缠论就天下无敌了，这种童话在任何理论中都不可能存在。

再次，缠论是要经过长期实践总结才能掌握的理论，知行合一永远是任何学科最困难的地方。用数学来比喻，理论只是公式，即使把所有公式都倒背如流，也不能为你实际解题能力提供帮助。理论本身是客观的，但操作是主观题。

目前，缠中说禅博客的点击率已经超过1.2亿，而真正能用缠论实现稳定盈利的，估计不超过1%。这并不是理论本身的问题，而是操作者的问题。

最后，建立起对缠论的信心是任何一名学习者，在学习缠论的过程中必不可少的因素。半途而废的人非常多，原因其实也很简单：人，总想傍个大树，期望不经过思考、不经过失败、不经过痛苦、不经过努力就能不劳而获。尤其在股市中，100个炒股的人里99个都是抱着一夜暴富的心态参与进来的，这些人本身就是被股票的暴富神话吸引而来，一看这事没那么容易，马上就"打退堂鼓"。还是那句话，股市最终比的是人本身，你作为人的层次高低决定你在股市的成就高低，其实也同样决定你在任何行业中的成就高低。

老实讲，学习缠论并不是件很容易的事情，甚至是个痛苦的过程。缠论的原文很多地方模糊不清，需要非常细致地结合上下文才能推导出原文中想要表达的正确意思。学习缠论的人笔者也见过很多，舍本求末的、搞错概念的、断章取义的比比皆是。对原文的学习，需要很好的悟性，加上十二分的努力，再加上长时间的实践。在这个过程中，能够坚持下来的，最终都会有非常丰厚的回报，遗憾的是绝大多数人都不能坚持下来。

按笔者的经验，对于整个学习过程，大致需要非常勤奋的两年时间，这是对悟性、禀性俱佳的人而言。其实悟性高低不是根本问题，不过是多付出与少付出的区别，最终结果都一样。禀性则需要理性地认识自己，并改变自己，这道门槛会把许多学习者拦在外面。成年之后，习惯与性格的改变大致都是不可思议的奇迹。

第三节　缠论的 100% 盈利性

对于炒股而言，学习缠论是捷径，但任何捷径都需要人一步一步脚踏实地地走到终点。相对而言，捷径比较短，比较平坦，但终归要走过去才行。

能够让缠论发挥最大威力的操作模式是零成本的操作模式，就是在一只股票的长线买点进入，用部分机动资金根据中线、短线、超短线的买卖点操作，从而降低持仓成本，最终将持仓成本降为 0，甚至负数。在这个过程中，所有的买卖点都涉及第一买卖点的判断。

稍微知道缠论的人都清楚，缠论中一共涉及三个买卖点，处于固定级别某一段走势的不同位置，但三类买卖点推及最后都是第一类买卖点，而这三类买卖点的盈利性是必然的，这是缠论与其他炒股理论最大的不同之处。

很多人会把简单的事情搞得很复杂，这在学习缠论的人中十分常见。他们忘了他们的目的并不是要搞懂整个缠论体系，而是赚钱。有简单的方法，就先用简单的方法。在股市中，赚钱是第一要事，况且搞懂了理论，也并不能保证你的操作水准一定能达到理论所对应的层次。

在缠论中，必然盈利的买点有很多，三类买卖点在走势中各自有多种表现形态，在这些买入后一定能够盈利的形态中，初学者掌握 1 个或者 2 个，足够使用。随着经验的积累，对理论的实际领悟加深，能够掌握的形态会越来越多，这是很自然的事情。很多人都希望一次性解决所有问题，这怎么可能？

本书一步一步地将缠论的推导过程详细写出来，这些在原文中并不明晰的推导过程与推导逻辑是任何学习者都能够生出信心的根本。

前面说过，整个缠论体系是个严格的逻辑推导过程，就像自然数有了1、2、3的定义，就一定能推导出 1+2=3 一样。当然对于学习缠论而言，这需要一个过程，但思维模式是一样的。

在缠论中，上面自然数的定义比喻所有的价格都是通过钱与股票的交易产生，是买的力量与卖的力量的比较。这里除了买的力量大于卖的力量会引起上涨这样最基本的原理之外，不存在任何其他因素，比如江恩理论的神秘主义预测，比如波浪理论中所谓上涨几浪下跌几浪的规律定式，比如出现某形态一定上涨的所谓形态学或者支撑压力线、K线组合、周易预测等。

所有的交易都是等价的，以时间不可逆为前提，排列在走势图中，这就是股票走势的所有。而这些所有的交易，最终都是钱与股票的互换，也就是买与卖的交织。有人说庄家可以控制走势，但庄家的钱也是钱，庄家的股票一样是股票，并不因为操作者是庄家而有任何改变。任何基本面的变化、小道消息的影响、参与者的心理纠结，最终都会忠实地反映在"买卖"二字上。庄家买股票也不可能一次买够，出货也不可能一笔出清，这些操作的所有都构成影响股价走势的力量，这股力量是所有参与者共同编织出来的，最终以钱和股票的形式，没有差别地反映在走势图中。

缠论之所以能够实现百分之百盈利，就是因为这种理论从来不以不可测、不可观察的对象为基础，而立足于最基本的走势图、最基本的买卖形成的走势，只在当下如是观照买卖的强弱与否，这是种直透本质的理论。

至于其他的方法当然也是有用的，不同的操作系统叠加共振，能够大大提高判断的准确度，这尤其对初学者是很有用的配合。比如，缠论中同样的买点出现暴涨前K线组合的涨幅往往比较大，但这些都只是操作过程中的辅助。缠论中，买点后的上涨是必然的，但并不能提前知道涨幅与快慢，这时就可以用其他方法来辅助判断。离开了缠论，这些其他的方法都逃不过或然率，比如"搓揉线""老鸭头"，出现这类形态时，如果上涨，速度一般都比较快，但是否上涨是不确定的。对于庄家而言，制造出各种形态没有任何困难，这些也就成了庄家骗线的最好工具。

　　任何庄家、任何机构，要操作就必定有买卖，有买卖就会在走势上留下痕迹，比如卖的比买的多了，上涨的走势就会延缓，也就是背驰，任何操纵股价的人都无法逃过这样的结果。

第四节 盈利的快慢与选股

很多学习缠论的人半途而弃的原因是无法获得资金的快速增长，这种情况首先与心态有关，其次与选股有关。

缠论中能够发挥最大效用，需要三个独立的操作系统配合使用，技术只是其中一种，在缠论原文中，作者还提到另外两种：比价关系与基本面。

技术只有在三大系统的配合操作下，才有可能获得最大的盈利，不是学会技术就万能了。

对于基本面而言，大多数投资者并没有相对应的专业水准去分析，何况市场中虚假信息太多，内幕消息太多，导致无从分辨。在基本面这一层，散户处于信息获取的最底层。

比价关系是市场的整体结构，展开来讲会比较复杂。板块与板块之间，一线股与二线股之间，板块内的一、二、三线股之间存在大致的比价关系，并且是稳定的。掌握比价关系就可以在整个市场中发现价值洼地，但这项工作是很庞杂的，对于一般投资者而言，个人的力量不是不可以达到，但需要做大量的工作。

技术面对于所有人，无论是散户还是机构，都一视同仁。在市场中，K线图是绝对公平的存在，并不会因为屏幕前的人不同而有差别。缠论中着重讲解的就是技术面。

在实际操作中，个人投资者可以根据自己的情况设定三大系统的组合。笔者自己采用的是技术面、板块轮动、市场趋势三种，这三种全部建立在技术面的基础上，辅以斐波拉杰数列、M1M2（用来反映货币供应量）指标、国家经济环境与政策等其他因素。这三大系统的选择并没有固定的案例，投资者按照自己的擅长与兴趣来选择，只是不能是同一系统。比如指标，MACD指标与KDJ指标大致差不多，就不能算是两个系统，而只是一个。至于笔者自己选择的三个，核心都在技术面，但长短周期不同，其中，板块轮动与市场趋势两个系统又配合不同的因素参考，尽量放大判断的准确度。这可能不是最理想的，但对笔者来说已经够用。

关于板块轮动，本书详细分析了板块轮动的几种形式，并配合各种形式的选股方法，但一定要和买卖点配合起来使用才行。因为即使是板块轮动，在上涨的板块也并不一定板块内所有的股票都上涨，板块内部的个股之间也是有轮动的。不依靠技术面的买卖点判别，很容易浪费时间，甚至造成亏损。

刚刚接触缠论，一般会选择在下跌中买股票，在不熟练的情况下，会在下跌中继续买入，买进后小幅的盘整或者反弹之后，又继续下跌。另外，如果掌握不了板块轮动，就会在某一只股票上耗费过多的时间，错过了行情。

还有一种情况，缠论中的各种买卖方法之间是有难易差别的，学习与实践最好从最简单的开始。有人可能连最基本的买卖方法都没有掌握，就去学同级别分解，或者在一只股票上做短线降成本。不熟练的操作者很容易将成本抬高，造成缠论太难学的感觉，其实这并不是缠论本身的问题，而是操作者的问题。九九乘法表还没有背熟，就去学习微积分，当然难学。

以上几篇文章的目的是打消大家学习缠论的顾虑，增加各位学习的信心，并且把笔者自身的经验分享出来，让学习者少走些弯路。当然不可能顾及所有人，每个人的条件不同，最终形成的模式也不同，但思路是一致的。

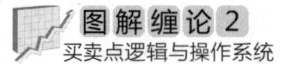

第五节 关于如何学习缠论

熟练地掌握某种技能是长期、反复实践而得的自然结果。炒股与其他职业并没有两样，只不过熟练掌握后，可能获得的资金收益具有更大的想象空间。

学习任何东西，首先是理论，其次是实践，再次是修正，最后是循序渐进。对于缠论，首先应该对理论推导极其熟悉，这与是否记得定义和公式无关，而是建立在对理论完全理解的前提下，能够自行推导整个理论体系。

其次，根据缠论的三个买点以及不同股票的走势特点，列出难易度，从最简单的操作系统开始入手。比如，在三个买点中，第二买点是比较简单的，而不同股票的走势，有的很清晰，有的就不太好分辨，那么就从走势清晰的股票中选择操作级别的第二买点来操作，这是第一步。如果在操作中出现误判的情况，就要认真总结，因为无论走势如何，一定脱离不了缠论的理论区间，这就是修正。经过不断的操作，熟练掌握了这个操作系统之后，再增加一级难度，比如对盘整背驰的操作。再熟练之后，再增加难度，比如操作级别的第一买点或第三买点。每个阶段的过程都是一致的：确定操作系统，确定操作级别，操作，错误修正。这样长期实践下来，才有可能真正掌握这门炒股理论。

在实践中，比如在第一阶段，操作第二买点，那么在这期间，所有的学习与实践都应该围绕第二买点展开，其他的如中枢扩展、盘整背驰、同级别分解，全部放到一边，等技术练习到那个阶段再说。不能在第一阶段的时候，掺杂其他知识，这样只会越来越乱。当然，如果理论通透，上手就能操作各类买卖点是最好的；如果达不到这种程度，建议还是按部就班来比较好。

学习缠论的最终目的是盈利，抽象的理论在实际的走势图中有多种不同的走势形态，要想一下子都掌握，尤其对新股民来说是很有难度的。掌握一种，先盈利，在盈利中学习成长，才不至于舍本求末。

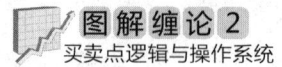

第六节　基础的理论逻辑推导

首先是同级别走势的分析，也就是固定周期的，不涉及任何高级别、低级别、次级别之类的走势，比如日线。

在日线的 K 线图中，走势形态只有三种：上涨、下跌、盘整。注意，这是走势形态，也就是说，在图上看起来是下跌就是下跌，上涨就是上涨，不涉及中枢。

这三种形态都有结束的时候，而且当某一种形态走势结束后，只能跟着其他两种形态走势中的一种。

这样，日线级别 K 线图就可以看作上涨、下跌、盘整的组合图形，这样就可以把整个走势图拆解了。

经过分析，这种组合一共有 12 种，这 12 种组合分为 4 种类型：上涨、下跌、盘整，还有一种无法归类。

进一步对无法归类的组合进行分析，发现在这种无法归类的组合前后，再增加其他走势，总能构成由上涨、下跌、盘整中两种组合形态的二次组合。

换言之，在日线 K 线图中，任意走势图都可以拆解为由上涨、下跌、盘整三三组合构成的高一级别的上涨、下跌、盘整。其中，盘整根据走势结构特征分为 N 型与 U 型两种。

因此可以得出结论：任何级别的任何走势图都可以拆解为本级别上

涨、下跌、盘整走势形态的连接。而同样根据上面的推论，在本级别中的任意上涨、下跌、盘整，都可以在次级别拆解出至少由三段完成的走势形态。

这样的推论可以不断向次级别推演，但由于最低级别是不可观察的，所以要确定操作级别，并根据操作级别定义最小级别。在最小级别图中，将最小级别的上涨、下跌、盘整，根据以上的嵌套推论进行定义。

那么，最基本的图形，比如上涨，就是几根没有三根 K 线重叠的 K 线向上 + 至少三根 K 线重叠 + 几根没有三根 K 线重叠的 K 线向上。

这样就可以把最低级别的走势类型确定，进而再向上推演，将操作级别的走势类型近乎精确地划分。

由于任何级别的任意走势类型都必须至少由次级别三段连接而成，可以确定的是，这三段中，中间一段与前后两段的方向一定是不同的，否则三段就连成一段了。而这种逆向的走势至少会造成 5 日均线的走向变化，从而使 5 日均线至少接近 10 日均线。

也就是说，在固定级别的 K 线图中，某几根 K 线构成下跌，如果 5 日线与 10 日线一直平滑着下来，那么这段走势基本都不是该级别走势形态，最多是次级别。

在这至少三段次级别走势中，本级别图形特征我们假设为 5 日均线与 10 日均线黏合甚至交叉，这代表了大多数情况。这样，该均线黏合点或交叉点就把这三段次级别图形在本级别 K 线图中，在均线上分成了两段，也就是两个由 5 日均线和 10 日均线相抱的闭合空间。

根据背驰的推论，当两段相邻同级别走势相对应的 5 日、10 日闭合区间的面积，后一个比前一个的面积要小的时候，称为背驰，背驰的那段次级别走势称为背驰段。

由于 MACD 指标近似的根据均线的指标计算而来，所以就有了用 MACD 指标来辅助判断背驰的方法。

同样，因为上述推论中，背驰段的次级别也是至少要完成三段走势的，这就为背驰点的最终精确定位提供了逻辑基础，也就是区间套定理。根据区间套，可以将背驰段的背驰点不断向次级别细分，最终在最低级别走势上确定出一个近乎精确的点，这个点放大就是个圆。该点成为背驰点。如果出现在下跌中，就称为底背驰；在上涨中出现就叫顶背驰；在盘整中出现就叫盘整背驰。

上面的区间套定理，用简短的话总结，称为走势必完美。

上面的顶背驰点，称为第一卖点；底背驰点，称为第一买点。

而在某固定级别的操作中，操作的原则就是不参与盘整，所以盘整的背驰点不单独作为买卖点。

以第一买点为例，第一买点后，并不意味着该下跌走势一定结束了，而只能知道该下跌至少要中场休息。根据走势必完美，该背驰段结束后，跟着的走势只有两种：一种是该背驰段级别的上涨，另一种是该背驰段级别的盘整。而盘整也至少由次级别三段构成。

所以，如日线级别的下跌，背驰段的级别是30分钟，底背驰后，不是30分钟上涨就是30分钟盘整。而无论上涨还是盘整，一个5分钟级别的上涨是一定要完成的。这就是第一买点100%盈利性的逻辑由来。

同样根据走势必完美，比如上面30分钟走势类型，至少由三段5分钟级别走势类型连接而成，所以，在30分钟图中，5日线第一次靠近、黏合、交叉10日线的低点，也就是该30分钟上涨或者盘整走势形态的次级别第二段的低点，之后一定还有个向上的动作。这就是第二买点。

而第二买点的精确定位，就要根据该5分钟级别走势形态的底背驰或者盘整背驰来判断。也就是说，30分钟高级别的第二买点的精确位置是造成该第二买点的5分钟级别走势形态的第一买点。

走势形态清楚后，就可以对理论进行进一步深化，于是就有了中枢的定义。

中枢：某固定级别的连续三段完成的走势类型之价格波动重叠区间，称为高一级别的中枢；价格波动区间的高点，就是中枢的上沿，低点就是下沿。

由走势必完美可知，任何级别的任何完成的走势形态，一定会形成至少一个该级别走势中枢。进而将所有级别的所有走势形态通过中枢进行完全分类：

某级别某走势形态只包含一个该级别走势中枢，则称该级别走势形态为该级别盘整；

某级别某走势形态包含至少两个同方向、无重叠的走势中枢，则称该级别走势形态为该级别趋势；

趋势分为两种：上涨、下跌。

走势形态与走势类型区别，由此可以精确化。比如a、b、c三段同级别走势类型，a是上涨，b是盘整，c是上涨。在形态上，这就是高级别的上涨形态，但走势类型还是属于盘整。

由于"盘整"这个词在走势形态与走势类型中的重复使用而定义不同，所以会造成理解上的混淆。将走势进行形态与类型的区分。比如上面的a、b、c三段，就可以称为上涨形态的盘整走势类型。

中枢确定之后，就可以围绕中枢进行各种推演和推论，因为任何级别的任何走势类型都一定要完成一个中枢。

中枢形成后，就只有两种情况：该中枢状态的延续、该中枢状态的破坏。

根据中枢的定义可以得出二者在理论上的精确定义：

任何围绕中枢进行的波动的次级别走势类型，只要其价格波动空间与该中枢区间有一丝重叠，就意味着该中枢的延续。

围绕中枢进行波动的次级别走势类型，只要一个次级别走势类型向上或者向下离开中枢，随后的反向走势次级别走势形态的高点或者低点与该中枢区间没有重叠，就意味着走势离开中枢，也就是该中枢状态被破坏。这个反向次级别走势形态如果是上涨或者盘整，就称为第三卖点；如果是下跌或者盘整就称为第三买点。

以上是一个固定级别的走势中枢的分析。

而在中枢延续的情况下，如果中枢不断延续，最终可以形成三个该级别中枢，则该中枢的级别就要提高一个级别，也就是盘整+盘整+盘整的情况。以5分钟中枢为例，三段基础的1分钟走势类型构成该5分钟中枢后，1分钟级别走势不断来回，但始终在该中枢区间内。当该中枢内的走势增加到九段1分钟走势类型后，三个5分钟级别走势类型的重叠就构成了。该中枢的级别就是30分钟级别。

而两个同级别中枢，就有两种情况的分类：第一种是二者没有重叠，第二种是二者有重叠。这里的重叠并不是说中枢区间，而是围绕该中枢区间波动的所有高低点。当两个中枢的波动区间有任何重叠，比如两个30分钟中枢是六段5分钟级别走势类型，加上连接中枢的走势类型（该走势类型最多是5分钟）、第一个中枢前的次级别走势类型，以及第二中枢后的次级别走势类型，一共九段5分钟走势类型构成的。这两个有重叠的30分钟中枢构成的走势组合，就是日线级别走势类型了。

一般在操作级别的视角下，把所有低于次级别走势类型的走势级别全部看作次级别走势类型，也就是级别分解到次级别就是最低级别，这在上面有过阐述。所以上面的九段走势类型可以成立。

到这里就可以根据走势的强弱强度不同、中枢的有无进行完全分类，一共有七种，从弱到强，前面有详细分析，在此不再重复。

第七节　笔和线段，以及中枢与走势类型

缠论的核心思想是分类，所有技术手段、形态的定义、走势必完美、指标等，都是为了能够把当下的走势纳入理论分类中。

所有的走势形态，所有级别的走势当下，根据理论输出结果，再根据结果"抓药熬汤"，决定操作，操作分为四种类型：买入、卖出、持股、持币。

在这种思想框架中，任何能够将走势唯一分解的理论与缠论都是同源的。

缠论原文中，前面部分用走势类型和中枢来定义走势，进而通过走势必完美将当下走势完全分类。也就是说，任何当下走势都可以通过理论严格界定后续的若干走势情况分类，这种完全分类不存在例外，进而将后续的所有可能走势通过理论把握。

走势类型和中枢部分唯一的缺点是最低级别走势类型定义模糊，根据中枢和走势类型的定义，不断细化下来一定会存在循环定义的问题，所以要确定操作级别，从而将最低级别限定死。

在中枢部分，走势类型分为上涨、下跌、盘整三种，各自有各自的形态，严格地说是比较模糊的概念。这个模糊不在于走势类型的判定，而在于走势级别的判断，所以需要多看、多做，从而形成直觉。说句不客气的话，悟性低的、数学逻辑思维差的人学会中枢部分理论的可能性微乎其微。

但笔和线段不同，通过顶底分型与特征序列，就可以将任意定义的最低级别图中的走势类型根据走势必完美精确划分，然后再向上递归出走势

类型与中枢，从而实现完全精确化的分解。

很多人看原文觉得前后矛盾的关键就在于此。原文前面说三根重叠的 K 线基本都是次级别走势类型，这就是站在走势类型的视角下的解析，但同样的形态在笔和线段中并不一定能够成立。类似的矛盾之处还有很多，认真学过缠论原文的应该都有体会。其实并没有什么矛盾的地方，只是分解的标准不同而已。这就像同样的一根棍子，用毫米尺测量和用英寸尺测量得出的数字不同，但棍子还是那根棍子。

走势就是走势，是客观存在的，但使用什么样的标准来分解，这是主观的。不理解这一层，就不可能理解缠论。

任何形式的分解在理论框架中都是有意义的，这就是多义性的特点。同样的走势组合，在不同的分解视角下的解读是不同的，通过这些不同的解读的综合判断，以及灵活运用不同解读方式，使得走势的分解更加清晰，这就是考验功夫的地方。而这种功夫，仅通过理论学习是没有任何作用的，只有分析的图够多、当下的感悟够多、操作够多，才能不断总结出适合自己的分解标准。

这就是"知、解、行、证"的过程。

至于还陷在笔和线段或者中枢精确划分等问题中的学习者，还需要做很多的工作，但初期不妨就按笔和线段的标准来划分。按缠师的话，玩不了超逻辑，就老老实实待在现有逻辑的圈子里。

此外，笔和线段的划分并不是对所有级别都适用，主要是划分起来比较繁杂。比如指数的 1 分钟图，走势是比较规则的，用笔和线段划分起来比较简单；另外，大级别走势比如月线以上，由于 K 线数量不多，并且相对比较清晰，用笔和线段来划分比较好。但在 5 分钟以上级别到日线级别的图中，顶底分型并不是很明显，需要处理的包含关系与特征序列往往很复杂，而用走势类型是一目了然的事情，这时就用走势类型来分解。

再强调一下，用什么标准来分解，是根据自己习惯、定义，以及盘面走势特征来决定的，避繁就简是原则。

后 记

  几个月下来，包括后一段时间的空白期，居然写完了这本书。由于本人从小就喜欢写点东西，初中时见报的打油诗更是给了自己莫大的鼓舞，现在回想起来，极其感激当时的政治老师，一位优秀的北大文学系毕业的高才生。虽然已经毕业很多年，但写东西的习惯一直保持了下来，平时偶有所感，仍然会写些打油诗。大学毕业后从事的也是文案策划类的工作，这份工作给我带来的是理性的思维方式与创意所需要的发散性思维方式，很奇怪，两种截然不同的思维方式居然可以并存。这份工作留下的，还有打字时的快感，手指在键盘上飞舞的时候，有一种说不清的享受。

  作为一名二级市场的投机分子，我很孤独。我不看任何股评，不听取任何人的意见，自从接触了缠论后不看任何人关于缠论的理解，我只相信我所看到的，以及根据缠论从盘面中分析来的结论，以此指导操作。另外，学缠的人很多都学佛，更会学习缠师所讲解的论语，如此资料很容易让一个人思考问题的方式和角度与众不同。近乎纯理性的思维方式，长期一个人的工作，与别人不太一样的看法，这些种种都导致内心产生孤独感。时间长了，就想找点其他事情给自己做，于是便有了网上许多个ID以及这本书。

  在二级市场中，经过缠论的解读，其实对股票的操作是比较枯燥的一件事情，虽然能赚到钱，但人并不为赚钱而活着。很多人可能有一种误解，特别是在二级市场还未能稳定盈利从而解决财务自由的人，总认为既然能在股市赚钱，为什么还要去做其他工作？这种思想我以前也有，但在稳定盈利两三年后，就觉得人生在世，如果把时间都投入到股票与挥霍中去，那是多么无聊的事情。缠论的学习也同时让我知道认识自己是多么重要的事情，所以我不搞实体、不做实业、不做任何需要人际关系来维系的生意，相比而言，我更喜欢做一个自由职业者，除了股票，写作码字算是比较惬意的一件事情了。当然还有策划工作，即使几年没有上班，以前团队里面的一些朋友还是会邀请我去参与一些项目，这也算是调剂之一。

在这本书中，围绕缠论中枢与走势类型的部分，整体框架与大部分细节内容都已经阐述了，为了避免出现缠论原文中前后纠结的问题，很多知识点可能有些啰唆。写书就是这样，作者以自己的视角与认知，揣度着读者的接受度去写，读者以自己的理解能力与角度去看、去理解，这里的矛盾是无法消除的。

可能有些知识点的细节在书中没有提及，一来有些知识点太过散乱，无法系统地去写；二来写的时候也无法想得周全与完美。此外，书中有些讲解是针对当篇文章的标题，可能在走势分解上会存在不够精确的情况，但只出现在前面的篇幅。在整体框架与逻辑体系下，其实这些问题都不是问题，与逻辑体系相悖的就是错的，而理解了缠论的逻辑体系，对这些问题就应该很清楚。